Geschichte und Politik – Unterrichtsmaterialien

Herausgegeben von Hans Endlich

Der Nord-Süd-Konflikt

Globale Gefährdung – gemeinsame Verantwortung

Bernhard Keller

VERLAG MORITZ DIESTERWEG
Frankfurt am Main

ISBN 3-425-07533-0

Umschlagabbildung: Karikatur von Walter Hanel, Bergisch-Gladbach, 1981

Gesamtherstellung: graphoprint, Koblenz

Inhaltsverzeichnis

„Am ersten Tag deutete jeder auf sein Land, am dritten oder vierten Tag zeigte jeder auf seinen Kontinent, ab dem fünften Tag achteten wir auch nicht mehr auf die Kontinente; wir sahen nur noch die Erde als den einen ganzen Planeten."

Astronaut Sultan Bin Salman Al Saud, Saudi-Arabien

„Eine zweite Arche Noah wird es nicht geben, die uns in eine bessere Zukunft hinüberrettet."

Bundespräsident Richard von Weizsäcker

Einleitung

Wer sich mit den Problemen der Dritten Welt beschäftigen will, hat es gegenwärtig nicht leicht, sich Gehör zu verschaffen. Die Veränderungen in Mittel- und Osteuropa, die Entspannung zwischen den Weltmächten und die Vereinigung Deutschlands bestimmen das politische und wirtschaftliche Interesse:
- die privaten Investoren und Kreditgeber richten ihr Augenmerk auf die lukrativen Märkte im Osten;
- die staatliche Entwicklungshilfe setzt ihre Mittel nunmehr auch für Maßnahmen in den osteuropäischen Ländern ein.

Nicht nur in den Ländern der Dritten Welt, sondern auch unter Fachleuten und Aktionsgruppen hierzulande wächst die Sorge, daß der wirtschaftliche Aufbau des Ostens und die angestrebte europäische Zusammenarbeit zu Lasten der Ärmsten der Armen gehen könnte. Sind wir auf dem Weg zu einem „Euroegoismus" (Uwe Holtz)?

Dabei eröffnet gerade die Ost-West-Annäherung neue Chancen in der Entwicklungspolitik. Angesichts der politischen und militärischen Entspannung könnten die Rüstungsausgaben erheblich reduziert und die freigesetzten Mittel in der Entwicklungsarbeit eingesetzt werden. Die armen Länder bräuchten nicht länger Spielball der Systemkonkurrenz der Gebernationen zu sein; diese wiederum bräuchten nicht länger diktatorische und korrupte Regime zu unterstützen. Ost und

West könnten auch in der Entwicklungspolitik zusammenarbeiten und ihre Verantwortung gegenüber der Dritten Welt gemeinsam wahrnehmen.

Denn so bedeutsam die Überwindung der Ost-West-Konfrontation für das friedliche Zusammenleben der Menschen auch ist – für die Bewahrung der zukünftigen Lebensmöglichkeiten wird es entscheidend darauf ankommen, die Kluft zwischen Nord und Süd zu überbrücken. Es ist nicht allein die humanitäre Verpflichtung angesichts des Hungers und Elends in weiten Teilen der Welt, sondern mehr noch die den ganzen Planeten bedrohende Umweltkatastrophe, die die Beschäftigung mit dem Thema so dringlich macht. Risse in der Ozonschicht, saurer Regen, vergiftete Böden und Gewässer mahnen uns, daß der industriell-technische „Fortschritt" nicht länger ungestraft gegen die Natur durchzusetzen ist und daß die Folgen vor nationalen Grenzen nicht haltmachen. Globales Denken und Handeln tut not – wenn wir so weitermachen wie bisher, droht der Erde der Kollaps.

Für die vorliegende Materialsammlung zum Nord-Süd-Konflikt ergibt sich daraus das Bestreben, deutlich werden zu lassen, in welch vielfältiger Weise unsere Existenz mit der Dritten Welt verknüpft ist. Die ausgewählten Texte, Bilder und Grafiken sollen dazu nicht nur notwendige Kenntnisse vermitteln; sie sollen auch zur kritischen Reflexion unseres eigenen Verhaltens auffordern und die Bereitschaft zur Veränderung wecken.

Das erste Kapitel bietet einen Aufriß der Problemfelder, die gegenwärtig den „Nord-Süd-Konflikt" ausmachen und die bereits erkennen lassen, daß die ökonomischen und ökologischen Probleme in der sogenannten „Dritten Welt" von uns mit verursacht werden und auf unsere Gesellschaft zurückwirken. Dieser Problemaufriß bildet gewissermaßen das Fundamentum, das eingehend und möglichst ungekürzt behandelt werden sollte.

In den weiteren Kapiteln werden dann in systematischer Form die Merkmale von „Unterentwicklung", theoretische Erklärungsansätze und schließlich die Perspektiven und Formen der Entwicklungspolitik dargestellt. Hier wird die Lerngruppe eine Auswahl treffen müssen; vielfach kann auch arbeitsteilig vorgegangen werden.

Die Arbeitsvorschläge am Ende jedes Kapitels sollen helfen, zu den zentralen Gesichtspunkten vorzustoßen und Zusammenhänge zu erkennen. Sie erleichtern so auch die eigenständige Bearbeitung des Materials außerhalb des Unterrichts. Es handelt sich freilich nur um ein Angebot, das durch eigene Fragestellungen und Überlegungen zu ergänzen ist.

Mit Hilfe der Verweise kann der Benutzer einzelnen Aspekten genauer nachgehen und darüber hinaus die Materialien auch zu neuen Themenschwerpunkten verknüpfen (z. B. Regenwaldzerstörung, Ernährungsproblematik). Es besteht also die Möglichkeit, von der vorgegebenen Strukturierung abzuweichen und eigene Sequenzen in der Unterrichtsarbeit zu bilden.

1 Die Kluft zwischen Industrie- und Entwicklungsländern

„Klimakatastrophe" – Wer rettet die Erde?

Mit wachsender Besorgnis beobachten Wissenschaftler in aller Welt die Zersetzung der vor der UV-Strahlung schützenden Ozonschicht und die allmähliche Erwärmung der Erdatmosphäre („Treibhauseffekt"). Ursache ist die steigende Emission von Schadstoffen, insbesondere des Kohlendioxids durch die Verbrennung von Kohle, Erdöl und Gas und die Rodung der tropischen Regenwälder. Wenn es nicht bald gelingt, die Klimaverhältnisse durch eine drastische Verringerung des Kohlendioxids und anderer Treibhausgase zu stabilisieren, drohen der Menschheit Naturkatastrophen noch ungekannten Ausmaßes und die Zerstörung ganzer Lebensräume. (1)

Der sich andeutende Klimakollaps – darin stimmen Politiker und Klimaexperten überein – kann nur durch gemeinsame Anstrengungen und die Zusammenarbeit aller Staaten verhindert werden. Ist eine solche globale Verständigung in naher Zukunft erreichbar? Sind die Menschen weltweit überhaupt in der Lage, auf umweltschädliche Produktionstechniken zu verzichten bzw. einen ökologischen Umbau ihrer Gesellschaft durchzuführen?

„Absolute Armut" – Was wissen wir davon?

Immer deutlicher und empörender vollzieht sich gegenwärtig die Teilung der Welt in Reichtum und Armut: Während die industriellen Gesellschaften Westeuropas und Nordamerikas den meisten ihrer Angehörigen einen früher nie gekannten Wohlstand ermöglichen, entbehrt die Bevölkerung in den Ländern Afrikas, Asiens und Lateinamerikas oft das Nötigste zum Überleben. Nach Schätzungen der Weltbank (→S. 184) leben in diesen Teilen der Welt mehr als eine Milliarde Menschen in *absoluter Armut*, das heißt, sie sind nicht in der Lage, ihre Grundbedürfnisse nach Nahrung, Kleidung, Wohnung,

Gesundheit und Ausbildung zu befriedigen. Das soziale Elend dieser Menschen ist für uns, die wir in der Regel in materieller Sicherheit aufwachsen, kaum vorstellbar; das von der Not diktierte Verhalten mit unseren Wertmaßstäben nicht meßbar. (2)

Trotz zahlreicher internationaler Bemühungen und gewisser Fortschritte in den sogenannten „Entwicklungsländern" ist die Kluft zwischen den reichen Industriestaaten der nördlichen Halbkugel und den armen Ländern der südlichen Hemisphäre in den letzten Jahren noch größer geworden. Die wachsende Ungleichheit und die daraus resultierenden Spannungen lassen es – trotz notwendiger Differenzierungen – berechtigt erscheinen, von einem globalen *Nord-Süd-Konflikt* zu sprechen.

Aspekte des Nord-Süd-Konflikts

Gegenwärtig sind es vor allem vier Problembereiche, in denen der Nord-Süd-Gegensatz hervortritt:

1. Bevölkerungswachstum

In den ärmeren Regionen der Erde wächst die Bevölkerung weitaus schneller als in den Industrieländern, in denen teilweise sogar ein Rückgang der Bevölkerungszahl zu beobachten ist. So werden am Ende unseres Jahrhunderts etwa 5 Milliarden Menschen in den Entwicklungsländern und nur 1,3 Milliarden in den Industrieländern leben. (3, 4)

Das starke Bevölkerungswachstum in den Entwicklungsländern kann nur vor dem Hintergrund der Armut und der spezifischen kulturellen Normen begriffen werden (5-7). Ohne eine angemessene Berücksichtigung dieser Faktoren müssen auch alle Versuche, das Bevölkerungswachstum durch Maßnahmen zur Geburtenkontrolle einzudämmen, erfolglos bleiben (8, 9).

Der Bevölkerungsdruck macht sich vor allem in den städtischen Zentren bemerkbar. Obwohl hier bereits Tausende in Slumvierteln unter völlig unzureichenden Bedingungen leben, drängen täglich weitere arbeitssuchende Menschen vom Land in die Stadt und verschärfen die sozialen und gesundheitlichen Probleme. (10, 11)

2. *Ernährungskrise*

Viele Entwicklungsländer sind nicht mehr in der Lage, ihre wachsende Bevölkerung ausreichend mit Nahrungsmitteln zu versorgen (12, 13). Die Gründe dafür liegen allerdings nicht so sehr in der demographischen Entwicklung, sondern in der fehlenden Kaufkraft der Armutsgruppen und mangelnden Produktionsanreizen für die bäuerliche Bevölkerung (14).

Die Ausmaße des Hungers sind schrecklicher, als gelegentliche Katastrophenmeldungen uns ahnen lassen: Alle zwei Sekunden muß ein Kind im Alter bis zu 5 Jahren sterben, weil sein vom Hunger geschwächter Körper einer Infektions- oder Parasitenkrankheit erliegt. Insgesamt sterben jährlich etwa 40 Millionen Menschen an den Folgen der Unterernährung. (15, 16)

Der Nord-Süd-Gegensatz wird hier besonders augenfällig: Während in den USA und der EG hohe Überschüsse an Nahrungsmitteln produziert werden und die Bevölkerung vielfach an Übergewichtsproblemen leidet, herrscht in vielen Entwicklungsländern ein gravierender Nahrungsmangel. Diese Diskrepanz muß um so mehr empören, als die unzureichende Nahrungsmittelproduktion in diesen Ländern – neben den grundlegenden internen Ursachen – auch durch die Agrarpolitik der Industriestaaten bewirkt wird (→S. 183).

3. *Umweltzerstörung*

Bevölkerungsdruck und Hunger tragen wesentlich dazu bei, daß die Menschen in den Entwicklungsländern ihre natürlichen Ressourcen übermäßig in Anspruch nehmen und damit ihre Lebensgrundlagen zerstören. Zentrale Probleme sind der Raubbau an den Waldbeständen (Beschaffung von Brennholz, Brandrodung zur Gewinnung neuen Agrarlandes) und die Übernutzung der Acker- und Weideflächen, die mit unerbittlicher Konsequenz zu Bodenerosion, Versteppung und Wüstenbildung führen. (17-21, →108, 127) Die Verkarstung der Böden verschärft wiederum die Ernährungskrise, überdies werden die Menschen schutzlos den Naturgewalten ausgeliefert (22).

Angesichts der Gefahren für das globale ökologische Gleichgewicht (siehe oben: „Klimakatastrophe“) hat in den Industrieländern eine Diskussion um den Schutz der tropischen Regenwälder eingesetzt, die in besonderer Weise die Konfliktstrukturen zwischen Nord und Süd offenbart. Zunächst erscheint das Verhalten der Industrieländer durchaus widersprüchlich: einerseits verstärken sich die Appelle und Initiativen zur Rettung der „grünen Lungen der Erde" (→32), andererseits tragen kommerzielle Interessen (Errichtung von Großfarmen und Industrieanlagen, Import von Edelhölzern) zur Zerstörung der Regenwälder mit bei (→21, 131). Hinzu kommt, daß die Industriestaaten, nachdem sie selbst ihren Wohlstand ohne Rücksicht gegen die Natur erwirtschaftet haben, von den armen Ländern nicht einfach einen ökologisch begründeten Verzicht erwarten können. Es darf uns daher nicht wundern, wenn Regierungsvertreter in den Entwicklungsländern die Mahnungen westlicher Umweltschützer und Politiker als heuchlerisch und „neokoloniale Einmischung" zurückweisen (23 a + b).

Die Umweltzerstörung in Entwicklungsländern betrifft nicht nur die ländlichen Regionen. Gerade auch in den Städten wachsen durch die ungehemmte Luft- und Wasserverschmutzung ökologische Katastrophen heran (→11).

4. Schuldenkrise

Die Entwicklungsländer haben sich seit Anfang der siebziger Jahre gegenüber privaten und öffentlichen Geldgebern in den Industrieländern stark verschuldet und sind inzwischen häufig nicht mehr in der Lage, die damit eingegangenen finanziellen Verpflichtungen zu erfüllen. Die Gründe für diese Schuldenkrise sind komplex, sie müssen sowohl in externen Einflüssen als auch in internen Fehlentscheidungen der betreffenden Länder gesehen werden (24).

Besorgniserregend ist nicht allein das wachsende Ausmaß der Verschuldung (25), sondern der Umstand, daß die Aufwendungen für den Schuldendienst (= Zins- und Tilgungszahlungen) einen erheblichen Teil der Exporterlöse verschlingen (26) und damit für die Entwicklung des Landes verlorengehen.

Hauptschuldnerländer sind die Staaten Lateinamerikas mit Brasilien, Mexiko und Argentinien an der Spitze (27). Die Regierungen dieser und anderer Länder haben seit Anfang der achtziger Jahre ihre Rückzahlungen zeitweilig begrenzt oder gänzlich eingestellt, was erhebliche Gefahren für das internationale Finanzsystem birgt und die Notwendigkeit einer vollständigen Neuregelung des Schuldenproblems unterstrich (28).

Nur mühsam ist unter Politikern und Bankiers in den Gläubigerländern die Einsicht gewachsen, daß viele Entwicklungsländer ihre Schulden nicht vollständig werden zurückzahlen können. So waren zunächst nur einzelne Regierungen bereit, einen Schuldenerlaß für die ärmsten Länder auszusprechen. Politischer Druck hat dann erstmals zu Abkommen geführt, in denen sich auch die privaten Geldgeber zu einem teilweisen Verzicht ihrer Forderungen bereit erklärten (29).

Grundsätzlich bleibt umstritten, ob und in welchem Umfang den Entwicklungsländern die Schulden erlassen werden sollen (30, 31). Angesichts der globalen ökologischen Gefahren ist in jüngster Zeit auch der Vorschlag eines „Schuldenerlasses gegen Umweltschutz" vorgebracht worden (32).

Die Notwendigkeit gemeinsamen Handelns

Aufgrund der Vielzahl und Interdependenz der Probleme befinden sich die meisten Entwicklungsländer gegenwärtig in einer umfassenden ökonomischen und ökologischen Krise. Auch wenn wir es nicht unmittelbar wahrnehmen, sind wir von dieser Krise mit betroffen:

– Die durch Hunger und Elend provozierten Unruhen und Konflikte in Entwicklungsländern bilden eine ständige Bedrohung des Weltfriedens.

– Die schweren Umweltschäden beeinträchtigen das globale Ökosystem und gefährden damit die Lebenschancen der gesamten Menschheit.

–Tausende von Armuts- und Umweltflüchtlingen verstärken schon heute den Asylantenstrom in die Wohlstandsgesellschaften, was für die Zukunft soziale und rassische Konfrontationen befürchten läßt.

Angesichts der globalen Zusammenhänge wird es immer dringlicher, die Ungleichgewichte zwischen Nord und Süd abzubauen und den Entwicklungsländern bei der Bewältigung ihrer Probleme verstärkt zu helfen. Die eingangs angesprochene Gefahr einer „Klimakatastrophe" macht die Notwendigkeit eines solchen Nord-Süd-Dialogs gegenwärtig besonders deutlich, da die Ursachen und Folgen in Industrie- *und* Entwicklungsländern auftreten. (33)

Die Beschäftigung mit dem Nord-Süd-Konflikt läßt uns somit auch die eigenen gesellschaftlichen Fehlentwicklungen und Aufgabenstellungen für die Zukunft schärfer erkennen. Notwendig erscheint vor allem eine ökologische Umgestaltung der Industrie- und Agrarproduktion, was allerdings auch eine Veränderung unserer Ansprüche und Konsumgewohnheiten voraussetzt. Mögen die Konsequenzen auch unangenehm sein: Wir werden unsere Lebensformen grundlegend ändern müssen, wenn wir gemeinsam mit den Entwicklungsländern überleben wollen. (34)

Der Treibhauseffekt – Ursachen und Gefahren

1 Die Weltpolitik tritt in ein neues Zeitalter: Nach der sozialen Frage und den Kämpfen um die politische Vormacht erhält nun der Kampf gegen den ökologischen Kollaps des Planeten höchste Priorität. „Es ist keine Übertreibung“, meint der Physiker Michael Oppenheimer [...], „zu behaupten, daß das globale Umweltproblem in den nächsten 40 Jahren das alles bestimmende Thema sein wird, so wie der Kalte Krieg unsere Weltsicht während der letzten 40 Jahre geprägt hat.“

Ob in Washington oder Moskau, in Brasília oder Sydney, Bonn oder Paris – Parlamente, Regierungen und Industriekonzerne müssen sich einer Herausforderung stellen, wie sie in der Geschichte ohne Beispiel ist. Zwar haben Wetterextreme und Klimaschwankungen auch früher schon das Schicksal der Menschen beeinflußt – immer wieder lösten Hitze- und Kälteperioden Kriege, Hungersnöte oder Völkerwanderungen aus.

Doch stets war das Klimapendel wieder zurückgeschlagen; erlösender Regen hatte irgendwann die große Dürre beendet, auf strenge Winter waren mildere gefolgt. Der Himmel selbst, endlos und unbeeinflußbar, schien für einen Ausgleich zu sorgen.

Nun aber steht die Welt vor Klima-Umwälzungen, die vom Menschen selbst hervorgerufen wurden und die, zumindest für Generationen, nicht mehr umkehrbar sein dürften. Nach zwei Jahrhunderten Industrialisierung und Bevölkerungsexplosion gerät die Erdatmosphäre aus ihrem chemischen und physikalischen Gleichgewicht.

Billionen Tonnen Kohlendioxid (CO_2), erzeugt beim Verfeuern von Kohle, Öl, Erdgas und Holz, dazu Millionen Tonnen Methan, die bei der Erdgasgewinnung oder über Asiens Reisfeldern aufsteigen, haben die Lufthülle des Erdplaneten in eine Hitzefalle verwandelt:

Die gigantischen Gasschwaden wirken wie Treibhausfenster – sie halten einen immer größeren Teil der von der Erde reflektierten Sonnenstrahlen zurück und heizen so das Erdklima auf (siehe Graphik).

Verstärkt wird der Treibhauseffekt durch riesige Mengen der als universelles Treib- und Lösungsmittel verwendeten Fluorchlorkohlenwasserstoffe (FCKW). Dieselben Gase zersetzen in den höheren Atmosphäre-Schichten den Ozon-Schild, der das Leben auf der Erde vor der gefährlichen UV-Strahlung schützt.

Die Folgen der fortgesetzten Gasinvasion werden, so das Ergebnis von Computer-Modellrechnungen, das Antlitz der Erde verändern: Klimazonen werden sich verschieben, Dürren und Überschwemmungen zunehmen. Durch die Erwärmung der Ozeane wird der Meeresspiegel weiter ansteigen. Der Lebensraum von vielen hundert Millionen Küstenbewohnern ist bedroht, wenn die fruchtbaren und dichtbesiedelten Flußlandschaften etwa der Po-Ebene in Italien, des Ganges-Deltas in Bangladesch, des Mekong in Vietnam und Kambodscha oder des Huang He in China überflutet werden.

Vorerst ist nicht absehbar, ob der Trend zum Abbau des lebenschützenden Ozonschilds in der oberen Atmosphäre noch gestoppt werden kann. Jüngste Messungen belegen, daß nicht nur über der Antarktis ein Ozonloch klafft, auch über der nördlichen Hemisphäre ist die Ozonhülle fadenscheinig geworden. [...]

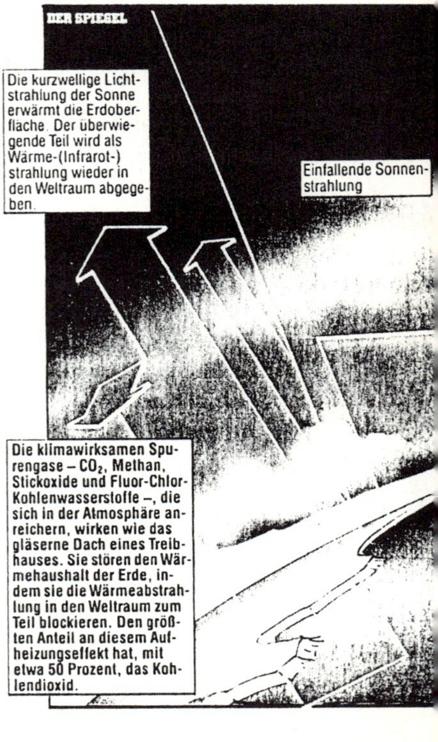

Der Spiegel 29/1989, S. 112 ff.

Durch ihre enorme Energieverschwendung verursachen die Industrieländer fast drei Viertel aller Emissionen von Kohlendioxid, dem wichtigsten Treibhausgas. Allein die Vereinigten Staaten und die Sowjet-Union, in denen zusammen nur zehn Prozent der Weltbevölkerung leben, produzieren jeweils etwa 20 Prozent des gesamten CO_2-Ausstoßes. Während bei der östlichen Supermacht die Ineffizienz der veralteten Produktionsanlagen zu Buche schlägt, treibt in den USA der private Konsum die CO_2-Werte nach oben. Pro Kopf verbrauchen die US-Amerikaner 33mal mehr Energie als die Bewohner Indiens.

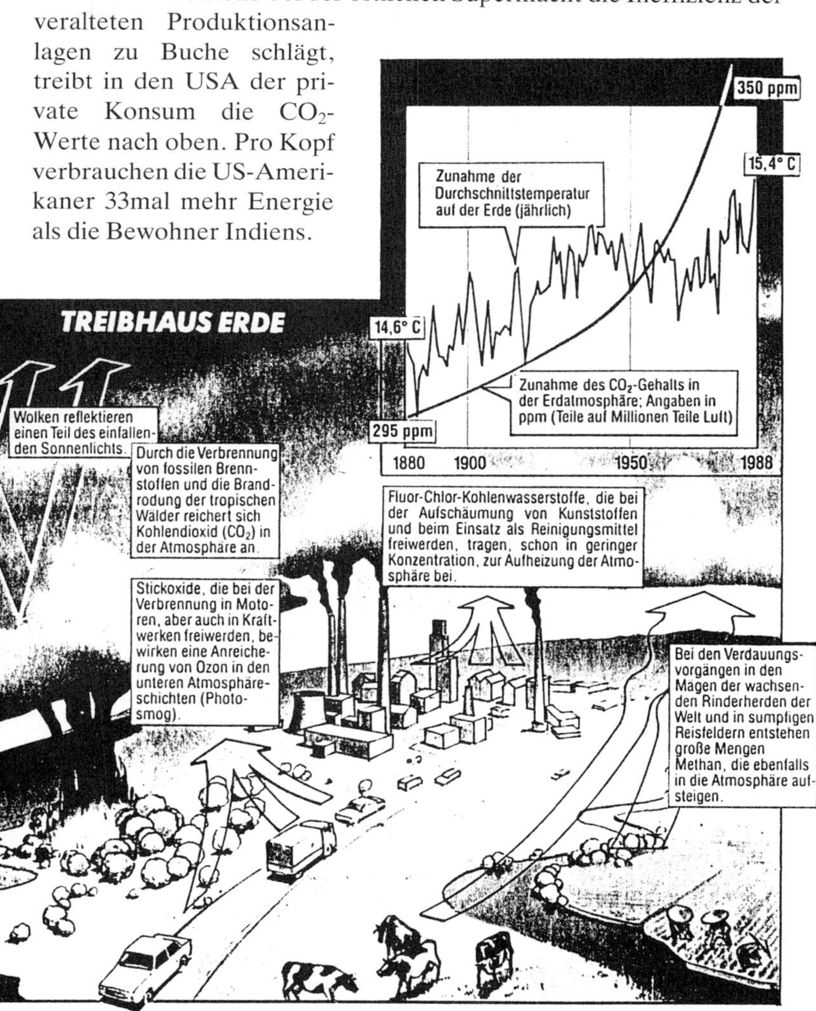

An der Verseuchung der Atmosphäre mit FCKW (Anteil am Treibhauseffekt derzeit: 25 Prozent) tragen die reichen Länder fast die Alleinschuld. Auf die Dritte Welt entfallen bislang lediglich zwei Prozent des Weltverbrauchs.

Insgesamt gehen vier Fünftel aller Treibhausgase auf das Konto der entwickelten Länder. Daneben wirkt der gegenwärtig so viel diskutierte Beitrag der Regenwaldzerstörung zum Klimaschock eher bescheiden – zehn Prozent.

Um den globalen Temperaturanstieg auf maximal zwei Grad zu begrenzen, so das übereinstimmende Ergebnis zahlreicher Modellrechnungen, müßte nicht nur die FCKW-Produktion endgültig gestoppt, sondern auch der weltweite CO_2-Ausstoß in bloß 20 Jahren um die Hälfte reduziert werden. [...]

Doch zugleich müssen alle Entwicklungsländer auf ungehemmtes Wirtschaftswachstum setzen, um das Massenelend und die Überschuldung einzudämmen. Deshalb wird das globale Treibhaus selbst dann weiter angeheizt, wenn es den wohlhabenden Nationen gelänge, ihre Emissionen zurückzuschrauben.

Der lange verdrängte Nord-Süd-Konflikt bekommt damit eine ganz neue Wendung. Der Wohlstand läßt sich nicht mehr durch den gewinnbringenden Handel mit bereits veralteten Anlagen und Produkten absichern. Wenn die Industrieländer die Klimakrise ernst nehmen, dürften sie zum eigenen Schutz fortan lediglich modernste, schadstoffmindernde und energiesparende Technologien in die Dritte Welt exportieren – und das auch noch häufig zum Nulltarif.

Leben in „absoluter Armut“ – ein Entwicklungsexperte berichtet aus Indien

2 *Der Schock ist immer wieder enorm*: Der anfängliche Schock ist immer wieder enorm. Ich bin mehrmals in Indien gewesen, und selbst jetzt, jedesmal haut es einen erst wiedermal um. Dieser Kontrast von einer durchorganisierten und sehr geordneten Welt in eine Welt, wo Sie meinen, daß die Verkommenheit ihren Höhepunkt erreicht. Weiter kann man gar nicht absinken. Wenn Sie in Kalkutta ankommen und sehen links und rechts aus dem Taxi: Da sind die Gerüche. Da ist diese Hitze. Da ist der Lärm. Die ganze Atmosphäre ist so drückend und dicht . . .

Die Indifferenz der Menschen: Ich habe häufiger mit dem Auto angehalten und habe Leute aufgelesen, die eben einfach auf der Straße lagen, um die sich kein Mensch kümmerte, und sie zum Beispiel ins Krankenhaus gebracht . . . Eine Frau war bewußtlos. Da fuhren die Autos immer so rum. Und ich wäre fast über sie rübergefahren. Ich dachte, da liegt einfach nur so ein Sack oder irgend etwas. Ich bin sicherheitshalber links daran vorbeigefahren. Und beim Vorbeifahren sehe ich: Das ist ein Mensch [. . .]

Die Kinder – das ist fürchterlich: Das andere, was einen eigentlich immer wieder fürchterlich nervlich kaputtmachen kann, das ist das Elend der Kinder, Kinder, die am Anfang ihres Lebens stehen, die theoretisch die Zukunft in den Händen halten. Wenn man sieht, daß die eben verdammt sind, vollständig ohne Aussicht auf irgend etwas, auf irgendeinen Fortschritt. [. . .]

Eltern verkrüppeln ihre Kinder zum Betteln: Immer wieder bestätigt wurde mir, und das habe ich auch gesehen, daß verkrüppelte Kinder dort betteln. Diese Kinder sind von ihren Eltern verkrüppelt worden, um eine höhere earning power zu haben, das heißt, daß größeres Mitleid erregt und mehr erbetteltes Geld von ihnen nach Hause gebracht wird [. . .]

Morgens um 8 Uhr kommen die Lastwagen und karren die Leichen weg: Ich habe die Slums von Kalkutta besucht, wo ein großer Teil der Bevölkerung auf der Straße geboren wird, auf der Straße ohne Obdach das Leben verbringt und auch auf der Straße stirbt . . . Morgens um 8, 9 Uhr kommen die Lastwagen und karren die Leichen weg wie Müll. [. . .]

Meine Reaktion ist, daß ich jedesmal, wenn ich von einem Besuch in einem solchen Land zurückkomme, die alltäglichen Sorgen, die sich die Menschen hier machen, nicht mehr sehr ernst nehmen kann und eigentlich etwas lächerlich finde.

KNA-Bild, Frankfurt/M.

Eine katholische Familie setzt ihre Tb-kranke Oma aus: Ich habe in Kalkutta an einem Community Development Program mitgearbeitet. Da haben wir in den Slums eine katholische Familie kennengelernt. Der Mann war Lehrer, der bekam mal monatelang ein Gehalt und dann wieder monatelang kein Gehalt. Er lebte dort mit seiner Frau, zehn, zwölf Kindern, dem Großvater, der Großmutter und noch irgendwelchen anderen Verwandten. Wir versuchten, sie zu bewegen, eine Kanalisation, die die Abwässer auffängt, ordentlich zu halten. Man kam mit diesen Leuten in ein gutes Gespräch.

Im Laufe der drei Wochen, die wir da waren, merkten wir, daß mit der Familie irgendwas los war. Es traten Spannungen auf. Mann und Frau stritten sich. Die Kinder heulten. Und am Ende der dritten Woche war die Oma weg. Wir dachten, sie wäre gestorben. Sie war aber nicht gestorben. Durch langes Nachfragen, es war spät am Abend, kam dann raus, daß sie die Oma genommen und irgendwo in Kalkutta auf der Straße ausgesetzt hatten.

Da haben wir gefragt: „Warum habt Ihr das gemacht?“ Und dann sagte dieser katholische Lehrer: „Ja, wir haben die Oma ausgesetzt, weil der Arzt gesagt hat, daß sie eine offene TB habe und sowieso nur noch drei Wochen zu leben habe. Weil wir alle nur in einem Raum leben, war es für mich wichtiger, die Oma auszusetzen, als die ganzen Kinder auch noch anzustecken.“

Für eine katholische Familie – diese Entscheidung zu treffen – rather tough. Die waren sich über das, was sie taten und tun mußten, moralisch sehr im klaren und setzten das aber sehr real ins Verhältnis zu den Werten, die sie in ihren Slums antreffen. Für mich als Europäer war das – auch für indische Verhältnisse – eine harte Sache und irgendwo ein Maßstab, zu reflektieren, wie die konkreten Notsituationen einfach Wertmaßstäbe verändern können, vielleicht müssen. Gut und Böse. Das alles trifft nicht mehr zu. Sicherheit und Unsicherheit. Geben und Nehmen und Stehlen. Das wird alles durcheinandergeworfen.

Christian Hülsmeier, in: Vorwärts Nr. 37 vom 6. 9. 1979

3 Bevölkerungsprognosen für die Welt, Hauptregionen und ausgewählte Länder

	1975	2000	Zuwachs bis 2000 in %	Durchschnittl. Jahres-zuwachs in %	Anteil an der Welt-bevölkerung in %
	Mill.				
Welt	**4 090**	**6 351**	**55**	**1,8**	**100**
Entwickelte Regionen	1 131	1 323	17	0,6	21
Unterentwickelte Regionen	2 959	5 028	70	2,1	79
Hauptregionen					
Afrika	399	814	104	2,9	13
Asien und Ozeanien	2 274	3 630	60	1,9	57
Lateinamerika	325	637	96	2,7	10
UdSSR und Osteuropa	384	460	20	0,7	7
Nordamerika, Westeuropa, Japan, Australien und Neuseeland	708	809	14	0,5	13
Ausgewählte Länder und Regionen					
VR China	935	1 329	42	1,4	21
Indien	618	1 021	65	2,0	16
Indonesien	135	226	68	2,1	4
Bangladesch	79	159	100	2,8	2
Pakistan	71	149	111	3,0	2
Philippinen	43	73	71	2,1	1
Thailand	42	75	77	2,3	1
Südkorea	37	57	55	1,7	1
Ägypten	37	65	77	2,3	1
Nigeria	63	135	114	3,0	2
Brasilien	109	226	108	2,9	4
Mexiko	60	131	119	3,1	2
USA	214	248	16	0,6	4
UdSSR	254	309	21	0,8	5
Japan	112	133	19	0,7	2
Osteuropa	130	152	17	0,6	2
Westeuropa	344	378	10	0,4	6

Global 2000. Der Bericht an den Präsidenten, Verlag Zweitausendundeins, Frankfurt am Main 1980, S. 42

4 Das Verhältnis von Geburten- und Sterberate

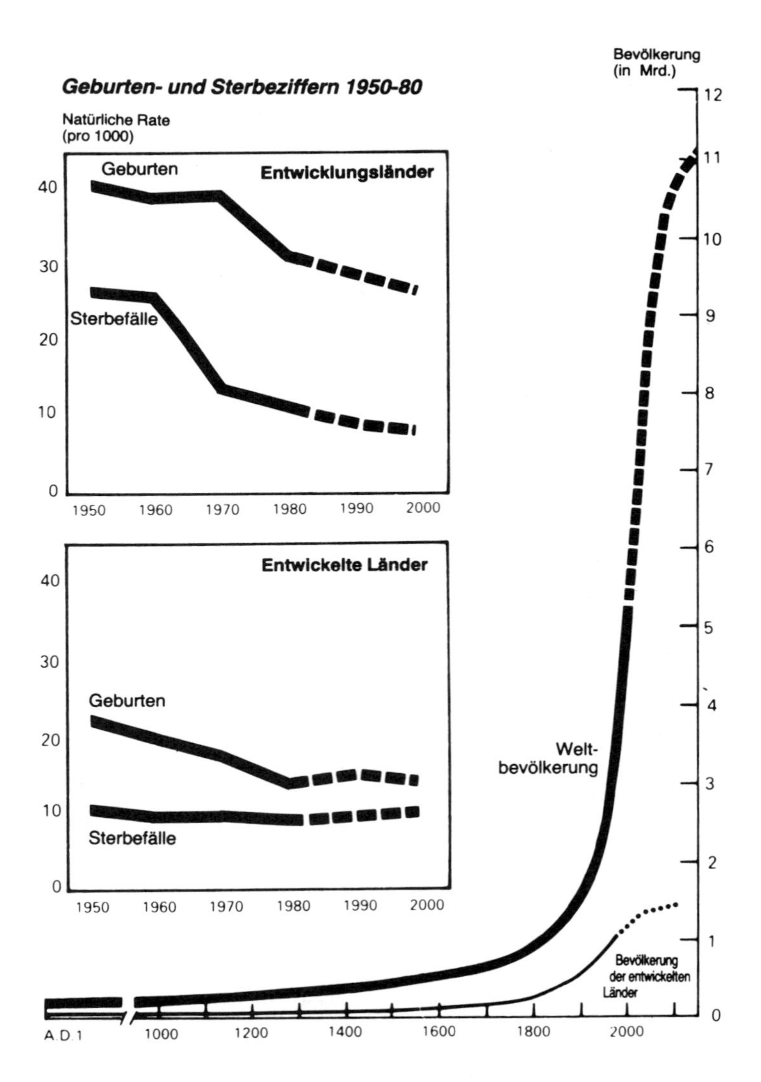

Weltbank: Weltentwicklungsbericht 1984, S. 3

Warum die Armen große Familien wollen

5 Es gibt gute Gründe wirtschaftlicher ebenso wie soziopolitischer Natur, eine große Familie haben zu wollen. So ist eine der dringlichsten Überlegungen dabei, sich eine Altersversicherung zu verschaffen. In die Sozialversicherung fließen in Entwicklungsländern nur 5 Prozent des Bruttosozialprodukts (in Europa sind es 15 Prozent), und zudem gilt sie größtenteils nur für den modernen Sektor. Einer umfangreichen Untersuchung in mehreren asiatischen Ländern war zu entnehmen, daß die meisten städtischen Mittelschichtfamilien sich nicht auf finanzielle Altersunterstützung durch die Kinder verlassen wollten, während jedoch 62 bis 90 Prozent der armen Familien aus Stadt und Land dies tun würden. [...]

Kinder sind auch Arbeitskräfte. Die westliche Vorstellung von der Kindheit als einer Zeit des Spiels und der Freiheit von Verantwortung gibt es außerhalb der Eliten in den Entwicklungsländern nicht. Ein heranwachsendes Kind wird schon mit vier oder fünf Jahren zu einem Mini-Erwachsenen. Zunächst wird es mit kleineren Aufgaben betraut, zu denen man wenig Kraft oder Geschicklichkeit braucht. Im Süden Perus hüten melancholische, barfuß laufende Mädchen die Lamas der Familie. In Indien passen die Jungen auf die Kühe auf. Von allen Kindern wird erwartet, daß sie der Mutter jederzeit bei der Hausarbeit oder dem Vater auf den Feldern helfen. In den Städten werden sie zum Hausieren oder Betteln geschickt. [...]

Durch die tiefverwurzelten geschlechtsbedingten Ungleichheiten, die es in vielen Teilen der Dritten Welt gibt, kommt es, daß die Söhne bei der Kosten-Nutzen-Rechnung, die Ehepaare im Rahmen ihrer Familienplanung aufmachen, die Töchter bei weitem übertrumpfen. Nach der Hindu-Religion kann nur ein Sohn die Begräbnisriten für die Seele seines Vaters ausführen: Ein rechtgläubiger Mann muß einen Sohn bekommen, sonst läuft er Gefahr, in minderwertiger Form, etwa als Schlange oder Schwein, wiedergeboren zu werden. Fast in allen Kulturen sind es die Söhne, die Namen und Ruf der Familie weitertragen und die Familiengüter erben. In Asien bekommen die Söhne die Aussteuer. Männer verdienen mehr als Frauen – daher bringen Söhne mehr Geld nach Hause, bevor sie heiraten, und können besser für ihre alten Eltern sorgen. So ist es nicht weiter verwunderlich, wenn indische Bräute traditionell mit dem Wunsch begrüßt werden: „Mögest Du Mutter von acht Söhnen werden."

Denn ein Sohn reicht nicht. Solange die Kindersterblichkeit so hoch ist und noch irgendein Risiko besteht, daß man den einzigen Sohn verliert, muß man zwei Söhne haben. Bei einer Untersuchung im indischen Bundesstaat Gujarat ergab sich, daß die Ehepaare ihre Familienplanung so anlegten, daß in jedem Fall zwei Söhne zur Unterstützung der Eltern im Alter überlebten. Eine Mutter erklärte, die ideale Familie seien zwei Jungen und ein Mädchen, um jedoch sicher zu sein, daß auch zwei Söhne überlebten, konnten sie es sich nicht leisten, weniger als fünf Kinder zu haben, die über die schwierigen Jahre vor dem zehnten Lebensjahr gekommen sind. In jeder Straße im Dorf gab es Familien, in denen alle Söhne gestorben waren, und diese Fälle wurden als warnende Beispiele angeführt. In Gujarat kann sich ein altgewordenes Elternpaar auch auf seine Tochter und deren Mann verlassen, wenn es sein muß, doch wird das dann als über alle Maßen schändlich angesehen, und jede Mahlzeit muß mit tiefster Beschämung bezahlt werden. [...]

Was aber ist mit den zunehmenden Nachteilen so vieler Kinder, die einem Außenstehenden geradezu ins Auge stechen? So komisch es auch klingen mag, [...] in den Augen des armen Mannes sieht die Rechnung so aus, daß der Nutzen die Kosten bei weitem überwiegt.

In Khanna im indischen Bundesstaat Pandschab wußten die kleinen Landbesitzer sehr wohl um das Problem der Bodenzersplitterung durch Erbschaft. Doch der Soziologe Mahmut Mamdani von der Harvard-Universität fand heraus, daß sie dies als Problem ihrer Kinder und nicht als ihr Problem sahen. Ihre Hauptsorge galt ihrem eigenen Überleben in der Gegenwart. Sie hatten keinerlei Maschinen und benötigten daher zur Erntezeit reichlich zusätzliche Arbeitskräfte. Zu Hause einen weiteren Sohn großzufüttern, kostete nur ein Viertel von dem, was man einem Arbeiter, den man für die Ernte anstellte, bezahlen mußte. Die Kleinbesitzer hofften auch, sie könnten, wenn ihre Söhne hart arbeiteten oder in der nahegelegenen Stadt einigermaßen gut bezahlte Arbeit bekämen, genug zusammensparen, um noch Land dazuzukaufen. Damit würden sie sich vor dem ständig drohenden völligen Ruin retten können – und auch noch das Problem mit der Zersplitterung ihres Landes lösen.

Paul Harrison: Hunger und Armut, Rowohlt Taschenbuch Verlag, Reinbek bei Hamburg 1982, S. 181 ff.

Frauen-Stimmen

6 „Ob ich es bedauere, zwölf Kinder geboren zu haben? Du bist wohl nicht ganz gescheit, so etwas auch nur zu fragen. Ich bedauere, nur zwölf geboren zu haben – du siehst ja, was mir im Alter davon übriggeblieben ist. Wenn es nach mir ginge, hätte ich auch noch mehr haben wollen, aber es kamen keine mehr. Das Land hat mehr Hände brauchen können, und jedesmal, wenn es ein Sohn war, hat mich mein Mann wie eine Königin behandelt. Ich war seine dritte Frau – die ersten beiden bekamen keine Kinder, und er hat sie weggeschickt. Damals haben wir noch Kinder geschätzt – nicht wie heute meine Schwiegerenkelin, die ihr Frausein aufgegeben hat durch eine Operation, um bei nur drei Kindern keine mehr zu bekommen. Die Zeiten haben sich wirklich zum Schlechten verändert." *Inderin*

„Die Männer verstehen nicht, daß Familienplanung gut ist, weil es der Frau Zeit zum Ausruhen zwischen den Schwangerschaften gibt. Dafür interessieren sie sich nicht und auch nicht für den Zustand der Kinder. Du wirst niemals einen Mann sehen, der zu einer Familienplanungsklinik geht. Die Männer hier glauben: Wenn eine Frau nicht schwanger werden kann, wird sie sich herumtreiben. Sie wollen, daß ihre Frau jedes Jahr ein Kind bekommt, bis sie alt ist, während sie ewig auf Abenteuer aus sind. Wenn eine Frau nicht immer weiter Kinder bekommt, wird ihr Mann sauer und nimmt sich eine andere Frau." *Kenianerin*

„Mein Mann sagte immer, es ist nicht normal, ein Leben zu verhindern, das man zu haben vorbestimmt ist. Er sagte, wenn mir das Potential gegeben ist, eine bestimmte Zahl Kinder zu bekommen, dann ist es auch notwendig, sie auf die Welt zu bringen. Er sagte, ich hätte nicht das Recht, das zu verhindern – wie ein Huhn mit einer bestimmten Zahl von Eiern, die muß es legen. Er sagte, es wäre eine Sünde, das nicht zu tun." *Tunesierin*

Zum Beispiel Bevölkerungspolitik, Lamuv Verlag, Bornheim-Merten 1988, S. 83 f.

7 Durchschnittliche Kinderzahl und Motive

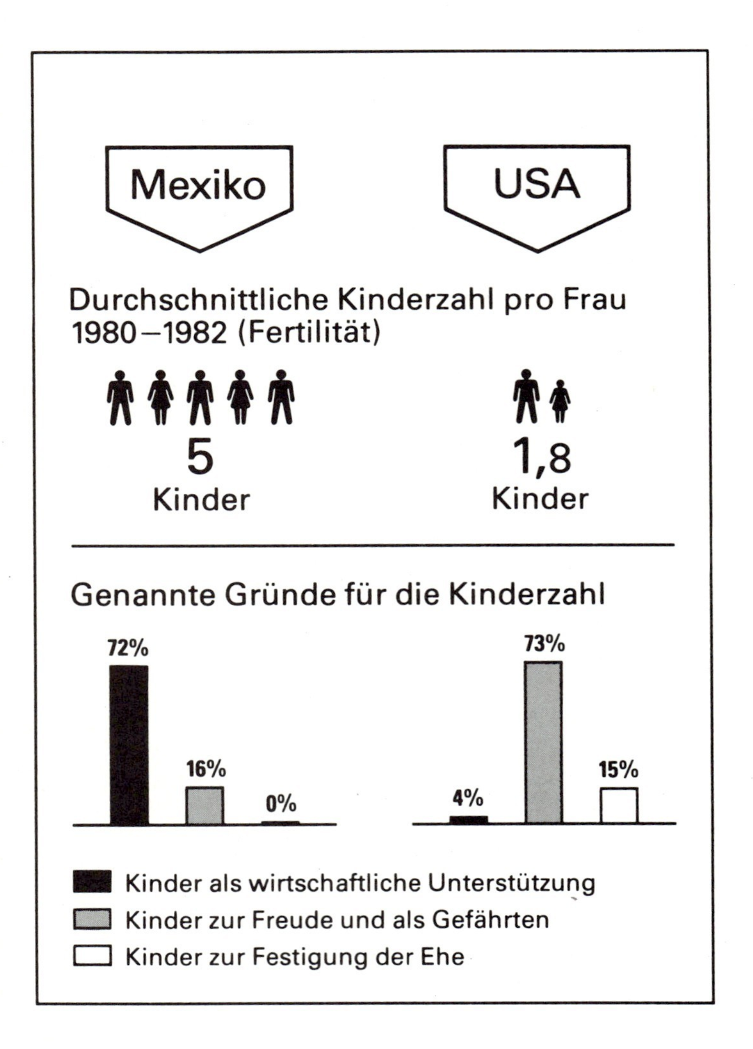

Rudolf H. Strahm: Warum sie so arm sind, Peter Hammer Verlag, Wuppertal 1985, S. 34

Probleme der Bevölkerungspolitik in Bangladesh

8 Frauen in Bangladesh haben einen fünfzehnstündigen Arbeitstag. Sie schleppen Wasser in schweren Krügen herbei, suchen stundenlang Brennmaterial für den Lehmofen, dessen beißender Rauch die Augen krank macht. Sie achten darauf, daß Männer und Söhne gut zu essen bekommen, bevor sie selbst sich etwas gönnen. Schließlich, so sind sie erzogen worden, verdienen Männer das tägliche Brot für die Familie. Und das ist karg genug für einen Landarbeiter, dessen Einkommen mit den Erntezeiten schwankt. Krank sein können sich die Frauen nicht leisten, und Schwangerschaften müssen sie oft ungewollt über sich ergehen lassen. Sechs von tausend Frauen sterben bei der Geburt ihrer Kinder, die höchste Müttersterblichkeit der Welt. Oft schon mit 15 Jahren verheiratet, sind Frauen mit fünf, sieben oder neun Kindern die Regel. [...]

Bevölkerungspolitik hat für die Regierung in der Hauptstadt Dhaka Vorrang. [...] Man weiß [...], daß der Erfolg von einem Netz an Beratungsstellen, vor allem von regelmäßigen Hausbesuchen abhängt. Islamische Tradition verlangt, daß Frauen sich von der Öffentlichkeit fernhalten. Damit bleibt es der Initiative von Sozialarbeiterinnen überlassen, Frauen für Familienplanung zu motivieren. Mehr als 10 000 sogenannte Familienwohlfahrtshelferinnen hat die Regierung ausbilden lassen. Auf diese Frauen stützt sich das Familienplanungsprogramm, eine Aufgabe mit doppelten Schwierigkeiten: Ihre Vorgesetzten sind meist wenig interessierte Männer, was ihre Arbeit nicht leichter macht. Vor allem aber müssen sie bei ihren Klientinnen den Widerstand der Ehemänner überwinden. Allzu leicht droht der Mann mit Scheidung, wenn die Frau ohne sein Einverständnis handelt. Eine Scheidung raubt den Frauen jedoch jede Lebensgrundlage.

Bei einem Besuch zu Hause [...] läßt sich ein Vertrauensverhältnis herstellen, in dem die Notwendigkeit von Schwangerschaftsverhütung besprochen werden kann. Gegen die Spirale haben viele Frauen einzuwenden, daß sie sich nicht vom Arzt behandeln lassen wollen, auch nicht für den Gegenwert eines Tageslohnes, den die Regierung als Anreiz bietet. Das trifft noch mehr für Sterilisationen zu. Das Mißtrauen gegenüber klinischer Behandlung ist groß – oft nicht zu Unrecht. Warum sollten Frauen das Risiko einer Sterilisation auf sich nehmen, wenn nur eine winzige Minderheit von Männern dazu bereit ist?

Zwar werden Pillen und Kondome kostenlos verteilt, aber die Versorgung ist unsicher. Das Verteilungssystem von Kontrazeptiven bis in die entlegenen Gegenden des Landes wird durch die unterentwikkelte Infrastruktur behindert. Mangels Motivation der staatlichen Angestellten werden Versorgungsengpässe nicht gemeldet, wird keine Vorsorge für die Monsunzeit getroffen, in der die Dörfer von den Verwaltungszentren abgeschlossen sind. Neue Untersuchungen haben ergeben, daß die Bereitschaft zur Familienplanung größer ist als angenommen, wenn nur die notwendigen Dienstleistungen zuverlässig erbracht werden. Bis dahin sind Frauen, die sich für Familienplanung entscheiden, und Männer, welche sie dabei unterstützen, jedoch weiter eine Minderheit. Für zu viele ist Familienplanung kein Thema, sind Kinder Pflicht, Prestige und vermeintliche wirtschaftliche Notwendigkeit.

Reiner Jüngst: Jede Nacht 3000 Menschen mehr, in: Süddeutsche Zeitung vom 21. 10. 1988

Der ökonomische Ansatz: Aufbau einer Altersversorgung

9 Allmählich setzt sich die Erkenntnis durch: Das rasche Wachstum der Erdbevölkerung muß verlangsamt und schließlich stabilisiert werden. Dieser Planet kann nicht zu seinen jetzt schon mehr als fünf Milliarden Bewohnern Jahr für Jahr weitere achtzig Millionen ertragen. Mag es auch vielleicht gelingen, die Ernährung immer neuer Menschenmassen durch eine Steigerung der Agrarproduktion und bessere Verteilungsmethoden einigermaßen zu regeln – lange Zeit galt das als unmöglich –, so ist das Überleben der Menschheit damit doch noch nicht gesichert. Nicht die Ernährungsfrage steht heute im Vordergrund von Überlegungen derjenigen, die sich Gedanken darüber machen, wie die Zukunft der Erde mit immer mehr Bewohnern zu gestalten sei. Die voranschreitende Zerstörung der Natur und damit der Grundlagen allen Lebens auf der Erde ist die Hauptsorge. [...]

Die Regierungen können ihren Bevölkerungen eine bestimmte Kinderzahl nicht vorschreiben. Wenn Zwang angewendet wird, wie etwa in China, regt sich bei den Betroffenen Widerstand und anderswo Protest: Darf der Mensch zur Sicherung menschlichen

Überlebens unmenschliche Mittel anwenden? Überdies waren die Ergebnisse der chinesischen Bevölkerungspolitik bescheiden. Also bleibt nur darauf hinzuwirken, daß die Menschen von sich aus, freiwillig die Zahl ihrer Nachkommen begrenzen.

Nicht der Blick auf die großen Zusammenhänge wird sie dahin bringen, etwa die Einsicht, daß jeder zusätzliche Erdenbürger die Lebensgrundlagen aller anderen weiter verkleinert und daß auch dort, wo noch viel Raum für mehr menschliche Besiedlung zu sein scheint, dieser Raum vielleicht besser unbesiedelt bliebe. Ein armer Tagelöhner in Bangladesh weiß nichts von den Zusammenhängen zwischen Bevölkerung, Umwelt und natürlichen Lebensgrundlagen. Für ihn geht es ums nackte Überleben und darum, daß im Alter genug Kinder da sind, die für ihn sorgen können. Demographen haben herausgefunden, daß der Kinderwert „Hilfe im Alter" in den ärmsten Regionen der Erde mit 95 bis 100 Prozent am höchsten ist. Wäre es daher nicht sinnvoll, hier anzusetzen und den Menschen durch die Schaffung einer – wenn auch noch so bescheidenen – Altersversorgung die Angst zu nehmen, am Ende ihres Lebens unversorgt zu sein?

Noch kaum ein Land der Dritten Welt scheint bislang auf die Idee gekommen zu sein, daß zu hohe Geburtenraten wahrscheinlich am ehesten mit einem Rentensystem zu senken wären. Und noch kein Entwicklungshilfegeber hat sich offenbar bis heute gefragt, ob es nicht vielleicht besser wäre, möglichst viele Mittel für den Aufbau einer Altersversorgung in den Ländern der Dritten Welt bereitzustellen, statt an der Verwirklichung fragwürdiger Prestigeprojekte mitzuwirken. Ohne ausländische Unterstützung würde jedenfalls kaum ein Entwicklungsland in der Lage sein, ein Rentensystem auf die Beine zu stellen.

Familienplanungsprogramme, die in den meisten Entwicklungsländern noch fehlen oder nur oberflächlich, teilweise sogar widerwillig und daher mit geringem Erfolg betrieben werden, sind als begleitende Maßnahmen auch notwendig, werden aber erst dann angenommen werden, wenn sich eine Klärung der Altersversorgung abzeichnet und einigermaßen erträgliche Lebensverhältnisse für alle Bewohner der Erde herrschen. Dann wäre es nicht mehr lebensnotwendig, viele Kinder zu haben.

Klaus Natorp: Zu viele Menschen sind der Erde Tod,
in: Frankfurter Allgemeine Zeitung vom 19. 10. 1988

10

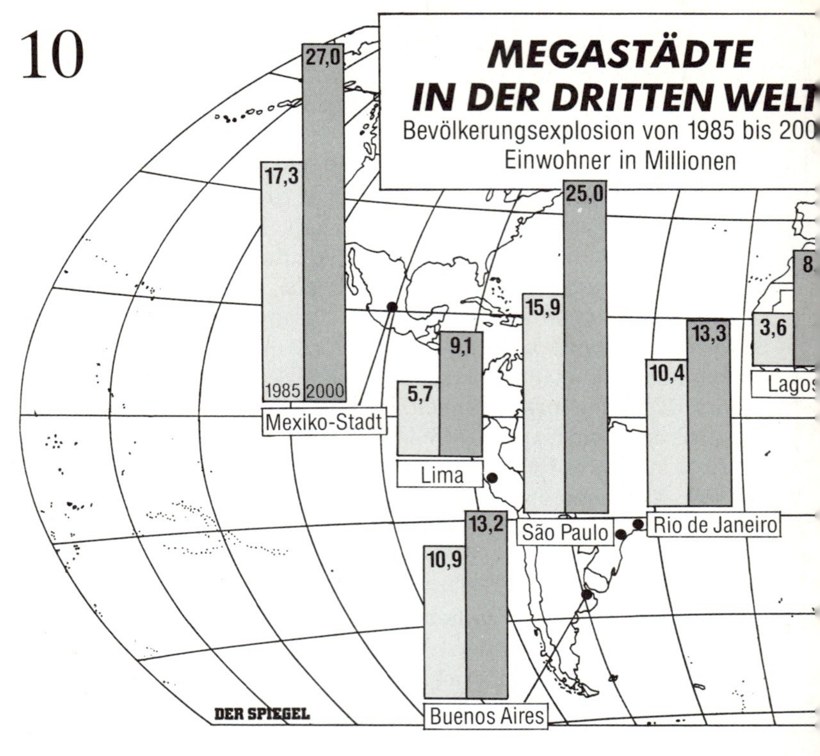

Der Spiegel 33 / 1989, S. 135

Mexiko-Stadt treibt dem Kollaps entgegen

11 *Mexiko-Stadt*, 10. Februar [1989]. Seit dem 1. Februar müssen die drei Millionen Schulkinder in der mexikanischen Hauptstadt wieder in die Schule gehen: Die im Dezember vergangenen Jahres zum erstenmal verordneten „Zwangsferien" für den Monat Januar sind vorüber. Jetzt streiten sich Regierungsbeamte, Umweltschützer, Elternsprecher und Ärzte darüber, ob diese Maßnahme sinnvoll und ob sie erfolgreich gewesen sei.

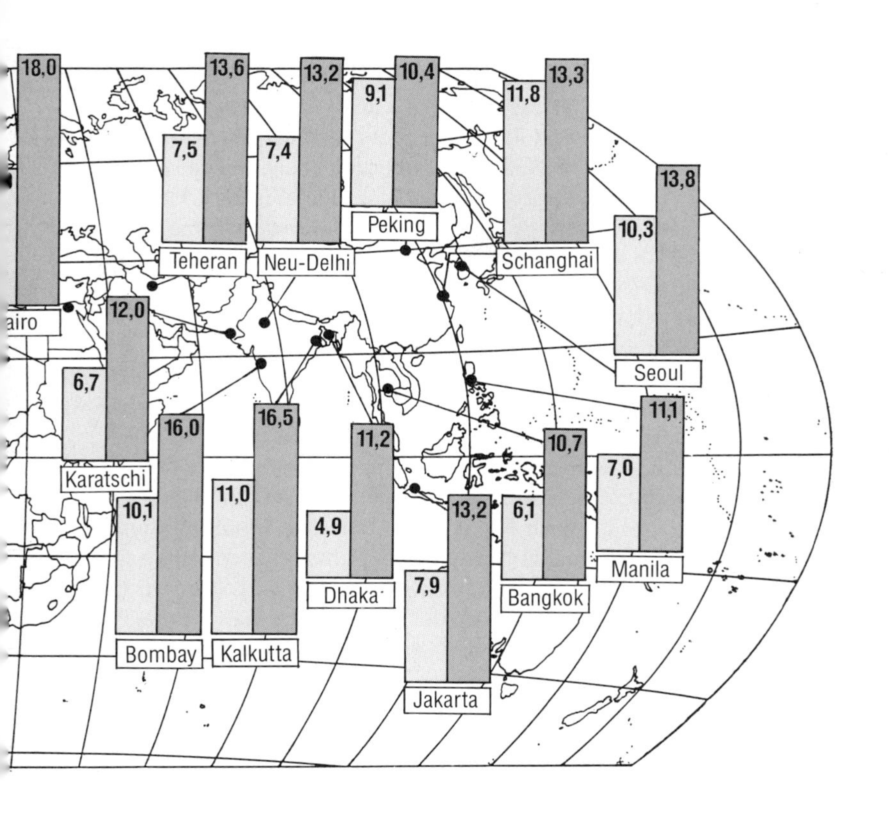

Sie war getroffen worden, um den im kältesten Monat des Jahres, dem Januar, besonders dramatischen Auswirkungen der „austauscharmen Wetterlage“ oder „inversión térmica“, wie man hier sagt, vorzubeugen. In einigen mexikanischen Privatschulen, in denen regelmäßig statistische Daten gesammelt werden, wurde im Dezember 1988 festgestellt, daß dreißig Prozent der Schulkinder krank waren – normalerweise sind es höchstens zehn Prozent. Die Schulärzte schieben dies auf die in den kalten Wintermonaten verstärkte Luftverschmutzung.

Die mexikanische Hauptstadt liegt in 2240 Metern Höhe, umgeben von einer Bergkette. Diese verhindert den Abzug des Smogs. In den kälteren Monaten – von Oktober bis Februar – erschwert die in dieser Höhe besonders kalte Nachtluft außerdem den Abzug der Schadstoffe in den frühen Morgenstunden. Erst gegen Mittag ändert sich die austauscharme Wetterlage durch intensive Sonnenwärme. Die Einwohner werden deshalb immer häufiger davor gewarnt, in den Morgenstunden zu joggen. Durch die „Zwangsferien" sollten die Kinder in dieser Zeit der Umweltbelastung nicht ausgesetzt werden. Außerdem, so dachten die Bürokraten, würde dadurch der Verkehr drastisch reduziert, denn immer noch bringen viele Eltern ihre Kinder im eigenen Auto zur Schule, da die öffentlichen Verkehrsmittel hoffnungslos überfüllt sind und bei weitem nicht ausreichen. [...]

Jeder, der hier wohnen muß, kennt das beklemmende Gefühl, nicht mehr durchatmen zu können. Jeder riecht, daß es vor allem morgens in der ganzen Stadt nach Kloake stinkt. Jedem brannten durch den Smog schon die Augen, und jeder weiß, daß es in allen Supermärkten neben den Kassen kleine Fläschchen mit Augentropfen zu kaufen gibt. Dort im Regal stehen auch die Tropfen, die man für das Wasser braucht, in dem man den Salat wäscht – nur mit normalem Leitungswasser gereinigt, bringt er immer wieder aufs neue die berühmte „Rache Montezumas". [...]

Ist die mexikanische Hauptstadt überhaupt noch zu retten? In den vergangenen drei Jahren haben die Erkrankungen der Atemwege – Asthma und Lungenkrebs – um vierzig Prozent zugenommen. Der Präsident des Umweltschützerverbandes, Alfonso Cipres, behauptet, während der Regierungszeit des abgetretenen Staatspräsidenten Miguel de la Madrid (1982 bis 1988) seien 600 000 Menschen an durch Umweltverschmutzung verursachten Krankheiten gestorben. Selbst das staatliche mexikanische Gesundheitsministerium gibt zu, daß Umweltschäden an achter Stelle auf der Liste der Todesursachen in der mexikanischen Hauptstadt stünden. Siebzig Prozent der Neugeborenen hier kommen mit einem überhöhten Bleigehalt im Blut auf die Welt: Noch bevor sie ihren ersten „unabhängigen" Atemzug tun, ist über die Plazenta eine überdurchschnittlich hohe Dosis an Blei in ihren Blutkreislauf gelangt. Dies gab ein [...] Ärzteteam bekannt. Es bekräftigte, daß dadurch ein überdurchschnittlich hoher Prozentsatz von Neugeborenen hier irreversible Gesundheitsschäden aufwiesen, vor allem Deformationen im zentralen Nervensystem. [...]

Vor zwanzig Jahren lebten noch etwa sechzig Prozent der Bevölkerung Mexikos auf dem Land, heute sollen es nur noch dreißig Prozent sein. Damals hatte die mexikanische Hauptstadt sieben Millionen Einwohner, heute sind es nach offiziellen Angaben achtzehn Millionen, nach inoffiziellen Schätzungen sogar zwanzig Millionen. Pro Monat ziehen mindestens 50 000 Menschen, die überwiegend aus ländlichen Gebieten kommen, in die Hauptstadt. Bis zum Jahr 2000 dürften in Mexiko-Stadt achtundzwanzig bis dreißig Millionen Menschen leben – vielleicht gerade noch überleben. [...]

Zwanzig Prozent der bewohnten Fläche der mexikanischen Hauptstadt werden von einem Viertel der Stadtbevölkerung bewohnt, das diese als Bauland nicht rechtmäßig erworben hat. Dadurch vor allem sind riesige Armenviertel entstanden, in denen die meisten Bewohner weder Trinkwasser noch Kanalisation haben und sich meist illegal mit Strom versorgen, den sie von den Hauptleitungen abzapfen. Fachleute schätzen, daß es dort sechs Ratten pro Einwohner gibt. Sanitäre Anlagen sind in diesen Vierteln so gut wie nicht vorhanden. Dadurch wächst die Luftverschmutzung auch durch Fäkalienpartikel. Viele Ärzte sprechen schon von „fliegenden Amöben“ und „fliegenden Salmonellen“, die überall eingeatmet werden.

Hildegard Stausberg: Das beklemmende Gefühl, nicht atmen zu können, in: Frankfurter Allgemeine Zeitung vom 11. 2. 1989

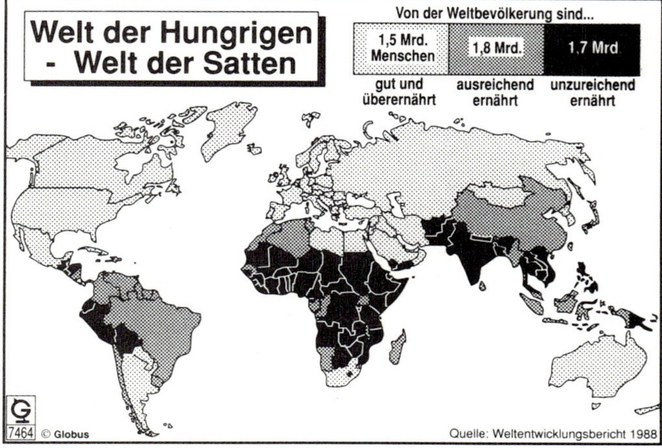

13

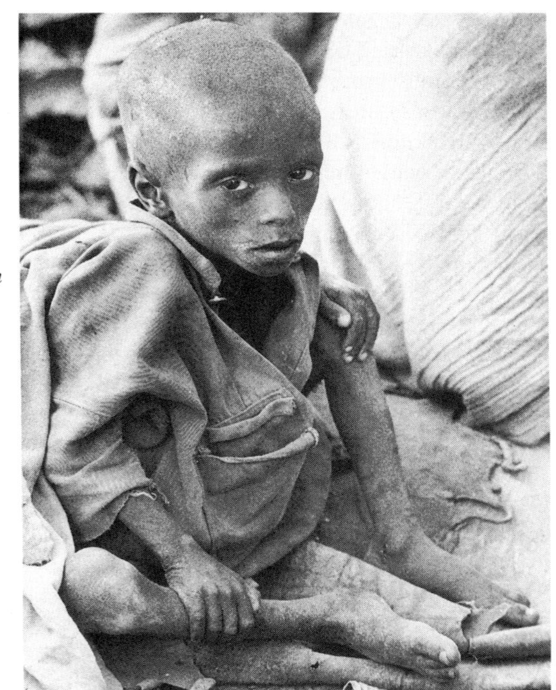

Hungerndes Kind in Äthiopien: Erschütternde Bilder, in den Industriestaaten genausooft gesehen wie verdrängt.

KNA-Bild, Frankfurt/M.

Ursachen der Ernährungskrise

14 Die aus historischen (meist kolonialen) und gegenwärtigen Sozialstrukturen resultierende Armut und Machtlosigkeit breitester Bevölkerungsschichten ist der tiefere Grund für den Nahrungsmittelmangel vor Ort. Der Unterversorgung bei einfachen Nahrungsprodukten entspricht meist eine deutliche Außenorientierung der landwirtschaftlichen Produktion, insofern sie marktintegriert ist, also auf Verkaufserlös und Gewinn abzielt. Vereinfacht ausgedrückt: nur wer Land bebauen kann, ist in der Lage, sich und seine Familie unmittelbar auf Subsistenzbasis [Eigenversorgung] zu ernähren; wer keinen Landzugang hat, muß für Lohn arbeiten oder andere Güter oder Dienstleistungen produzieren und verkaufen, um sich für den

Erwerb von Nahrungsmitteln auf einem Markt notwendige Kaufkraft zu verschaffen. Wem das nicht oder nur in geringem Umfang gelingt – dies ist für die Armen in EL [Entwicklungsländer] die Regel – der ist nicht oder sehr wenig kaufkräftig; wer aber nicht oder wenig kaufkräftig ist, für den werden keine oder nur wenige Nahrungsmittel produziert. Weder kleinbäuerliche Betriebe, die sich auf Marktproduktion eingelassen haben, noch kommerzielle Großbetriebe werden für einen realen Bedarf, der nicht kaufkräftig, also *nicht* Nachfrage ist, produzieren – die einen, weil sie es sich bei Gefahr der eigenen Existenz nicht leisten können, die anderen, weil sie Geld verdienen wollen. Kaufkräftige Nachfrage aber ist in erster Linie auf dem Weltmarkt zu finden. Insofern also konkurriert das Ernährungsbedürfnis von Armutsgruppen aussichtslos mit dem Kaufkraftsog aus den reichen Ländern und den reicheren Schichten in den EL. Daß sozial mächtige Großgrundbesitzer und einheimische wie ausländische Kapitalverwerter diese Situation ausnutzen, indem sie profitable Produkte anbauen und mehr möglichst fruchtbares Land und billige Arbeitskraft einsetzen, kann nicht verwundern. [...]

Hauptproblem ist also das Ausgeschlossensein der Mehrheit der Bevölkerung von produktiver Beschäftigung und damit von Eigenversorgung bzw. von Kaufkrafterwerb. In manchen Regionen ist auch aufgrund der Bevölkerungsentwicklung, die sicherlich ein weiterer wichtiger, aber keinesfalls isolierbarer Faktor ist, der Boden tatsächlich zu knapp geworden; aus ökologischen Gründen ist eine weitere Intensivierung des Anbaus oft nicht mehr vertretbar. Zu geringes allgemeines Wirtschaftswachstum kann ebenfalls zum Mangel beitragen, doch wie fast alle in dieser Hinsicht erfolgreichen EL zeigen, bedeuten hohe gesamtwirtschaftliche Wachstumsraten keineswegs Ernährungssicherung. Die am Industriewachstum orientierte Wirtschaftspolitik vermindert meist in stärkstem Maße ökonomische Anreize zur Produktion von Grundnahrungsmitteln für den Binnenmarkt: da schnelles Wachstum hohe Kapitalrendite und damit niedrige Löhne zu verlangen scheint, werden häufig die Preise für Nahrungsmittel staatlicherseits tief gehalten. Arbeitslose ländliche Arme ohne viel Kaufkraft einerseits, andererseits limitierte Preise in den Städten – welcher Bauer soll da für den inneren Markt stärker produzieren? Nicht so sehr Rückständigkeit im Geiste und traditionelle Werte, sondern fehlende Produktionsanreize und ihre agrarsoziale Situation hindern die Masse der Bauern, produktiver zu wirtschaften.

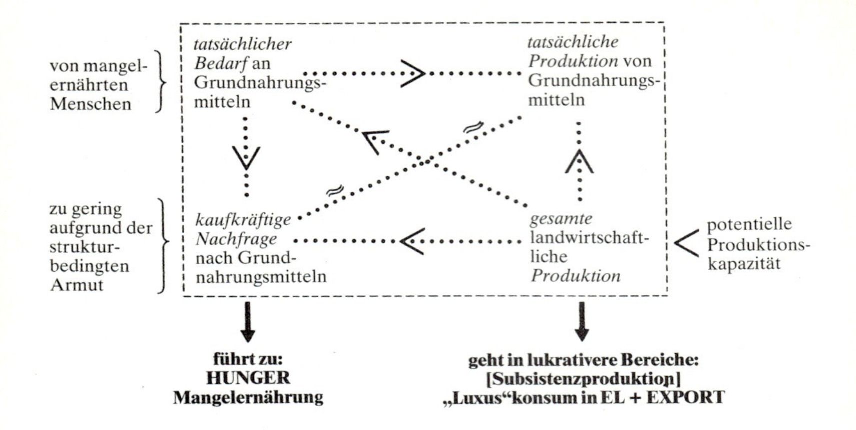

Bedarf ≠ *Nachfrage*. Schematische Vereinfachung des Verursachungsmechanismus der Unterversorgung mit billigen Grundnahrungsmitteln (>, <, ≈ bedeutet größer als, kleiner als, etwa gleich).

Reinhard Wesel: Ernährung und Landwirtschaft, in: Peter J. Opitz (Hg.): Die Dritte Welt in der Krise, Verlag C. H. Beck, 2. Aufl., München 1985, S. 75 ff.

Die Folgen der Unterernährung

15 Hunger und Unterernährung in der Dritten Welt sind – wie nicht anders zu erwarten – unter den *Ärmsten in Stadt und Land* am meisten verbreitet, d. h. unter Arbeitslosen und unterbeschäftigten Bewohnern städtischer Slums, unter Familien ohne Ernährer, unter landlosen und landarmen Landbewohnern, die keine hinreichende Kaufkraft oder nicht genug Land besitzen, um sich das notwendige Nahrungsminimum zu beschaffen.

Kleinkinder und deren *Mütter* aus diesen Randgruppen sind jeweils besonders gefährdet; denn die ungleiche Verteilung zwischen Kontinenten, Ländern und sozialen Schichten setzt sich bis in die Familien hinein fort. Haushaltsuntersuchungen haben ergeben, daß die arbeitenden Erwachsenen den besten Teil der Nahrung für sich beanspruchen. Für schwangere und stillende Frauen und die Kinder, die besonders proteinreiche Nahrung benötigen, bleibt oft nur ein ungenügender Rest, da sie als „unproduktiv" betrachtet werden.

Im Unterschied zu landläufigen Meinungen über Hungerkatastrophen vollzieht sich Unter- und Mangelernährung undramatisch, ist bei oberflächlicher Betrachtung nicht zu erkennen und für Sensationsmeldungen ungeeignet. Gerade deshalb wird Unterernährung in der Dritten Welt – auch und vor allem von Ferntouristen – mit anderen Ursachen verwechselt. So werden etwa Unterschiede in Körpergröße, Leibesumfang und Arbeitsintensität auf genetische, ethnische und mentalitätsmäßige Faktoren zurückgeführt, die in Unter- und Fehlernährung begründet sind. Mittlerweile konnte von der medizinischen Forschung nachgewiesen werden, daß chronische Unterernährung bei Kindern zur Verzögerung in der körperlichen Entwicklung und zu dauerhaften Gehirnschäden führt. Intelligenztests und Vergleiche körperlicher Aktivitäten fallen daher in der Regel zugunsten weißer, weil besser ernährter Kinder aus.

Neben verminderter körperlicher Tätigkeit zählen geringere Ausdauer, schnellere Ermüdung und erhöhte Anfälligkeit gegen Infektionskrankheiten zu den unmittelbaren Folgen von Unterernährung. „Vergleicht man Daten aus hochentwickelten Ländern mit denen aus unterentwickelten Gebieten, dann fällt sofort auf, daß relativ harmlose Kinderkrankheiten wie Masern und Keuchhusten in den Entwicklungsländern eine unverhältnismäßig hohe Zahl von Todesfällen verursachen.“ [Oltersdorf/Mettler] [...]

Damit schließt sich der Kreis. Hunger und Unterernährung verursachen hohe Kindersterblichkeit. Die hohe Kindersterblichkeit produziert große Familien, deren Kinder schlecht ernährt sind und die geringe Überlebenschancen haben. „Nicht die Überbevölkerung ist Ursache des Hungers, sondern der Hunger ist Ursache der Überbevölkerung.“ [Josué de Castro]

Gerald Braun: Nord-Süd-Konflikt und Entwicklungspolitik, Westdeutscher Verlag, Opladen 1985, S. 44 f.

16 Ernährungsstörungen in Nord und Süd

Art der Ernährungsstörung	Ursachen	Konsequenzen	Risikogruppen
I) Unterernährung			
1. Protein-Energie Malnutrition (PEM)			
a) milde PEM	allg. Nahrungsmangel, Infektionen	geistige und körperliche Entwicklung gehemmt, häufiger krank	alle Entwicklungsländer, Vorschulkinder, ca. 500 Mio.
b) schwere PEM Marasmus	ernster Nahrungsmangel, Urbanisierung	hohe Sterblichkeit	Säuglinge, Slums, 15 Mio.
Kwashiorkor	ernster Eiweißmangel	hohe Sterblichkeit	Kleinkinder, ländl. Afrika, 1-5 Mio.
2. Vitamin A-Mangel Xerophthalmie		Blindheit	SO-Asien, Naher Osten, Anden-Staaten, 6 Mio. ca. 100.000 Blinde/Jahr
3. Eisen-Mangel Anämie		schnelleres Ermüden, geringe körperliche Leistungsfähigkeit	weltweit, vor allem Frauen; 10-20% der Bevölkerung auch in Industriestaaten
4. Jodmangel	niedr. Gehalt im Boden, kropferzeug. Substanzen in Nahrung	Kropf	150-200 Mio. in Bergen Lateinamerikas, Asien, Mittl. Osten, Afrika, auch bei uns
5. Fluormangel	niedriger Gehalt im Boden	Zahnkaries	weltweit, regional, viele Millionen
6. Folsäuremangel		verändertes Blutbild	Schwangerschaft, verbreitet
7. Vitamin-D-Mangel Rachitis	Mangel an Sonnenlicht	Knochenveränderungen	Kinder, asiat. Städte, mehrere Tausend
8. Vitamin-B1-Mangel Beri-beri	geschälter Reis, Alkoholismus	Veränderungen von Nerven- und Herzfunktionen	Säuglinge, Erwachsene; Asien, Städte von Industrieländern, mehrere Tausend
9. Niacin-Mangel (Pellagra)	Mais, Alkoholismus	Veränderungen an Haut und Nerven	Erwachsene, Afrika, Naher Osten, Indien; selten
10. Andere Nährstoff-Mängel, wie Vitamin C-Mangel (Skorbut) und Vitamin B12-Mangel, sind selten anzutreffen.			
II) Überernährung			
1. Fettleibigkeit Obesitas	Zu viel Nahrung zu wenig körperl. Aktivität	erhöhte Sterblichkeit	Industrie-Staaten, bis zu 50% der Bevölkerung
2. Atherosklerose	Zu viel Fett, Zucker (?) zu wenig Rohfaser (?) Alkohol, Rauchen	Herzinfarkt	Industrie-Staaten, meist Männer über 30 Jahre viele Millionen

Nach Ulrich Oltersdorf: Zur Welternährungslage – die zwei Gesichter von Fehlernährung, hg. vom Auswertungs- und Informationsdienst für Ernährung, Landwirtschaft und Forsten e.V., 2 Aufl., Bonn 1986, S. 63

17

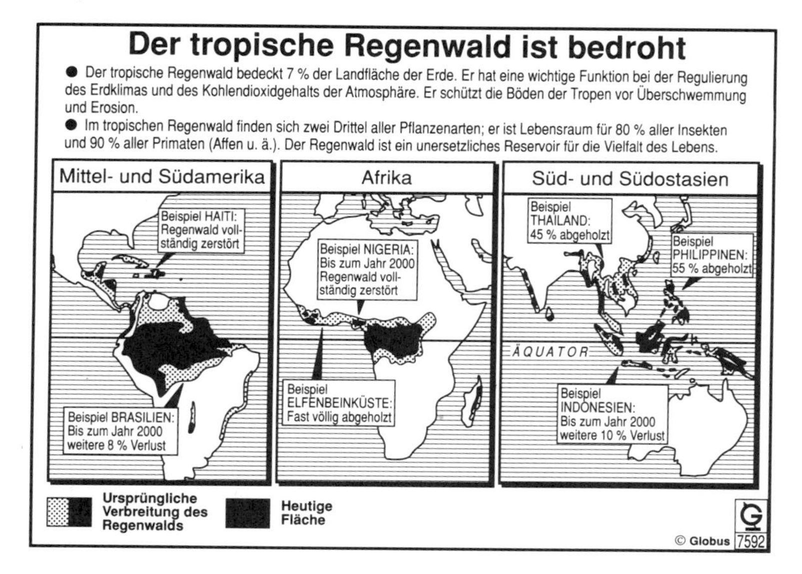

18a Holzeinschlag in Guinea

KNA-Bild, Frankfurt/M.

18b Brandrodung in Brasilien

foto-present, Essen

18c Zur Ausfuhr bestimmte Tropenhölzer in der Zentralafrikanischen Republik

foto-present, Essen

18d Straßenbau im Amazonas-Urwald

Ullstein Bilderdienst, Berlin

Schrumpfende Wälder – wachsende Wüsten

19 Emilo ist 25 Jahre alt. Verheiratet, fünf Kinder. Das pechschwarze Haar klebt ihm in der Stirne. Es ist eng, heiß und stickig in dem klapprigen Bus auf der Transamazonica. „Zu Hause waren wir elf Geschwister", erzählt er. „Wir waren zu viele für unsere Parzelle. Der Boden gab nichts mehr her, und außerdem gibt es einfach kein Land mehr. Die Großgrundbesitzer – Sie verstehen. Deswegen bin ich weggegangen."

Emilio und Familie sind auf der Fahrt in den Norden Brasiliens. Wie zahllose andere landlose Bauern. Das Land ist knapp geworden im Süden. Allzu viele Kinder müssen ernährt werden. Das vererbbare Land reicht nicht mehr aus. Und der Boden guter Qualität gehört ohnehin den Großgrundbesitzern. Da nimmt es nicht wunder, daß sich Emilio – und Millionen andere – von der Erschließung Amazoniens Wunder – sprich fruchtbares Land – erwartet.

Brasiliens Regierungen – ob Militär oder Zivile – proklamieren seit Jahrzehnten die Erschließung Amazoniens – des größten Regenwaldgebietes der Erde – als nationale Aufgabe. Und internationale Konzerne sind kräftig mit dabei, dort riesige Erzlagerstätten und andere Mineralien abzubauen. Mit einem nachgerade gigantischen Aufwand an Großtechnik werden allenthalben gewaltige Schneisen in den Urwald geschlagen – in ihrem Windschatten folgen zahllose landlose Bauern – in der Hoffnung auf Neuland.

Währenddessen warnen weltweit Wissenschaftler vor den Folgen einer solcher Politik. Diese Warnung gilt nicht nur für Brasilien. Sie gilt für alle tropischen Regenwälder der Welt – ob im Amazonasbekken, in Zentralafrika oder auf dem indonesischen Archipel. Überall betreiben heute internationale Großkonzerne, illegale Holzfällerbanden und ein Millionenheer armer Bauern in einer unheiligen Allianz einen gigantischen Raubbau an der einzigartigen ökologischen Ressource „tropischer Regenwald". Zumeist angetrieben von einer ungebremsten „Erschließungsideologie" der jeweiligen Regierungen. Sie versprechen sich davon viel Geld. Die Regenwälder werden vielfach auch deshalb als Siedlungsgebiet für landlose Bauern ausgewiesen, weil damit – im Sinne des Großgrundbesitzes – politisch brisante Agrarreformen vermieden werden können. Agrarreformen sind nicht das Allheilmittel zur Lösung der vielfachen Not in Entwicklungsländern. Zumindest in Brasilien jedoch könnte auf diese Weise einiges bewegt werden. Dort liegen mehr als 1,5 Millionen Quadratkilometer landwirtschaftlicher Nutzfläche brach. Sie gehören Großgrundbesitzern, die sich jedoch mit Erfolg allen Versuchen, im Zuge einer Agrarreform dieses Brachland zur Verteilung an Kleinbauern freizugeben, widersetzen.

Amazonien stattdessen als Siedlungsland auszuweisen, führt in die Irre. Dies ist kein Ventil für das überbordende Bevölkerungswachstum, für die verzögerten Agrarreformen Brasiliens. Es wird auch nie so etwas wie dessen Kornkammer werden. Wer einmal im üppigen Wildwuchs eines tiefgrünen Urwaldes gestanden hat, vermag zwar kaum zu glauben, daß hier nicht auch ein ertragreicher Feldbau betrieben werden könnte. Aber Regenwald ist für Feldbau, ja selbst für eine weitläufige Viehzucht, nur sehr bedingt geeignet. Der Grund dafür ist – verkürzt ausgedrückt – sehr einfach: Der Regenwald ist eine Art oberirdischer Nährstoffkreislauf, ein kurzgeschlossenes Ökosystem, das aus sich selbst heraus lebt. Holzt man die Bäume ab, wäscht der Regen in Kürze den wenigen Humus weg. Der Schaden ist irreversibel, das heißt, man kann ihn kaum wiedergutmachen.

Mit alledem ist nicht grundsätzlich jegliche Nutzung Amazoniens und anderer tropischer Regenwälder ausgeschlossen. Das kann von Brasilien, von den armen Ländern der Dritten Welt auch weder verlangt noch erwartet werden. Zu viele Menschen kämpfen dort tagtäglich um das nackte Überleben. Aber die Nutzung muß eine möglichst kontrollierte, zurückhaltende sein. Der Regenwald ist ein schlichtweg unersetzlicher Boden- und Klimaschutz. Nicht nur für Brasilien, sondern für die ganze Welt. Und er ist – was gemeinhin übersehen wird – in seiner schier unerschöpflichen Artenvielfalt eine wesentliche Genreserve für künftige Generationen. Nahezu die Hälfte aller Tier- und Pflanzenarten auf der Welt sind im tropischen Regenwald beheimatet.

Wenn aber der tropische Regenwald als großflächiges Dauersiedlungsgebiet für Menschen ungeeignet ist, wohin dann mit der rasch wachsenden Bevölkerung in den Entwicklungsländern? Die Länder der Dritten Welt – beileibe nicht nur Brasilien – stecken hier in einer Art „ökologischer Armutsfalle". Um des kurzfristigen Überlebens willen wird Land unter den Pflug genommen oder als Weide genutzt, das dafür nicht geeignet ist – zumindest nicht auf Dauer. Gutes Ackerland war und ist auch in Entwicklungsländern knapp. Früher wußte man das. Nicht von ungefähr waren tropischer Regenwald, Bergregionen – wie jene in Nepal oder Indien –, Trockensavannen – wie jene des Sahels – vergleichsweise dünn besiedelt. Diese Übergangszonen tragen nur eine begrenzte Zahl von Mensch und Tier. Heute jedoch drückt die Masse Mensch auch auf jene zerbrechlichen Ökosysteme.

Augenfällig im Sahel. Die fortschreitende Verwüstung der Sahelzone ist nicht – wie vielfach irrtümlich angenommen wird – die Folge eines schier unaufhaltsamen Vordringens der Sahara gegen Süden. Nicht die Wüste marschiert gegen Süden. Das Gegenteil ist wahr. Der Mensch drängt nach Norden vor; macht aufgrund Übernutzung die Trockensavanne, den Sahel, zur Wüste. Jahrtausendelang bot die Sahelzone einen zwar meist kargen, aber ausreichenden Lebensraum. Mensch und Tier, Nomaden und Seßhafte paßten sich den vorgegebenen Rahmenbedingungen an. Damit aber ist es heute vorbei.

Ein wesentlicher Grund dafür ist das hohe Bevölkerungswachstum. In Zahlen ausgedrückt: Die Bevölkerung der westafrikanischen Sahelländer – von Mauretanien bis zum Tschad – ist in den letzten Jahren auf über 35 Millionen Einwohner angewachsen. Bei dem derzeitigen Wachstum von fast drei Prozent jährlich wird sich ihre Einwohnerzahl in den nächsten dreißig Jahren noch einmal verdreifachen: auf über einhundert Millionen Menschen. Dabei sind die Landreserven mancher dieser Staaten bereits heute weitgehend erschöpft. Hier tut sich – und das gilt nicht nur für den Sahel, sondern für einen Großteil der Dritten Welt – ein Teufelskreis von beängstigendem Bevölkerungswachstum und fortschreitenden Umweltschäden auf.

In der Sahelzone leben bereits heute zu viele Menschen und zu viele Tiere. Nicht zuletzt dank der Erfolge in der modernen Medizin, im Human- und Veterinärbereich. Das Ökosystem Sahel hält diesem wachsenden Druck von Mensch und Tier nicht mehr stand. Mehr Menschen brauchen mehr Nahrung. Das zwingt dazu, Land, dem früher eine lange Brache gewährt wurde, in Dauerkultur zu übernehmen. Mehr Menschen halten auch mehr Vieh. Der Überbesatz an Vieh läßt aber kaum noch Vegetation hochkommen. Mehr Menschen benötigen vor allem auch mehr Brennholz zum Kochen. Die letzten Bäume werden abgeholzt. Es kann nicht oft genug wiederholt werden: Für rund zwei Drittel aller Menschen auf dieser Erde ist Holz der einzige Energieträger. Holz ist das Öl des armen Mannes. Mit dem fortschreitenden Verschwinden der Vegetation aber setzt die Zerstörung der Böden durch Sonne und Wind ein.

Allein mit gutgemeinter Hilfe kann man dieser Problematik nicht beikommen. Im letzten Jahrzehnt wurden viele Tiefbrunnen im Sahel gebaut. Viel Entwicklungshilfe wurde darauf verwandt. Die Folgen waren verheerend. Nicht allein, weil der Grundwasserspiegel sank. Schlimmer noch: Die Menschen wurden dadurch verleitet, sich noch größere Viehherden zuzulegen. Damit aber wird der letzte Rest von Vegetation zertrampelt. Die harte Einsicht, daß der Sahel eine karge Region ist und bleiben wird, ungeeignet als Lebensraum für viele Menschen, beginnt sich erst langsam durchzusetzen. Daran wird auch viel Entwicklungshilfe wenig ändern. [. . .]

Helmut Heinzlmeir: Wie man aus Wäldern Wüste macht, in:
Das Parlament Nr. 12 vom 17. 3. 1989

20 Schrumpfung der Waldbestände und Zunahme der Bevölkerung in der Dritten Welt

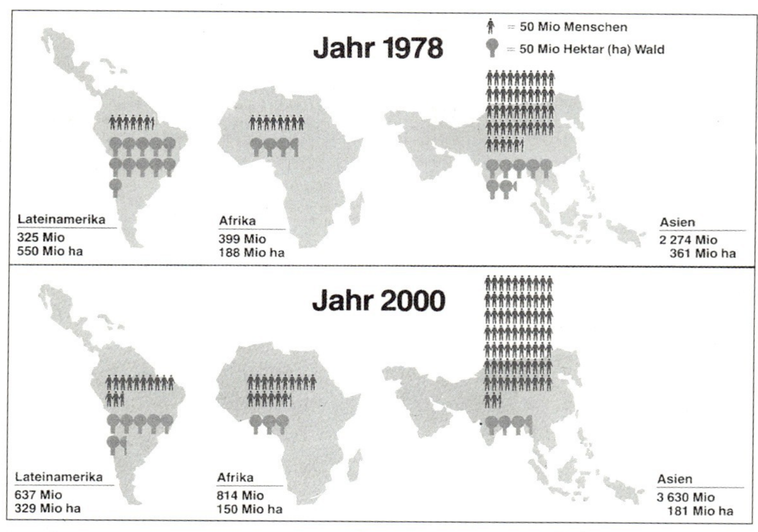

Bundesministerium für wirtschaftliche Zusammenarbeit (BMZ): Politik der Partner, 8. Aufl., Bonn 1987, S. 43

Die Mitverantwortung der Holzindustrie

21 Ghana ist in puncto Tropenholz mit derzeit rund 170 000 Kubikmeter pro Jahr der wichtigste afrikanische Lieferant der Bundesrepublik; das Unternehmen Wilhelm O. Bührich mit den Jahresringen im Firmen-Logo das älteste deutsche Holzimporthaus in Ghana. Und so soll es auch bleiben: „In Ghana findet keine Waldzerstörung statt. Das Land verfügt über die besten Forstreserven in ganz Westafrika“, sagt Bührich.

Der World Wildlife Fund (WWF) ist da ganz anderer Meinung. Die deutsche Sektion der internationalen Umweltstiftung hat den „Musterknaben“ Ghana genauer unter die Lupe genommen und fleißig Daten gesammelt. Fazit der Untersuchung: Der WWF sieht sich in seiner „grundsätzlichen Einschätzung über die katastrophalen Auswirkungen einer verfehlten, mit europäischen Forstmethoden durchgeführten Tropenholzwirtschaft in Afrika bestätigt". Die Wälder Ghanas bestünden praktisch nur noch aus stark entleerten *forest reserves*, aus Staatsforsten, die zum Teil schon während der britischen Kolonialzeit ausgewiesen wurden. Nach offiziellen Angaben sind diese Gebiete 1,5 Millionen Hektar groß, 1,3 Millionen Hektar dürfen forstwirtschaftlich genutzt werden.

Die Internationale Tropenholzorganisation Itto schätzt, daß tatsächlich nur noch 390 000 Hektar nutzbar sind; landesweit wurde bereits die achteinhalbfache Waldfläche kahlgeschlagen oder niedergebrannt. Das sind, verglichen mit den Rodungsinseln im brasilianischen Urwald, ziemlich kleine Areale. Doch der Raubbau zeitigt die gleichen klimatischen, ökologischen und sozialen Folgen. Ursachen seien der starke Bevölkerungsdruck und die Brennholzkrise in der Dritten Welt, die fatale Kombination von Brandrodung und Wanderfeldbau, die Vergabe kurzfristiger Konzessionen, Profitgier und Schwarzeinschlag, argumentieren kommerzielle Nutznießer in Europa.

Angesichts irreparabler Schäden mahnen auch sie: „Machen wir uns die Aufforderung des WWF zu eigen: ‚Nutzt die tropischen Wälder, diese sich selbst ewig regenerierende Rohstoffquelle, ohne sie zu zerstören, zum Wohl und für die Bedürfnisse der Menschen.'" *So* steht es zu lesen in einem Sonderdruck der Karl Danzer Furnierwerke, der Firma des VDH-Vorsitzenden Danzer in Reutlingen. Aber *so* habe seine Organisation dies nie verkündet, protestiert Harald Martens vom WWF. „Der Holzhandel schiebt den landlosen, brandrodenden Bauern den Schwarzen Peter zu, um die eigene Mitverantwortung zu verschleiern. In Wirklichkeit haben erst die von den Einschlagfirmen gebauten Forststraßen die Erschließung unberührten Primärwaldes ermöglicht." Der Biologe Claude Martin, mehrere Jahre Direktor von Regenwald-Schutzgebieten in Ghana und Berater bei der WWF-Studie, formuliert es noch drastischer: „Holzstraßen wirken auslösend für die totale Zerstörung."

Bartholomäus Grill: Sägen am dritten Bein, in: Die Zeit Nr. 38 vom 15. 9. 1989

Flutkatastrophe in Thailand – eine Folge ungehemmten Abholzens

22 Thailand steht fassungslos vor der schlimmsten Naturkatastrophe seit Menschengedenken, sintflutartige Regenfälle haben seit Beginn der Woche zwölf der vierzehn südlichen Provinzen zum Teil meterhoch unter Wasser gesetzt; Geröll- und Schlammlawinen begruben ganze Dörfer unter sich. Mehr als 170 Tote sind bis jetzt schon zu beklagen, aber die Zahlen steigen weiter. Hunderte werden vermißt. Der Schaden [...] kann die Eine-Milliarde-Mark-Grenze überschreiten, denn abgesehen von der Verwüstung auf Feldern, in Städten und Dörfern sind vor allem die Gummi-, Obst- und Touristikindustrie schwer betroffen. [...]

Wie schon für die Überschwemmungskatastrophen dieses Sommers in Indien und Bangladesh, wo mehr als 3000 Menschen umkamen, wird nun auch in Thailand das hemmungslose Abholzen der Wälder für das verwüstende Ausmaß der Fluten verantwortlich gemacht. Thailand, das Land der hunderttausend Klongs und Kanäle, ist an Überschwemmungen gewöhnt. Aber an ähnliches wie in diesem Jahr kann sich niemand seit Menschengedenken erinnern. Einen drastischen Beweis für den Zusammenhang zwischen dem Abholzen der Wälder und den gegenwärtigen Überschwemmungen und Erdrutschen sind die frisch gefällten Baumstämme, die von den Fluten in rasender Geschwindigkeit in die Dörfer des Südens geschwemmt wurden und „wie Torpedos oder Bomben", so ein Beamter, die Dörfer zerstört haben. Nun türmen sie sich zersplittert überall meterhoch.

Am Ende des Zweiten Weltkriegs war Thailand noch zu 70 Prozent mit Wald bedeckt, 1985 waren es noch 29 Prozent. Experten jedoch befürchten, daß diese Zahl geschönt und in Wirklichkeit viel niedriger ist. Schlimmer noch: „Wenn die Abholzaktionen im jetzigen Stil weitergehen, dann gibt es zur Jahrtausendwende überhaupt keinen Wald mehr. Dann wird Thailand in einem Teufelskreis von Fluten und Dürren zugrunde gehen", sagt Naturschützer Suchat Mongkhonaripong. Selbst wenn von sofort an jegliche kommerzielle Holzfällerei eingestellt und noch heute mit einer massiven Aufforstungsaktion begonnen würde, so dauerte es 125 Jahre, bis Thailand wieder zu 40 Prozent mit Wald bedeckt wäre, jener Fläche, die nach Ansicht der Experten für das tropische Land lebensnotwendig ist.

Stuttgarter Zeitung vom 26. 11. 1988

Lateinamerikanische Staaten beanspruchen Recht auf Urwaldnutzung

23a *Quito* (dpa/AP/Reuter) – Die acht südamerikanischen Amazonas-Staaten haben auf ihrer Konferenz in Quito den Vorschlag einer Internationalisierung dieser bedrohten Urwaldregion entschieden abgelehnt. Die Außenminister von Brasilien, Kolumbien, Venezuela, Ecuador, Bolivien, Peru, Guayana und Surinam erklärten in einer Resolution, es sei „souveränes Recht" ihrer Länder, über ihren Anteil am Amazonasgebiet frei zu verfügen. Internationale Organisationen hatten vorgeschlagen, das größte zusammenhängende Waldgebiet der Erde zu einer „ökologischen Welt-Reserve" zu erklären, um es vor zunehmender Zerstörung zu bewahren. [...]

Nach Ansicht der Außenminister der Amazonas-Staaten zeigt sich in der Urwaldregion zwar ein „schneller Zerstörungsprozeß", doch bedeute eine „rationale Nutzung des Gebietes" durch die acht Staaten „nicht notwendigerweise die Zerstörung des ökologischen Gleichgewichts". „Jeglicher Druck und jeglicher Versuch der Einmischung" durch andere Länder werde von ihnen daher abgelehnt.

„Druck, der auf eines unserer Mitglieder ausgeübt wird, wird alle von uns zwingen, gemeinsam und aus Sympathie mit dem einen Land zu handeln", erklärte der ecuadorianische Außenminister Diego Cordovez auf einer Pressekonferenz. Sein peruanischer Kollege Guillermo Larco Cox sagte, die Amazonas-Staaten würden die ungeheuren ökologischen Erfordernisse des Gebiets respektieren, „aber nicht den Anordnungen von Menschen gehorchen, die uns herumkommandieren wollen".

Süddeutsche Zeitung vom 4. 3. 1989

Ökologische Appelle – ein „trojanisches Pferd"?

23b *Rio de Janeiro*, 19. März (dpa). Brasiliens Staatspräsident Jose Sarney sieht die Gefahr, daß sich das Amazonas-Gebiet in einen „grünen Persischen Golf" verwandeln könnte, „internationalisiert von einer lange bestehenden Begierde" (ausländischer Mächte). In einer nationalistischen Rede vor brasilianischen Militärs kritisierte Sarney nicht näher bezeichnete internationale Pressionen gegen Brasilien zur Erhaltung der Regenwälder am Amazonas als „heimtückisch, grausam und verlogen“.

Wie die brasilianische Presse am Wochenende schrieb, sagte Sarney: „Gefahr für die Erde geht nicht von Amazonien aus, sondern von der Aufheizung der Atmosphäre durch Tonnen von Kohlendioxid der industrialisierten Länder; vom sauren Regen, der Wälder in der ganzen Welt zerstört; von den Gasen, die die schützende Ozonschicht zerstören; vom phantastischen Arsenal nuklearer Waffen, die das Leben in wenigen Minuten auslöschen und den Planeten in einen toten Körper verwandeln können.“

Sarney verurteilte das Wirken von Umwelt-Gruppen für die Erhaltung des Amazonas: „Hinter der Ökologie stecken größere Interessen. Die Ökologie ist ein trojanisches Pferd.“ „Amazonien gehört uns“, rief Sarney aus. „Amazonien kostete das Blut der Gründer der Nation, und wir werden niemals nachlassen, es zu verteidigen ... Niemand weiß besser als wir Brasilianer, daß Amazonien vor der Zerstörung geschützt werden muß – vor einem zerstörerischen Prozeß, den die industrialisierten Länder längst vollzogen haben, um sich zu entwickeln, indem sie irrational die grüne Hülle ihrer Territorien verwüsteten und beseitigten.“ Sarney fuhr fort: „Es gibt größere Umweltzerstörungen (als die am Amazonas): der Hunger, die Armut, die Spekulation und das Elend.“

Am Amazonas ist in den vergangenen zwei Jahren ein Urwaldgebiet zerstört worden, das etwa der Fläche der Bundesrepublik Deutschland entspricht.

Frankfurter Rundschau vom 20. 3. 1989

Ursachen der Schuldenkrise

24 Die Literatur zum Komplex der Ursachen der Verschuldungskrise liefert ein verwirrendes Bild – und das ist nicht verwunderlich, weil zumindest implizit mit der Benennung von Hauptgründen und nachgeordneten Ursachen Verantwortlichkeiten für Entstehung und Entwicklung der Verschuldungsproblematik zugeteilt werden. Dieses Spiel funktioniert nach den bekannten Regeln vom „Schwarzen Peter“ und wird perfekt beherrscht; es hilft aber kaum, verantwortliche Konzepte zur kurz- oder langfristigen Bewältigung anstehender Liquiditäts- oder Verschuldungsprobleme zu präsentie-

ren. Im folgenden sollen die Ursachen nach ihrer zeitlichen Entstehung dargestellt werden. [...]

Mit der *Ölpreispolitik der OPEC-Staaten* 1973/74 [→ S. 67] trat der wichtigste *externe Faktor* auf. Die meisten Entwicklungsländer [...] konnten die in die Höhe geschnellten Ölrechnungen nicht durch entsprechendes Exportwachstum ausgleichen. Sie entschieden sich in ihrer Aufbauetappe nicht dafür, die terms of trade-Verluste [→60] durch Drosselung der Inlandsnachfrage aufzufangen. Vielmehr hielten sie an ihrer kreditfinanzierten Entwicklungspolitik fest und glichen die gewachsenen Leistungsbilanzdefizite durch entsprechende Kreditaufnahmen auf den internationalen Kapitalmärkten aus. Für die Zeit zwischen 1973 und 1980 läßt sich folglich die höchste durchschnittliche Kreditwachstumsrate feststellen.

Der zweite Ölpreisschock und vor allem die daraufhin in den USA verfolgte [antiinflationäre] Wirtschaftspolitik [...] führten zwischen 1979 und 1983 zu einer *weltwirtschaftlichen Rezession,* die die ausländische Nachfrage nach Exportprodukten der Entwicklungsländer in einer Zeit sinken ließ, als diese Länder von Ausfuhrsteigerungen Entlastung zur Bezahlung der gestiegenen Ölimportrechnungen hätten erwarten können.

Die sinkenden Exportchancen der Entwicklungsländer wurden zudem durch einen weiteren *Verfall der Rohstoffpreise* [→59, 60] verstärkt. Hinzu kam, daß sich in den Industrieländern im Verlauf der Rezession ein neuer *Protektionismus* [→65-67] breitmachte, der die Defizite in den Handelsbilanzen der Länder der Dritten Welt weiter ansteigen ließ.

Diese den Außenhandel der Entwicklungsländer begrenzenden Faktoren wirkten sich deshalb so verheerend aus, weil gleichzeitig die an die internationalen Gläubiger zu zahlenden *Zinsrechnungen* in astronomische Höhen kletterten. Ausgangspunkt für die scharfe Zinswende [...] war die im Herbst 1979 in den USA einsetzende Anti-Inflationspolitik. Der repräsentative Zinssatz für 6-Monatsgelder unter Banken (LIBOR) stieg in London auf die historische Höchstmarke von 17% im Jahre 1981. In dieser Zeit bekamen die Entwicklungsländer die negativen Folgen der bisherigen Finanzierungspraxis zu spüren. Ein Großteil der Kreditverträge enthielt nicht feste, sondern variable Zinssätze, die sich Monat für Monat nicht nur auf die neuen Kreditverträge, sondern ebenfalls auf den Gesamtbestand der Verschuldung auswirkten. Die Zinsrechnungen stiegen ständig an –

bis dieser Posten zur wichtigsten Ausgabengröße in den Leistungsbilanzen der Entwicklungsländer wurde.

Neben diesen externen Faktoren, die zur Verschuldungskrise führten, sind *interne Faktoren* nicht minder wichtig. Objektive externe Erschütterungen gingen oftmals, jedoch nicht immer einher mit wirtschaftspolitischem Fehlverhalten in den Entwicklungsländern selbst. So wird angeprangert, daß importiertes Kapital in zweifelhafte Industrieprojekte geflossen ist, oder es schlichtweg konsumiert und nicht zum Aufbau besserer Wirtschaftsstrukturen verwendet wurde. Auch Rüstungsausgaben [→75] sollen mit ausländischem Fremdkapital finanziert worden sein. Über diese Beispiele hinaus wird der staatlichen Haushaltspolitik vieler Empfängerländer ein zu großzügiges Ausgabengebahren, eine zu lockere Geldpolitik und eine falsche Wechselkurspolitik vorgehalten [→80], die ihrerseits Fehlleitung von Ressourcen, galoppierende Inflation und eine Verschlechterung der Leistungsbilanzen zur Folge hatten. Aus den wachsenden wirtschaftspolitischen, vor allem außenwirtschaftlichen Widersprüchen resultierte schließlich eine unglaublich umfangreiche Kapitalflucht, die in manchen Jahren zuweilen die Hälfte der entsprechenden Kapitalimporte der Entwicklungsländer ausmachte.

Klaus Schröder: Der Weg in die Verschuldungskrise, in:
Aus Politik und Zeitgeschichte, B 33-34/1988, S. 7 ff.

25

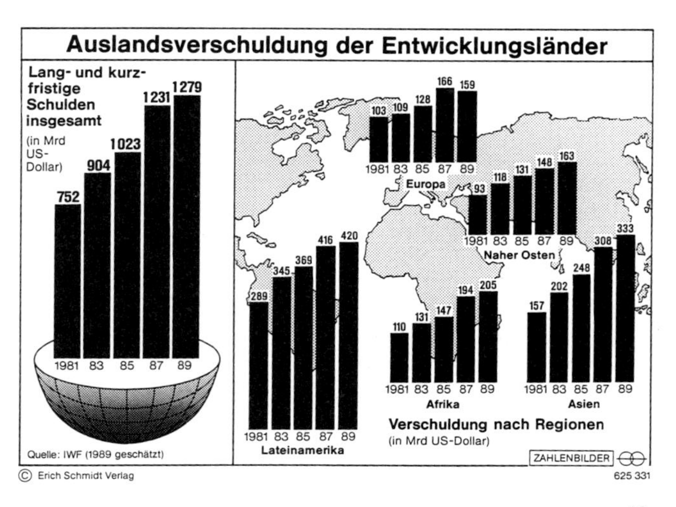

26 Schuldendienst[1]) im Verhältnis zu den Exporterlösen (in Prozent)

	1982	1984	1986	1988	1989	1990[2])	1991[3])
Afrika	21,0	26,3	27,3	25,2	26,8	30,7	29,0
Asien	12,2	12,2	14,5	10,7	9,1	8,7	8,0
Europa	21,5	19,4	24,7	23,1	19,7	17,2	17,5
Naher Osten[4])	6,3	9,7	13,6	12,1	11,9	12,2	11,8
Lateinamerika[5])	53,1	42,1	44,8	44,9	35,1	35,2	36,1
Alle E.-Länder	**19,3**	**19,5**	**22,1**	**19,0**	**16,1**	**15,9**	**15,4**

[1]) Zinsen und Tilgung für kurz- und langfristige Schulden, ohne IWF-Kredite
[2]) Schätzung
[3]) Voraussage
[4]) Einschl. Libyen und Ägypten
[5]) Einschl. Karibik
Quelle: IWF, World Economic Outlook, Mai 1990

Aus: Karl Engelhard: Dritte Welt und Entwicklungspolitik im Wandel. Lehrerband zur Schülerbroschüre „Dritte Welt im Wandel", OMNIA Verlag GmbH, 2. Aufl., Stuttgart 1990, S. 65

27 Hochverschuldete Länder der Dritten Welt

	Verschuldung[1]) in Mrd. US-$					Schulden im Verhältnis zum BSP (in Prozent)	
	1980	1982	1984	1986	1989	1980	1988
Brasilien	70,2	91,3	103,5	108,0	112,7	29,0	30,7
Mexiko	57,5	86,1	97,4	102,6	102,6	31,9	58,0
Argentinien	27,2	43,6	46,8	53,1	61,9	51,1	60,5
Venezuela	29,6	31,8	33,0	34,1	34,1	50,2	57,7
Philippinen	17,5	24,3	24,6	28,1	28,5	49,6	72,9
Nigeria	8,9	12,4	18,2	22,5	29,0	10,3	101,3
Jugoslawien	18,5	20,0	19,8	20,1	19,3	25,5	28,0
Chile	12,1	17,3	20,0	21,2	18,5	45,5	96,6
Marokko	10,0	11,7	13,1	16,4	20,8	53,0	105,9

	Verschuldung[1]) in Mrd. US-$					Schulden im Verhältnis zum BSP (in Prozent)	
	1980	1982	1984	1986	1989	1980	1988
Peru	10,0	12,3	13,1	14,7	19,9	53,8	47,3
Kolumbien	6,9	10,3	12,3	14,7	15,4	20,9	37,9
Elfenbeinküste	5,9	7,9	7,5	7,6	14,0	63,7	161,8
Ecuador	6,0	7,7	8,3	9,1	11,5	53,8	113,3
Bolivien	2,7	3,2	3,9	4,4	5,8	94,6	135,5
Uruguay	1,7	2,6	3,3	5,1	4,5	16,5	50,1

[1]) Kurzfristige und langfristige Schulden, IWF-Kredite
Quelle: Weltbank, World Debt Tables 1989-90

Karl Engelhard: Dritte Welt und Entwicklungspolitik im Wandel, a. a. O.

Die Schuldenkrise spitzt sich zu

28 Die internationale Finanzwelt hält den Atem an. Mit dem Beschluß, Zinszahlungen für einen maßgeblichen Teil des gigantischen Schuldenbergs von 108 Milliarden Dollar unbefristet auszusetzen, hat Brasilien einen Schritt getan, der das wackelige Gebäude der Zahlungsverpflichtungen hochverschuldeter Länder einstürzen lassen könnte. Dauert das einseitig verkündete Moratorium länger als 90 Tage, dann müssen die davon betroffenen US-Gläubigerbanken die zugrunde liegenden Kredite – insgesamt rund 25 Milliarden Dollar – als nicht mehr eintreibbar aus ihren Büchern tilgen. Der Zusammenbruch großer amerikanischer Kreditinstitute wäre in einem solchen Fall unvermeidlich.

Soweit wird es auch diesmal nicht kommen, denn weder die Regierung in Washington noch das Zentralbankensystem würden einem solchen Kollaps tatenlos zusehen. Auch bei der Weltbank [→ S. 184] wird man kaum zulassen, daß die sich jetzt anbahnende Entwicklung sich noch weiter verschärft. Dennoch ist die brasilianische Weigerung das bislang ernsthafteste Warnsignal und zugleich Indiz dafür, daß die Tage des gegenwärtigen Krisenmanagements gezählt sind, dessen Prinzip es ist, den Schuldnern immer wieder neue Kredite zur Verfügung zu stellen, damit sie die fälligen Zinsen bezahlen können. Damit ist es bisher zwar gelungen, die Stunde der Wahrheit hinauszuschieben, doch sind gleichzeitig die Schulden immer weiter gewachsen, weltweit zuletzt auf mehr als eine Billion Dollar.

Es liegt auf der Hand, daß eine solche Politik eines Tages zu ihrem natürlichen Ende kommen muß, nämlich der Unmöglichkeit seitens der Schuldner, die sich höher und höher türmenden Verpflichtungen erfüllen zu können. Im Fall Brasiliens ist dies nunmehr eingetreten. Wollte das Land in diesem Jahr alle fälligen Zahlungen (Zinsen und Tilgungen) leisten, müßte es mehr als 23 Milliarden Dollar an ausländische Banken überweisen. Demgegenüber standen Exportüberschüsse im vergangenen Jahr von knapp zehn Milliarden Dollar, wobei schon heute absehbar ist, daß die Erlöse im Außenhandel 1987 geringer ausfallen werden. Unter diesen Umständen blieb Brasilien zunächst einmal gar nichts anderes übrig, als die Notbremse zu ziehen, wollte es die mageren Währungsreserven nicht vollends aufzehren. [...]

Dies alles verdeutlicht, wie dringlich es ist, das ganze System auf eine neue Basis zu stellen. Auf der Suche danach wird man nicht daran vorbeikommen, in jedem Einzelfall die Belastbarkeit der Schuldnerländer zu prüfen und die Zahlungsverpflichtungen damit in Übereinklang zu bringen. Dies erfordert gewiß erhebliche Opfer bei den Gläubigerbanken, doch sind sie per saldo geringer als eine endlose Finanzierung der Zinszahlungen. [...]

Wenn dies öffentlich auch kein Bankier zu sagen wagt, so muß man sich dennoch darüber im klaren sein: An eine Tilgung dieser Schuldengebirge denkt niemand mehr. Je eher man sich auf diese Tatsache einstellt und zu Vereinbarungen kommt, die den Schuldnern Luft zum Atmen lassen und ihnen die Möglichkeit zu einer wirtschaftlichen Weiterentwicklung geben, desto schneller findet sich wieder eine gedeihliche Basis der weltwirtschaftlichen Zusammenarbeit. Die derzeitigen Blockaden auch im Warenaustausch sind auf längere Sicht womöglich die schwerwiegendsten Konsequenzen der ungelösten Schuldenkrise.

Helmut Maier-Mannhart, in: Süddeutsche Zeitung vom 24. 2. 1987

Der Brady-Plan – ein Ausweg aus der Schuldenkrise?

29 Die Verschlechterung der wirtschaftlichen Situation löste in Lateinamerika zunehmende politische Spannungen aus. Anfang 1989 kam es in Venezuela zu heftigen Unruhen, die zahlreiche Menschenleben kosteten. Die Demokratisierung der Staaten, die früher durch Militärjuntas regiert wurden, schien gefährdet. Vor allem die USA sieht die Situation in ihren südlichen Nachbarländern mit großer Beunruhigung.

Als Reaktion legte die amerikanische Regierung deshalb im Frühjahr 1989 den Brady-Plan auf. Finanzminister Brady präsentierte einen Vorschlag, der [wie bereits die Pläne seiner Amtsvorgänger] grundlegende Reformen in den betroffenen Ländern und Neukredite der Banken fordert. Er enthält aber ein grundsätzlich neues Element, das von vielen als sensationell empfunden wurde: die Forderung nach einem teilweisen Forderungserlaß der Geschäftsbanken. Laut Brady sollten die Geschäftsbanken bestimmten ausgewählten Ländern, die Anzeichen zur wirtschaftlichen Besserung erkennen lassen, einen Teil ihrer Forderungen erlassen. So sollten die betroffenen Schuldner in die Lage versetzt werden, ihre wirtschaftliche Situation nachhaltig zu verbessern.

Erster Anwendungsfall des Brady-Plans war das Mexiko-Abkommens vom Juli 1989. Im Zuge dieses Abkommens soll die Schuldenlast Mexikos und damit der Zwang, Zinsen zu zahlen, deutlich verringert werden. Das Abkommen läßt den beteiligten Geschäftsbanken (ca. 500) grundsätzlich die Wahl zwischen drei Möglichkeiten:

- Sie verzichten auf 35% ihrer Forderungen. Für die verbleibenden 65% erhalten sie handelbare Wertpapiere, die marktüblich verzinst werden.
- Sie halten an dem vollen Umfang ihrer Forderungen fest, die aber in handelbare Papiere umgetauscht und nun zu 6,25% (statt bisher 10%) verzinst werden.
- Sie gewähren zusätzliche Kredite im Wert von 25% der gesamten Forderungen. Die Forderungen werden in handelbare Papiere umgetauscht, die marktmäßig finanziert werden.

Der Wandel von den bislang üblichen Buchforderungen in handelbare Papiere hat den Vorteil, daß die Forderungen jetzt an der Börse verkauft werden können, allerdings nur mit einem empfindlichen Abschlag vom ursprünglichen Buchwert.

Der Brady-Plan hat freilich einen Pferdefuß. Viele Banken, die sich jetzt entscheiden, einen Teil ihrer Forderungen zu erlassen, sind in Zukunft nicht mehr bereit, Mexiko neue Kredite zu gewähren. Auch diejenigen, die an der Börse mexikanische Schuldverschreibungen erwerben, werden nicht immer bereit sein, ihre Kreditbeziehungen auszudehnen. Mexiko läuft somit Gefahr, daß es Schwierigkeiten haben wird, neue Gelder zu bekommen.

Gerhard Maier, in: WirtschaftsSpiegel,
hg. vom Deutschen Sparkassenverlag GmbH, Nr. 3/90, S. 6

Schuldenerlaß – pro und contra (30, 31)

Die fragwürdige Moral der Gläubiger

30 Viele Schuldner stehen nicht in einer vorübergehenden Liquiditätskrise, sondern in einer Krise ihrer Zahlungsfähigkeit (Solvenzkrise) schlechthin. Nicht die Weiterführung des bisherigen Krisenmanagements, sondern nur ein Schritt nach vorn, der der Tatsache der Insolvenz nicht mehr aus dem Wege geht, hilft jetzt weiter.

Zu einem solchen Schritt nach vorn ist es bislang nicht gekommen, weil für die Gläubiger jede Form des Schuldenerlasses oder der Schuldenneubewertung im Interesse der Aufrechterhaltung der „Schuldnermoral“ als ein Tabu galt. Nun kann man davon nicht sprechen, ohne zugleich die Frage nach der „Gläubigermoral“ zu stellen – etwa im Blick auf die Politik des leichten Geldes, die die Geschäftsbanken Anfang der 70er Jahre oft nur mit mangelhafter Risikoprüfung verfolgt haben. Auch ist es zynisch, von Schuldnermoral zu sprechen, wenn die internationalen Bedingungen eine Rückzahlung der Schulden geradezu verhindern. Wie soll ein Land seine Schulden verzinsen oder gar zurückzahlen, wenn sich seine Exporterlöse unter dem Einfluß des Protektionismus der Industrieländer [→65-67] oder unter dem Einfluß eines weltweiten Preisverfalls seiner wichtigsten Ausfuhrgüter [→59, 60] deutlich verringern?

Ein notwendiger Schritt ist darum eine Neubewertung der Schulden. Denn das Wirtschaftsverhalten der Industrieländer hat zu Wohlfahrtsverlusten der Entwicklungsländer mit Auswirkungen auf die Schuldenhöhe geführt. Die Legitimität der Schuldensumme ist also in Frage zu stellen. Notwendig ist deshalb eine Neubewertung der Schulden unter dem Gesichtspunkt ihrer Legitimität und ein Schuldenerlaß, der den Entwicklungsländern eine zukunftsorientierte Politik eröffnen könnte.

Aus einer Stellungnahme des Rates der Evangelischen Kirche in Deutschland (EKD) zur Schuldenkrise, zit. nach: Frankfurter Rundschau vom 9. 6. 1988

Die Verantwortung der Schuldner

31 Für die Schuldenkrise gibt es keine Patentlösung. Die Schuldnerländer leiden nicht an einem ökonomischen Fieberanfall, dem mit finanziellen Spritzen schnell begegnet werden könnte, sondern an chronischen Leiden, die mühsam auskuriert werden müssen. Das Krankheitsbild jedes Landes sieht anders aus, es bedarf gezielter Behandlung und nicht allgemeingültiger Therapien. Die immer wieder erhobene Forderung nach globalem Schuldenerlaß hilft also nicht weiter, auch wenn sie das schöne Bild eines von Hypotheken befreiten Neuanfangs in den Entwicklungsländern vorspiegelt. Selbst ein Teilerlaß birgt viele Risiken. Das Hauptziel aller Bemühungen muß in erster Linie die Wiederherstellung der Kreditwürdigkeit der Schuldnerländer sein, damit sie auch in Zukunft das für ihre Entwicklung notwendige Geld erhalten, und nicht so sehr die Entschuldung.

Insofern bleibt die Hauptverantwortung bei den Schuldnerländern selbst, wenn sie sich nach dem Vorbild der Industrieländer entwickeln wollen – und das wollen sie offensichtlich. Insofern geht auch die Systemkritik an der Sache vorbei, vor allem der Hinweis darauf, daß die Gläubiger keine Bedingungen stellen dürften. Wenn die Schuldnerländer zu Industriestaaten werden wollen, müssen sie lernen, finanzielle Hilfe und Kredite nutzbringend einzusetzen. Sie müssen durch eine vernünftige Wirtschaftspolitik nicht nur das Vertrauen der Gläubiger, sondern auch das ihrer eigenen Bürger wiedergewinnen, damit diese ihre Ersparnisse nicht ins Ausland schaffen. Und sie sollten, wie die Weltbank zu Recht angemerkt hat, über ihre zum Teil riesigen Rüstungsausgaben nachdenken.

Jürgen Jeske: Schuldenkrise und kein Ende, in: Frankfurter Allgemeine Zeitung vom 11. 7. 1988

Eine neue Idee: Schuldenerlaß gegen Umweltschutz

32 Bundeskanzler Helmut Kohl hat im Frühsommer [1988] auf dem Weltwirtschaftsgipfel in Toronto einen Stein ins Wasser geworfen: Er regte an, hochverschuldeten Ländern der Dritten Welt einen Tausch „Schuldenerlaß gegen Umweltschutz" anzubieten. Bundespräsident Richard von Weizsäcker hat die Idee [...] wieder ins Gespräch gebracht. Zu Recht: Denn solch ein „Dept for Nature-Swap" ist zwar gegen Umweltzerstörung und Schuldenkrise kein Patentrezept, könnte aber doch zur Bewältigung dieser Aufgaben beitragen. Die Zeit drängt: Der Raubbau in den Tropenwäldern hat inzwischen ein Ausmaß erreicht, das in der Antike mit dem Kahlschlag rund ums Mittelmeer und dessen katastrophalen Folgen vergleichbar ist [→ 17]. Das Weltklima ist in Gefahr. Andererseits ist der Schuldenberg der Dritten Welt inzwischen auf 1200 Milliarden Dollar gewachsen [→ 25]; zu einer Entschuldung aus eigener Kraft sind viele Länder nicht mehr in der Lage.

Das Konzept eines Tauschs „Schuldenerlaß gegen Umweltschutz" haben amerikanische Umweltschützer entwickelt. Ekuador beispielsweise wurden im vergangenen Jahr 650 000 Dollar Auslandsschulden erlassen; im Gegenzug verpflichtete sich die Regierung, ein Naturschutzreservat beträchtlich zu vergrößern. Costa Rica erhielt 3 Millionen Dollar Auslandsschulden erlassen; dafür wird die Regierung den Gegenwert in einheimischer Währung für den Umweltschutz zur Verfügung stellen. Inzwischen interessieren sich zahlreiche Länder für solche Programme. Auf der Liste stehen Bolivien, Brasilien, Jamaika, die Philippinen, ferner auch Polen. Partner waren und sind bislang private Organisationen, die das Geld, das für diese Tauschgeschäfte benötigt wird, über Spenden aufbringen. Die Beträge sind [...] klein und vermögen weder die Umweltzerstörung zu stoppen noch einen nennenswerten Beitrag zur Entschuldung zu leisten. [...]

Auch im Bundesministerium für wirtschaftliche Zusammenarbeit wird über die Idee nachgedacht. In einem internen Papier wird herausgestellt, daß die Schuldner für den Schuldenerlaß eine Gegenleistung erbringen; ein Verfall der Schuldnermoral sei deshalb nicht zu befürchten. Den Schuldnern komme zugute, daß sie ihre Schulden vermindern und dadurch ihre Kreditwürdigkeit zurückgewinnen könnten – dies aber sei Voraussetzung für neue Investitionen und damit für zukünftiges Wachstum.

Doch hat das Konzept auch seine Tücken. So könnte es schwierig werden, geeignete Kandidaten zu finden. Denn viele Industrieländer haben den ärmsten Staaten einen guten Teil ihrer Schulden bereits erlassen, so daß hier die Basis für Tauschgeschäfte fehlt. Die meisten Länder in Südamerika wiederum, wo sich die größten noch intakten Tropenwaldgebiete befinden, haben Schulden vor allem gegenüber privaten Banken. Würden staatliche oder supranationale Institutionen den Banken ihre Forderungen abkaufen, um sie für ein Tauschgeschäft zu verwenden, liefe dies auf eine Ablösung „fauler" privater Bankkredite mit öffentlichen Mitteln heraus – ein heikler Präzedenzfall. In anderen Ländern, zum Beispiel den Sahel-Staaten, ist es mit einem Schuldenerlaß nicht getan. Um das Vordringen der Wüste zu stoppen, wäre viel neues Geld nötig.

Zudem empfinden viele Dritte-Welt-Regierungen das Ansinnen, sich Umweltschutzauflagen „abhandeln" zu lassen, als Einmischung in ihre Innenpolitik [→ 23a]. Auch wird – nicht zu Unrecht – darauf verwiesen, daß die Industrieländer genug vor der eigenen Tür zu kehren haben [→ 23b]. Tatsächlich ist jede Regierung prinzipiell zunächst einmal selbst für den Schutz der Umwelt verantwortlich. Deshalb darf ein Tausch von Schuldenerlaß gegen Umweltschutz keinesfalls die Form annehmen, daß ein Staat dafür Geld bekommt, daß er sich nicht umweltzerstörerisch verhält. Vielmehr kann es immer nur darum gehen, ein Entwicklungsland zu unterstützen, wenn es sich um den Schutz der Natur wirklich bemüht.

Benedikt Fehr: Schuldenerlaß gegen Umweltschutz,
in: Frankfurter Allgemeine Zeitung vom 22. 9. 1988

Der Zwang zum gemeinsamen Handeln

33 Der Verdacht ist begründet, daß die Erde einer Klimakatastrophe zusteuert [→ 1], für die wir Menschen selbst verantwortlich wären. Ursache sind vielfach Bequemlichkeit und Unwissen, aber fast immer ein falsches Verständnis von wirtschaftlicher und technischer Entwicklung. [. . .]

Es führt kein Weg daran vorbei: Wir müssen umdenken und die Erde – wieder, wenn man so will – als Ganzes ins Auge nehmen. Die Ausbeutung der Natur und die Verschwendung ihrer Reichtümer und Rohstoffe sind an gefährliche Grenzen gestoßen. Entscheidend für die Milderung des Treibhauseffekts und für den Stopp der Ozonkiller sind Änderungen in den industriellen Produktionsweisen. Und da kommt dann, wie wir längst wissen, sonst noch einiges hinzu.

Das heißt: Die überkommenen, heute vorherrschenden Formen von Energieversorgung, Chemieproduktion, Landschaftsverbrauch, Straßenverkehr, Agraranbau müssen überdacht und verändert werden – und zwar mit dem Ziel einer ökologischen Modernisierung der Industriegesellschaften.

Ob die Menschheit eine Klimakatastrophe abwenden kann, wird sich nicht in ferner Zukunft, sondern schon in den nächsten Jahren entscheiden. Sofortmaßnahmen sind dringend geboten, und es hilft nicht, sich hinter anderen zu verstecken. Wir müssen uns dem stellen, wozu wir selbst verpflichtet sind. Dazu will ich folgende Punkte hervorheben, die es in unserem Land durchzusetzen gilt:

Da der hohe Energieeinsatz, insbesondere der Verbrauch fossiler Energieträger, hauptverantwortlich zur Erwärmung der Erde und damit zur Veränderung des Klimas beiträgt, sind alle denkbaren Maßnahmen zur Energieeinsparung zu nutzen. Durch eine Anhebung der Energieproduktivität und eine drastische Verringerung des Einsatzes von Primärenergie scheinen auf der Basis heute erkennbarer technischer Möglichkeiten in den nächsten 50 Jahren Energieeinsparungen bis zu 80 Prozent je nach Anwendungsbereich möglich. [...]

Aber was tun wir, um in jenen Teilen der Welt, wo die „Umweltlobbies" fehlen und wo vielfach bittere existentielle Not zum Raubbau an der Natur zwingt – was tun wir, um den Hunderten von Millionen Menschen in der sogenannten Dritten oder Vierten Welt eine umweltverträgliche Entwicklung vernünftig, möglich und lohnend erscheinen zu lassen? Ihnen nahezubringen, daß Frieden und Entwicklung wie Klima und Entwicklung nicht nur unsere Themen, sondern auch die ihren sind? Wir tun weiterhin viel zu wenig. Wir verstehen noch nicht, deutlich zu machen, daß wir in globaler Verantwortung handeln möchten, obwohl wir doch wissen – oder zumindest erahnen –, wie sehr Armut und Unterentwicklung das Weltklima vergiften – im direkten und im übertragenen Sinne des Wortes – und damit die Zukunft aller gefährden.

Was kann und was muß getan werden? [...]

1. Kommerzielle Forstwirtschaft und Viehhaltung müssen weltweit mit Umweltschutzauflagen verbunden werden. Und die Einhaltung solcher Auflagen sollte international überprüfbar sein.

2. Schuldenerleichterungen sind dringend geboten. Der Zwang zur Bedienung überhöhter Rückzahlungsverpflichtungen beschleunigt den Raubbau an der Natur, da Exporterlöse „um jeden Preis" erzielt werden müssen. Und ich nenne es einen Skandal, daß bitterarmen Ländern sogar zugemutet wird, für ein paar Dollar ihre Umwelt durch Chemiemüll aus unserem Teil der Welt zusätzlich zu verpesten. Solcher Export gehört verboten.

3. Nationale und internationale Entwicklungspolitik muß in Zukunft ökologischen Prüfungskriterien standhalten. [...]

4. Wir müssen „sustainable development" – also dauerhafte Entwicklung – als Aufgabe der Weltinnenpolitik begreifen. Der berechtigte Anspruch auf Selbstbestimmung der Völker darf nicht zu Lasten des Überlebens der Menschheit „ausgelebt" werden. Das gilt für Industriestaaten ebenso wie für Entwicklungsländer – beide Gruppen haben Anpassungsleistungen zu erbringen. Reformbereitschaft ist weltweit und systemübergreifend gefragt, damit entwicklungshemmende Strukturen überwunden werden können.

5. Zügelloser Wettbewerb ist ebenso ein Irrweg wie überzogener Souveränitätsanspruch. Auch das Thema Bevölkerungswachstum darf in diesem Zusammenhang nicht ausgespart bleiben. Bei allem Respekt vor traditionellen Überzeugungen: Es kann uns nicht gleichgültig lassen, wenn durch den Bevölkerungsdruck notgedrungen immer mehr Menschen ökologisch fragile Weltregionen überlasten.

Einsichten sind an mehr als einer Stelle gewachsen, zumal alle Staaten auf die eine oder andere Weise betroffen sind. Mittlerweile sind die globalen Gefahren derart offenkundig, daß der Zwang zum gemeinsamen Handeln kaum noch bestritten werden kann.

Willy Brandt: Wenn Armut und Unterentwicklung das Weltklima vergiften . . ., in: Frankfurter Rundschau vom 21. 11. 1988

Das Scheitern des technokratischen Denkens

34 Solange wir unsere Formen des Produzierens und Konsumierens nicht bei uns zu Hause in Frage stellen, entmutigen wir alle, die in der Dritten Welt eigenständige Wege zur Entwicklung suchen.

Es ist nun einmal so, daß nicht nur die korrumpierten Eliten des Südens argwöhnisch darauf bedacht sind, daß wir ihnen keine zweitklassige Technologie aufdrängen, wobei sie das Neueste bei uns für erstklassig zu halten von uns gelernt haben.

Nur wenn wir versuchen, Sonnenenergie zu nutzen, werden die Völker des Südens den Vorteil begreifen, den sie uns gegenüber auf diesem Gebiet durch Natur und Geographie bekommen haben.

Nur wenn wir die friedliche Nutzung der Kernenergie bei uns in Frage stellen, bleiben manchen Entwicklungsländern die Pleiten erspart, die der Iran hinter sich hat und einige andere Länder, wie Brasilien, möglicherweise noch vor sich. Nur wenn wir anfangen, die Holzbestände des Nordens wie unseren Augapfel zu hüten, können wir helfen, der Zerstörung der Wälder des Südens Einhalt zu gebieten.

Nur wenn wir eine Form der Agrarpolitik bekämpfen, deren ökonomischer Widersinn nur noch durch den ökologischen Schaden übertroffen wird, können wir verhindern, daß der öl- und devisenfressende Traktor in Südasien oder Lateinamerika immer mehr Menschen in die Slums der Großstädte vertreibt. Nur wenn wir Alternativen zu einer chemotechnisch perfekten Reparaturmedizin finden, können wir die Dritte Welt vor einer Medizin bewahren, die sie niemals bezahlen kann. Nur wenn wir die öffentlichen Verkehrsmittel gegenüber dem Auto voll konkurrenzfähig machen, können wir dem Süden ein unbezahlbares Chaos ersparen helfen.

Solange wir unsere Sicherheit in immer komplizierteren, teureren Waffen suchen, haben wir kein Recht, die Militarisierung der Dritten Welt zu beklagen, und keine Autorität, sie zu verhindern. [...]

Die Gefahren, die uns bedrohen, und die Gefahren, an denen die Dritte Welt zugrunde zu gehen droht, sind im Kern dieselben: das Scheitern eines technokratischen Denkansatzes im Dienste ökonomischer Interessen. Die Lücke zwischen Erster und Dritter Welt – so als ob es da eine Lücke zu füllen gäbe zwischen denen, die es so herrlich weit gebracht haben, und denen, die ihnen nachstreben –, diese Lücke zwischen Erster und Dritter Welt ist [...] eine Fehlgeburt technokratischen Denkens. [...]

Denn alle Lückentheorien setzen ja voraus, daß ein unabänderliches Ganzes, entstehend aus der simplen und einlinigen Fortschreibung des Bestehenden existiere, dessen Lücken wir nur zu füllen brauchten.

So aber vollzieht sich Geschichte nicht. Die technokratische Utopie ist die banalste aller Utopien. Wir dürfen uns Geschichte so nicht mehr vorstellen, weil die Fortschreibung des Bestehenden von einer Katastrophe zu einer anderen führt.

Lassen Sie uns die schöpferische Phantasie rehabilitieren. Wir brauchen sie für unseren eigenen Lebensstil, für den eigenen Umgang mit unseren Ressourcen und den Ressourcen, die wir anderen abnehmen, wir brauchen sie, wenn wir diesen Globus in Nord und Süd [...] nicht ruinieren wollen.

Erhard Eppler: Lebensstile und natürliche Ressourcen: Bundesrepublik Deutschland und Dritte Welt, in: Vereinte Nationen 6/1981, S. 199

Arbeitsvorschläge (1-34):

1. Sammeln Sie Artikel aus Zeitungen und Zeitschriften zu den hier skizzierten Problemfeldern des Nord-Süd-Konflikts: Bevölkerungswachstum, Ernährungskrise, Umweltzerstörung, Schuldenkrise.
   Richten Sie in Ihrem Kursraum ein Info-Brett ein für aktuelle Berichte, Hinweise auf Fernsehsendungen, Diskussionsveranstaltungen u. ä.
2. Worin liegt die Gefahr der sich abzeichnenden „Klimakatastrophe"? (1)
   Stellen Sie gegenüber, in welchem Maße die Industrie- und die Entwicklungsländer zur Zerstörung der Ozonschicht und Aufheizung der Erdatmosphäre („Treibhauseffekt") beitragen.
   Inwiefern bekommt der Nord-Süd-Konflikt durch die befürchtete Klimakatastrophe „eine ganz neue Wendung"?
3. Sprechen Sie über die Eindrücke, die der Bericht eines Entwicklungsexperten aus Indien bei Ihnen hinterläßt (2).

4. Untersuchen Sie die bis zum Jahre 2000 erwartete demographische Entwicklung in Industrie- und Entwicklungsländern (3, 4, 10).
5. Ermitteln Sie die Ursachen für das starke Bevölkerungswachstum in Entwicklungsländern (5-7).
   Erklären Sie vor diesem Hintergrund die beiden folgenden indischen Sprichwörter: „Ein Wald braucht mehr als einen Baum, und ein Bauer braucht mehr als einen Sohn.“ – „Der Wunsch nach dem Sohn ist der Vater vieler Töchter.“
6. Erörtern Sie die Berechtigung, mögliche Ansatzpunkte und die Schwierigkeiten staatlich geförderter Geburtenbeschränkung (8, 9).
   Schildern Sie die Empfindungen, die Sie beim Betrachten des Fotos (13) eines hungernden Kindes in Äthiopien haben. Nehmen Sie Stellung zu dem zugehörigen Kommentar.
7. Arbeiten Sie die sozioökonomischen Gründe für die unzureichende Nahrungsmittelproduktion in Entwicklungsländern heraus (14).
   Beziehen Sie ggf. den Einfluß externer Faktoren in die Analyse mit ein (→88-90, 131, 132).
8. Grenzen Sie die Begriffe „Hunger“, „Unterernährung“ und „Mangelernährung“ voneinander ab.
   Untersuchen Sie die individuellen und gesellschaftlichen Folgen unzureichender Ernährung (15, 16).
   Untersuchen Sie, wieweit zwischen dem Hungerproblem in Entwicklungsländern und Ernährungskrankheiten in Industrieländern ein Zusammenhang besteht (16, →131, 132).
9. Worin sehen Wissenschaftler die Bedeutung der tropischen Regenwälder? (17, 19)
10. Ermitteln Sie die Ursachen für die Urwaldzerstörung; zeigen Sie dabei das Zusammenwirken verschiedener Faktoren auf (18-21, →108, 127, 131).
    Diskutieren Sie, wieweit die westlichen Industrieländer für den Zerstörungsprozeß mit verantwortlich sind.
11. Setzen Sie sich mit den Erklärungen lateinamerikanischer Politiker zur Urwaldnutzung auseinander (23 a + b).
12. Erklären Sie den Sinn folgender Aussage des Bundespräsidenten Richard von Weizsäcker anläßlich der Woche der Welthungerhilfe 1988: „Wem der Hunger in der Dritten Welt gleichgültig ist,

der beschädigt die Natur und damit auch hierzulande die Zukunft seiner eigenen Kinder. Wer aber dort den Menschen in der Not hilft, der hilft auch der Natur in Not und damit der ganzen Menschheit."

13. Ermitteln Sie die internen und externen Ursachen der Schuldenkrise der Entwicklungsländer (24).
    Beschreiben Sie die Entwicklung der Auslandsverschuldung in den einzelnen Regionen (25-27).
14. Untersuchen Sie die politischen Reaktionen in den Schuldner- und Gläubigerländern (28, 29, →139).
    Erörtern Sie das Pro und Contra eines Schuldenerlasses (30-32).
15. Zeigen Sie Zusammenhänge zwischen den angesprochenen Problembereichen: Bevölkerungswachstum, Ernährungskrise, Umweltzerstörung und Schuldenkrise auf.
16. Erörtern Sie die nationalen und internationalen Konsequenzen, die sich aus der drohenden Klimakatastrophe ergeben (1, 33).
    Worin sieht Eppler den tieferen Grund für die Umweltgefahren in Nord und Süd? (34)

2 Indikatoren für „Entwicklung" und „Unterentwicklung"

„Entwicklung" – Was verstehen wir darunter?

Bis heute bereitet es Schwierigkeiten, die Länder der südlichen Hemisphäre angemessen und vorurteilsfrei zu bezeichnen. So werden die nach dem Zweiten Weltkrieg vorherrschenden Begriffe *rückständige* oder *unterentwickelte Länder* inzwischen vermieden, da sie die betreffende Bevölkerung herabsetzen. Neben der Gefahr der Diskriminierung können durch unangemessenen Sprachgebrauch auch falsche Vorstellungen über die Ursachen der Entwicklungsprobleme geweckt werden, so z. B. durch die häufig benutzte Unterscheidung zwischen *armen* und *reichen* Ländern (35). Aber auch der heute übliche Begriff *Entwicklungsländer* erscheint in einiger Hinsicht problematisch und sollte deshalb nicht unreflektiert verwendet werden (36).

Was soll nun aber unter „Entwicklung" verstanden werden? Die 1977 unter Vorsitz des früheren Bundeskanzlers Willy Brandt eingesetzte internationale „Nord-Süd-Kommission" stellt dazu fest:

„Der Begriff ‚Entwicklung' wird und kann niemals zur allgemeinen Zufriedenheit definiert werden. Er bezeichnet, weit gefaßt, den erwünschten sozialen und wirtschaftlichen Fortschritt – und es wird immer unterschiedliche Auffassungen darüber geben, was erwünscht ist. Ganz gewiß muß Entwicklung Verbesserung der Lebensbedingungen bedeuten, wofür Wirtschaftswachstum und Industrialisierung wesentlich sind. [...] Entwicklung ist jedoch mehr als der Übergang von Arm zu Reich, von einer traditionellen Agrarwirtschaft zu einer komplexen Stadtgemeinschaft. Sie trägt in sich nicht nur die Idee des materiellen Wohlstands, sondern auch die von mehr menschlicher Würde, der Sicherheit, Gerechtigkeit und Gleichheit."*)

Damit wird immerhin deutlich, daß zur Beurteilung von „Entwicklung" nicht nur das Wirtschaftswachstum oder der Stand der Industrialisierung, sondern auch das erreichte Maß an Lebensqualität für alle Bevölkerungsgruppen zu beachten ist.

*) Das Überleben sichern. Gemeinsame Interessen der Industrie- und Entwicklungsländer. Bericht der Nord-Süd-Kommission, Köln 1980, S. 64 f.

Ökonomische und soziokulturelle Faktoren

Aus der Vielschichtigkeit des Entwicklungsbegriffs ergibt sich, daß der Entwicklungsstand eines Landes nur unter Heranziehung verschiedener ökonomischer und soziokultureller Faktoren sinnvoll gemessen werden kann (37). Als ökonomischer Schlüsselindikator gilt das *Pro-Kopf-Einkommen* (38); es ist leicht zu berechnen, wenn die Höhe des Sozialprodukts und die Größe der Bevölkerung bekannt sind. In Entwicklungsgesellschaften mit einem hohen Anteil an Selbstversorgung jedoch kann das Sozialprodukt nur grob geschätzt werden. Der Aussagewert des Pro-Kopf-Einkommens ist auch insofern begrenzt, als regionale Unterschiede und die – gerade in Entwicklungsländern meist extrem ungleiche – Verteilung der Einkommen auf die sozialen Klassen und Schichten unberücksichtigt bleiben.

Als weitere ökonomische Kriterien werden die *Wachstumsrate des Sozialprodukts* und der *Anteil des Industriesektors am Bruttoinlandsprodukt* herangezogen. Seit einigen Jahren gilt auch die *Schuldendienstquote* (= Zins- und Tilgungszahlungen in Prozent der Exporterlöse) als Erkennungszeichen.

Zu den grundlegenden soziokulturellen Faktoren gehören die Nahrungsmittelversorgung (z. B. *Kalorienangebot*) und das Bildungsniveau (z. B. *Alphabetenquote*) (39, 40). Ein weiterer wichtiger Gesichtspunkt ist die medizinische Versorgung, die anhand der *Einwohner/Ärzte-Relation*, der *Säuglings-* (41) und *Kindersterblichkeit* und der *Lebenserwartung* beurteilt wird.

Von Bedeutung sind schließlich auch demographische (*Bevölkerungswachstum*) und ökologische Kriterien (z. B. *Schrumpfung der Waldbestände*), die bereits im 1. Kapitel als aktuelle Problemfelder angesprochen wurden.

Wer gehört zur „Dritten Welt"?

In Abgrenzung zur „Ersten Welt" der westlich-kapitalistischen und „Zweiten Welt" der östlich-sozialistischen Staaten werden die Entwicklungsländer allgemein auch als *Dritte Welt* bezeichnet. Dieser Begriff wird von den betreffenden Ländern selbst durchaus geschätzt, da er ihnen eine eigenständige Rolle in der Weltpolitik zuweist. Gleichwohl ist auch die Bezeichnung „Dritte Welt" nicht unproblematisch, da sie eine Einheit suggeriert, welche tatsächlich nicht gegeben ist. Die etwa 130 unabhängigen Entwicklungsländer weisen nämlich hinsichtlich ihrer Größe und Bevölkerungszahl, ihrer Rohstoffvorkommen und ökologischen Bedingungen sowie ihrer politischen und sozialen Strukturen z. T. erhebliche Unterschiede auf. Insbesondere folgende Gruppen sind zu unterscheiden:

1. Die am wenigsten entwickelten Länder

Im Hinblick auf einen konzentrierten Einsatz der Entwicklungshilfe definierte die UNO 1971 die Gruppe der *am wenigsten entwickelten Länder* (LDC = Least Developed Countries, im internationalen Sprachgebrauch auch LLDC abgekürzt, wobei das Doppel-L für den Superlativ von „less" steht und zur Unterscheidung von den Less Developed Countries = alle Entwicklungsländer dienen soll). Als Kriterien wurden festgelegt:
- ein Bruttoinlandsprodukt (BIP) pro Kopf unter 100 US-Dollar (inzwischen 355 US-Dollar);
- ein Anteil der Industrieproduktion am BIP unter 10%;
- eine Alphabetisierungsquote der Bevölkerung über 15 Jahre unter 20%.

Mußten anfänglich alle drei Kriterien erfüllt sein, so genügt inzwischen das Unterschreiten zweier Schwellenwerte, um als LDC eingestuft zu werden und damit besondere Vergünstigungen bei der Kreditvergabe zu erhalten (→115, vgl. S. 184). Die jüngste LDC-Liste (1990) umfaßt 42 Entwicklungsländer mit zusammen rund 400 Millionen Menschen (42).

Die LDC gelten als die „Ärmsten unter den Armen" und werden auch als *Vierte Welt* von den übrigen Entwicklungsländern abgegrenzt. Dabei wird jedoch übersehen, daß mit der LDC-Liste nur etwa 20 Prozent der „absolut Armen" in der Dritten Welt erfaßt werden. Der Grund liegt in der gesamtstaatlichen Betrachtung, bei der die regionalen Unterschiede und sozialen Gegensätze innerhalb der Staaten vernachlässigt werden. So kommt es, daß z. B. Indien nicht zu den LDC gezählt wird, obwohl in diesem Land mehr Menschen in „absoluter Armut" leben als in jedem Staat der „Vierten Welt" [→2].

2. *Die ölexportierenden Länder*

Die in der OPEC (= Organization of the Petroleum Exporting Countries) zusammengeschlossenen Staaten bilden das bislang einzige erfolgreiche Rohstoffkartell der Entwicklungsländer. Durch die massiven Ölpreiserhöhungen in den Jahren 1973/74 und 1979/80 (→59) gelangten diese Länder zu hohen Deviseneinnahmen, die bevölkerungsarmen Golfstaaten sogar zu den höchsten Pro-Kopf-Einkommen der Welt (→37). Die Preispolitik der OPEC stellte allerdings für viele andere, auf Ölimporte angewiesene Entwicklungsländer eine erhebliche Belastung dar (→24), was besonders deutlich werden läßt, daß die „Dritte Welt“ keine solidarische Einheit bildet.

Der OPEC gehören gegenwärtig 13 Staaten mit insgesamt 400 Millionen Menschen an (43). Trotz ihres Ölreichtums weisen diese Länder schwerwiegende wirtschaftliche und gesellschaftliche Probleme auf (z. B. unproduktive Verwendung der Öleinnahmen, soziale Gegensätze), weshalb sie weiterhin zu den Entwicklungsländern gezählt werden.

3. *Die Schwellenländer*

Einige Entwicklungsländer scheinen gegenwärtig im Begriff, sich von den als typisch angesehenen Merkmalen der Unterentwicklung zu befreien und die „Schwelle“ zu einem modernen Industriestaat zu überschreiten (44). Diese im internationalen Sprachgebrauch als NIC (= Newly Industrializing Countries) oder *take-off-countries* (→49) bezeichneten Länder zeichnen sich durch ein überdurchschnittliches Wirtschaftswachstum, einen wachsenden Anteil des Industriesektors und einen zunehmenden Export von Fertigwaren aus. Aufgrund des geringen Lohnniveaus sind sie – wie z. B. die ostasiatischen Staaten Taiwan, Südkorea, Singapur und Hongkong – sogar zu einer ernsthaften Konkurrenz für die Industrieländer geworden (45).

Kennzeichnend für die Schwellenländer ist jedoch auch, daß die politische und soziale Entwicklung hinter dem ökonomischen Fortschritt meist zurückbleibt. So wird den Beschäftigten bei geringen Löhnen ein hohes Arbeitspensum abverlangt und ihnen die Wahrnehmung gewerkschaftlicher Rechte häufig verwehrt (46). Ferner darf nicht übersehen werden, daß es in manchen dieser Länder trotz der beachtlichen ökonomischen Erfolge auch ein Ansteigen der „absoluten Armut“ gibt. Dies gilt z. B. für Mexiko und Brasilien, die einerseits als „Schwellenländer“ angesehen werden, in denen aber andererseits in städtischen Slums und ländlichen Problemregionen Millionen Menschen leben, die eigentlich zur „Vierten Welt“ gezählt werden müßten. (→11, 19, 82, 83)

Insgesamt ist festzustellen, daß es *die* Dritte Welt nicht gibt. Vielmehr ist eine Auseinanderentwicklung in verschiedene „Entwicklungswelten“ zu beobachten; ein Indikator dafür ist die ungleiche wirtschaftliche Leistungskraft (47, 48). Aber nicht nur zwischen den Entwicklungsländern verläuft die „Entwicklung“ höchst unterschiedlich, sondern auch innerhalb der einzelnen Länder hat sich häufig ein Entwicklungsgefälle herausgebildet. Es bedarf daher einer differenzierenden Betrachtung, um die jeweiligen Probleme und das Niveau der Entwicklung eines Landes bzw. einer Region zu erfassen.

Mythen über Unterentwicklung

35 Eine [...] übliche Redensart ist die von den „armen Ländern“ im Gegensatz zu den „reichen“, den Industrieländern – eine Ausdrucksform, die mit dem Buch von Barbara Ward „Die reichen und die armen Länder“ populär wurde. Als verschiedene UNO-Organisationen nach dem Zweiten Weltkrieg begannen, Statistiken über das durchschnittliche Volkseinkommen pro Kopf in der Welt zu veröffentlichen, entstand in der Tat massiv das Bild einer Welt, die aufgeteilt ist in eine kleine Gruppe sehr reicher Länder gegenüber einer Menge armer Länder [...]. Dennoch ist die Auffassung von den „reichen“ und den „armen“ Ländern irreführend, weil beispielsweise jedes Land aus verschiedenen Klassen besteht, deren materielle Verhältnisse äußerst ungleich sind. So gibt es auf der Erde nur wenige Beispiele, wo die Armen so arm und die Reichen so reich sind, wie in den Entwicklungsländern. Zugleich könnte der Ausdruck „arme Länder“ unbewußt die falsche Auffassung verstärken, daß die Entwicklungsländer nicht nur an Technologie arm sind, sondern auch objektiv die materiellen Voraussetzungen für den Wohlstand, den wir genießen, nicht besitzen.

In Wahrheit verhält es sich jedoch anders: viele der Länder, die wir gerne „arm" nennen und deren durchschnittliches Pro-Kopf-Volkseinkommen sehr niedrig ist, gehören an sich zu den reichsten Gebieten der Welt. Sie besitzen reichhaltige Bodenschätze, kostbare Mineralien und Metalle, Boden und Klima sind oft für die Landwirtschaft geeigneter als bei uns. Umgekehrt besitzen viele der „reichen" Länder nur geringe natürliche Reichtümer. Sie müssen immer mehr Rohstoffe, von denen ihre expandierenden Industrien abhängen, importieren. Noch krasser wird das Bild, wenn man, wie wir später sehen, in die Geschichte zurückblickt. Zwar kam es in dem großen Eifer Europas, sich Anteile an den überseeischen Gebieten zu sichern, zur Kolonisierung noch der entferntesten und relativ armen Gebiete, doch ursprünglich wurden Afrika, Asien und Lateinamerika insbesondere deshalb kolonisiert, weil es sich um reiche Gebiete handelte, die genau die Dinge besaßen, die in Europa fehlten. Der Ausdruck „arme" und „reiche" Länder kann daher falsche Assoziationen erwecken, die im schlimmsten Fall ein Verständnis der Wirklichkeit blockieren.

Auch der Ausdruck *„unterentwickelte"* Länder fördert die allgemeine Mythenbildung, besonders wenn damit Länder verstanden werden, die sich, verglichen mit den jetzt „entwickelten" Ländern, angeblich auf einem niedrigeren Entwicklungsstand befinden. [...] Hinter dem Ausdruck liegt also die äußerst naive Vorstellung einer Art „Stufenleiter" mit den Entwicklungsländern auf der niedrigsten Stufe und den Industrieländern ganz oben. [→S. 89] Entsprechend müßten also die Entwicklungsländer nur dieselben Stufen erklimmen, um den Stand der Industrieländer zu erreichen. [...] Europa war [jedoch] nie, was man heutzutage *unterentwickelt* nennt: die heutigen Industrieländer waren nicht von Anfang an durch andere kolonisiert, ihre Produktion war nicht von Anfang an als Monokultur zur Befriedigung ausländischer Bedürfnisse geformt oder von ausländischem Kapital kontrolliert. Sie waren nicht von Anfang an mit Schulden belastet, und sie sahen sich nicht in derselben Weise genötigt, sich mit der Konkurrenz durch mächtige Industriestaaten herumzuschlagen. [→S. 90 ff.]

Ellen Brun/Jacques Hersh: Der Kapitalismus im Weltsystem,
Fischer Taschenbuch Verlag, Frankfurt am Main 1975, S. 15 ff.

„Entwicklungsländer“ – ein problematischer Begriff

36 Der Begriff „Entwicklungsländer“ ist schon sprachlich problematisch. Er hat die früher verwendeten Begriffe „rückständige“ (backward), „unterentwickelte“ (underdeveloped) und „nichtentwickelte Länder“ (undeveloped countries) abgelöst, die als zu wertbehaftet und für die Repräsentanten dieser Länder als verletzend galten. Kritiker, wie der schwedische Ökonom Gunnar Myrdal, haben allerdings darauf hingewiesen, daß auch der Begriff „Entwicklungsländer“ vorbelastet sei und zu Fehlschlüssen verleite. Er unterstelle in unangemessen diplomatischer und optimistischer Sichtweise, daß diese Länder sich tatsächlich entwickelten. Dabei sei doch gerade die Frage, ob und wie sie sich entwickelten, klärungsbedürftig. Dieser Hinweis ist sicherlich berechtigt, zumal die sich wirtschaftlich am stärksten entwickelnden Länder häufig die Industrie- und nicht die Entwicklungsländer sind, auch wenn letztere das Ziel Entwicklung auf ihre Fahnen geschrieben haben. Insofern ist der teilweise im angelsächsischen Sprachraum verwendete Begriff „less developed countries“ (weniger entwickelte Länder) angemessener. Angemerkt werden soll in diesem Zusammenhang, daß auch die Bezeichnung „Industrieländer“ der heutigen, zunehmend vom Dienstleistungssektor geprägten „postindustriellen“ Realität dieser Länder nicht mehr gerecht wird.

Neben dem Einwand, daß der Begriff „Entwicklungsländer“ dazu verführt, ein mögliches Ziel dieser Länder – Entwicklung – als bereits erreicht anzunehmen, bleibt die inhaltliche Frage, was unter Entwicklung zu verstehen ist. Welche Entwicklung streben die Entwicklungsländer an? Die Annahme, selbstverständlich könne das Ziel nur eine „nachholende“ Entwicklung nach dem Modell der westlichen oder auch östlichen Industrieländer sein, ist aus zwei Gründen höchst fragwürdig. Zum einen erscheint es sehr zweifelhaft, ob es allen Entwicklungsländern gelingen kann, in absehbarer Zukunft eine Entwicklung zum Industrieland nachzuvollziehen, da viele Entwicklungsländer dafür sehr ungünstige Voraussetzungen mitbringen. Unabhängig von der Realisierbarkeit wird vor dem Hintergrund wachsender Umwelt- und anderer Probleme in Industrieländern aber auch zunehmend in Frage gestellt, ob diese als nachahmenswerte „Entwicklungsmodelle“ anzusehen sind. In der Tat ist es zum Beispiel unter Umweltgesichtspunkten schwer vorstellbar und sicherlich nicht wünschenswert, daß mit der Industrialisierung verbundene Fehlentwicklungen des Lebensstils – Stichwort Überentwicklung –, über die man sich in den Industrieländern zunehmend bewußter wird, sich weltweit durchsetzen. Andererseits ist durchaus verständlich, daß Warnungen vor allem von Kritikern in den westlichen Industriestaaten, die Entwicklungsländer sollten sich nicht am Modell der Industrieländer orientieren, bei den Adressaten auf ein tiefsitzendes Mißtrauen stoßen. Allzuleicht erscheint eine solche Warnung als billiger Trick der Privilegierten, ihre im Vergleich schwer bestreitbaren Vorteile möglichst nicht mit den aufstrebenden Entwicklungsländern teilen zu müssen und sich den Mühen der Konkurrenz zu entziehen. [...]

Ohnehin ist das Begriffspaar Entwicklung – Unterentwicklung mit Vorsicht zu verwenden, da hier leicht dem eigenen Kulturkreis entstammende und durchaus bestreitbare Wertungen unreflektiert als Beurteilungsmaßstab verwendet werden und zu Pauschalurteilen führen. Entwicklungsländer haben im Vergleich zu Industrieländern in den für die Lebensqualität von Menschen wichtigen und sogleich zu diskutierenden Punkten unbestreitbar Defizite und besondere Probleme. Sie sind in diesem eingegrenzten Sinn unterentwickelt, wobei die Frage der Ursachen noch offenbleibt. Sie sind aber keineswegs auf allen Gebieten unterentwickelt oder rückständig – einige Entwicklungsländer können zum Beispiel auf jahrtausendealte Hochkulturen zurückblicken. Auf der Ebene menschlicher Begegnungen besteht ohnehin kein Anlaß zu Gefühlen allgemeiner Überlegenheit oder Herablassung bei Bürgern von Industriestaaten.

Uwe Andersen: Begriff und Situation der Entwicklungsländer,
in: Bundeszentrale für politische Bildung (Hg.): Informationen zur politischen Bildung, Heft 221: Entwicklungsländer, Bonn 1988, S. 2

37 Strukturdaten aller Entwicklungsländer mit mehr als

	Einwohner in Mio.	Jährl. Bevölkerungswachstum in %		BSP pro Kopf in US-Dollar	Jährl. Wachstumsrate des BIP in %		Anteil der Industrieproduktion am BIP in %	
	1987	1965-1980	1980-1987	1987	1965-1980	1980-1987	1965	1987
AFRIKA								
Nördlich der Sahara								
Ägypten	50,1	2,2	2,7	680	6,8	6,3	27	25
Algerien	23,1	3,1	3,1	2680	7,5	3,8	34	42
Libyen	4,1	4,3	4,3	5460	4,2	–	63	–
Marokko	23,3	2,5	2,7	610	5,4	3,2	28	31
Tunesien	7,6	2,1	2,6	1180	6,6	3,6	24	32
Südlich der Sahara								
Angola	9,2	2,8	2,6	–	–	–	–	(22)
Äthiopien	44,8	2,7	2,4	130	2,7	0,9	14	18
Benin	4,3	2,7	3,2	310	2,1	2,8	8	14
Botswana	1,1	3,5	3,4	1050	14,2	13,0	19	57
Burkina Faso	8,3	2,1	2,6	190	3,5	5,6	20	25
Burundi	5,0	1,9	2,8	250	3,5	2,6	–	14
Elfenbeinküste	11,1	4,2	4,2	740	6,8	2,2	19	25
Gabun	1,1	3,6	4,3	2700	9,5	0,6	34	41
Ghana	13,6	2,2	3,4	390	1,4	1,4	19	16
Guinea	6,5	1,9	2,4	(420)	3,8	–	–	–
Kamerun	10,9	2,7	3,2	970	5,1	7,0	20	31
Kenia	22,1	3,6	4,1	330	6,4	3,8	18	19
Kongo	2,0	2,7	3,3	870	6,4	5,5	19	33
Lesotho	1,6	2,3	2,7	370	5,9	2,3	5	28
Liberia	2,3	3,0	3,3	450	3,3	(–1,3)	40	(28)
Madagaskar	10,9	2,5	3,3	210	1,6	0,3	(16)	16
Malawi	7,9	2,9	3,8	160	5,8	2,6	13	18
Mali	7,8	2,1	2,4	210	3,9	3,4	(9)	12
Mauretanien	1,9	2,3	2,7	440	2,0	1,4	36	22
Mauritius	1,0	1,6	1,0	1490	5,6	5,5	23	32
Moçambique	14,6	2,5	2,7	170	–	–2,6	–	12
Namibia	1,1	(2,9)	(1520)	(1,1)	–	–	–	–
Niger	6,8	2,7	3,0	260	0,3	–1,9	3	24
Nigeria	106,6	2,5	3,4	370	6,9	–1,7	13	43
Rwanda	6,4	3,3	3,3	300	5,0	2,4	7	23
Sambia	7,2	3,0	3,6	250	1,9	–0,1	54	36
Senegal	7,0	2,5	2,9	520	2,1	3,3	18	27
Sierra Leone	3,8	2,0	2,4	300	2,6	0,7	28	19

Zahlen in Klammern gelten für andere als die angegebenen Jahre
Leerfelder bedeuten „nicht anwendbar“

1 Mio. Einwohnern

Schuldendienst in % des Exports		Tägl. Kalorienangebot pro Kopf	Säuglingssterblichkeit je 1000 Lebendgeburten	Kindersterblichkeit im 1.-4. Jahr je 1000	Lebenserwartung bei der Geburt in Jahren	Einwohner je Arzt	Alphabetisierungsquote für Erwachsene in %	
1970	1987	1986	1987	1986	1987	1984	1980	
								AFRIKA
								Nördlich der Sahara
–	22	3342	85		61	(790)	44	Ägypten
4	49	2715	74	8	63	2330	(45)	Algerien
–	–	3601	82	10	61	(690)	–	Libyen
9	31	2915	82	10	61	(15610)	28	Marokko
20	30	2994	59	8	65	(2150)	(51)	Tunesien
								Südlich der Sahara
–	–	(2716)	137	30	45	17780	(41)	Angola
11	28	1749	154	38	47	77360	(62)	Äthiopien
2	16	2184	116	19	50	(15940)	17	Benin
1	4	2201	67	11	59	(6910)	35	Botswana
7	(15)	2139	138	29	47	(57180)	5	Burkina Faso
2	39	2343	112	23	49	21120	(34)	Burundi
8	41	2562	96	15	52	–	35	Elfenbeinküste
6	5	2521	103	22	52	(2790)	–	Gabun
6	20	1759	90	11	54	14890	–	Ghana
–	–	1777	147	34	42	(57390)	20	Guinea
4	28	2028	94	10	56	–	–	Kamerun
9	34	2060	72	16	58	(10100)	47	Kenia
12	19	2619	73	7	59	(8140)	(63)	Kongo
5	4	2303	100	14	56	(18610)	52	Lesotho
8	3	2381	87	23	54	(9240)	25	Liberia
4	35	2440	120	21	54	(10000)	50	Madagaskar
8	23	2310	150	35	46	11560	25	Malawi
1	10	2074	169	43	47	(25390)	10	Mali
3	18	2322	127	25	46	12110	17	Mauretanien
3	7	2748	23	1	67	(1900)	85	Mauritius
–	–	1595	141	22	48	(37950)	27	Moçambique
–	–	1824	106	–	56	–	–	Namibia
4	47	2432	135	28	45	38770	10	Niger
7	12	2146	105	21	51	(7980)	34	Nigeria
1	11	1830	122	26	49	(34680)	50	Rwanda
8	(17)	(2126)	80	15	53	(7100)	44	Sambia
4	22	2350	128	27	48	(13450)	10	Senegal
11	(8)	1855	151	43	41	13630	15	Sierra Leone

(.) Weniger als die Hälfte der angegebenen Einheit
– Keine Angaben verfügbar

	Einwohner in Mio.	Jährl. Bevölkerungswachstum in %		BSP pro Kopf in US-Dollar	Jährl. Wachstumsrate des BIP in %		Anteil der Industrieproduktion am BIP in %	
	1987	1965-1980	1980-1987	1987	1965-1980	1980-1987	1965	1987
Simbabwe	9,0	3,1	3,7	580	4,4	2,4	35	43
Somalia	5,7	2,7	2,9	290	3,3	2,2	6	9
Sudan	23,1	2,8	3,1	330	3,8	–0,1	9	15
Tansania	23,9	3,3	3,5	180	3,7	1,7	14	8
Togo	3,2	3,0	3,4	290	4,5	–0,5	21	18
Tschad	5,3	2,0	2,3	150	0,1	5,1	15	18
Uganda	15,7	2,9	3,1	260	0,8	0,4	13	5
Zaire	32,6	2,8	3,1	150	1,4	1,6	26	33
Zentralafrikan. Rep.	2,7	1,8	2,5	330	2,6	2,0	16	13
AMERIKA								
Mittelamerika								
Costa Rica	2,6	2,7	2,3	1610	6,2	1,8	23	29
Dominikan. Republik	6,7	2,7	2,4	730	7,3	1,6	22	(30)
Guatemala	8,4	2,8	2,9	950	5,9	–0,7	–	–
Haiti	6,1	2,0	1,8	360	2,9	–0,4	–	–
Honduras	4,7	3,2	3,6	810	5,0	1,3	19	24
Jamaika	2,4	1,5	1,4	940	1,3	0,4	37	41
Kuba	10,3	1,5	0,9	–	–	–	–	–
Mexiko	81,9	3,1	2,2	1830	6,5	0,5	27	(34)
Nicaragua	3,5	3,1	3,4	830	2,6	–0,3	24	(34)
Panama	2,3	2,6	2,2	2240	5,5	2,6	19	(18)
El Salvador	4,9	2,7	1,2	860	4,3	–0,4	22	22
Trinidad u. Tobago	1,2	1,3	1,6	4210	(5,1)	–6,1	48	39
Südamerika								
Argentinien	31,1	1,6	1,4	2390	3,5	–0,3	42	43
Bolivien	6,7	2,5	2,7	580	4,5	-2,1	31	24
Brasilien	141,4	2,4	2,2	2020	9,0	3,3	33	(38)
Chile	12,5	1,7	1,7	1310	1,9	1,0	40	–
Ecuador	9,9	3,1	2,9	1040	8,7	1,5	22	31
Kolumbien	29,5	2,2	1,9	1240	5,6	2,9	25	35
Paraguay	3,9	2,8	3,2	990	6,9	1,3	19	26
Peru	20,2	2,8	2,3	1470	3,9	1,2	30	33
Uruguay	3,0	0,4	0,5	2190	2,4	-1,3	32	32
Venezuela	18,3	3,5	2,8	3230	3,7	0,2	40	38
ASIEN								
Naher u. Mittl. Osten								
Irak	17,1	3,4	3,6	–	–	–	46	–
Iran	47,0	3,2	3,0	–	6,2	–	36	–

Zahlen in Klammern gelten für andere als die angegebenen Jahre
Leerfelder bedeuten „nicht anwendbar“

Schuldendienst in % des Exports		Tägl. Kalorienangebot pro Kopf	Säuglingssterblichkeit je 1000 Lebendgeburten	Kindersterblichkeit im 1.-4. Jahr je 1000	Lebenserwartung bei der Geburt in Jahren	Einwohner je Arzt	Alphabetisierungsquote für Erwachsene in %	
1970	1987	1986	1987	1986	1987	1984	1980	
2	(22)	2132	72	7	58	(6700)	69	Simbabwe
2	8	2138	132	33	47	16090	60	Somalia
11	(8)	2208	108	18	50	10110	32	Sudan
6	19	2192	106	22	53	–	79	Tansania
3	14	2207	94	12	53	8720	(31)	Togo
4	4	1717	132	27	46	(38360)	15	Tschad
3	20	2344	103	21	48	(21900)	52	Uganda
4	13	2163	98	20	52	–	55	Zaire
5	12	1949	132	27	50	(23070)	33	Zentralafrikan. Rep.
								AMERIKA
								Mittelamerika
20	14	2803	18	(.)	74	960	(93)	Costa Rica
15	(21)	2477	65	6	66	1760	(69)	Dominikan. Republik
8	26	2307	59	5	62	2180	(55)	Guatemala
8	7	1902	117	22	55	7180	(35)	Haiti
43	26	2068	69	7	64	1510	(60)	Honduras
3	28	2590	18	1	74	2060	90	Jamaika
–	–	(3124)	13	(.)	75	(530)	(96)	Kuba
44	38	3132	47	3	69	(1240)	(90)	Mexiko
11	(13)	2495	62	6	63	1500	90	Nicaragua
8	7	2446	23	1	72	980	(88)	Panama
12	21	2160	59	5	62	2830	67	El Salvador
5	(13)	3082	20	1	70	960	95	Trinidad u. Tobago
								Südamerika
52	52	3210	32	1	71	370	94	Argentinien
13	22	2143	110	20	53	1540	63	Bolivien
22	33	2656	63	5	65	1080	(78)	Brasilien
25	26	2579	20	1	72	1230	(91)	Chile
14	22	2058	63	5	65	830	(80)	Ecuador
19	36	2543	46	3	66	1190	(85)	Kolumbien
12	22	2853	42	2	67	1460	(88)	Paraguay
40	13	2246	88	11	61	1040	(82)	Peru
24	26	2648	27	1	71	510	94	Uruguay
4	32	2494	36	2	70	700	(85)	Venezuela
								ASIEN
								Naher u. Mittl. Osten
–	–	2932	69	7	64	(1740)	(89)	Irak
–	–	3313	65	17	63	(2690)	50	Iran

(.) Weniger als die Hälfte der angegebenen Einheit
– Keine Angaben verfügbar

	Einwohner in Mio.	Jährl. Bevölkerungswachstum in %		BSP pro Kopf in US-Dollar	Jährl. Wachstumsrate des BIP in %		Anteil der Industrieproduktion am BIP in %	
	1987	1965-1980	1980-1987	1987	1965-1980	1980-1987	1965	1987
Jemen Arab. Republik	8,5	2,8	2,6	590	–	5,6	–	17
Jemen Demokrat. VR	2,3	2,1	2,9	420	–	1,7	–	23
Jordanien	3,8	2,6	3,9	1560	–	4,3	–	28
Kuwait	1,9	7,1	4,5	14610	1,3	–1,1	70	(51)
Libanon	(2,7)	1,6	–	–	–1,2	–	21	–
Oman	1,3	3,6	4,6	5810	15,2	12,7	23	(43)
Saudi-Arabien	12,6	4,7	4,3	6200	11,3	–5,3	60	(50)
Syrien	11,2	3,4	3,6	1640	8,7	0,3	22	19
Verein. Arab. Emirate	1,5	15,3	5,2	15830	–	(–4,3)	–	(57)
Südasien								
Afghanistan	(18,6)	2,4	–	–	2,9	–	–	–
Bangladesh	106,1	2,8	2,8	160	2,4	3,8	11	13
Bhutan	1,3	1,6	2,0	150	–	–	–	(16)
Birma	39,3	2,3	2,2	(200)	3,9	(4,9)	13	(13)
Indien	797,5	2,3	2,1	300	3,7	4,6	22	30
Nepal	17,6	2,4	2,7	160	1,9	4,7	11	(14)
Pakistan	102,5	3,1	3,1	350	5,1	6,6	20	28
Sri Lanka	16,4	1,8	1,5	400	4,0	4,6	21	27
Ostasien								
China	1068,5	2,2	1,2	290	6,4	10,4	38	49
Hongkong	5,6	2,0	1,6	8070	8,6	(5,8)	40	(29)
Indonesien	171,4	2,4	2,1	450	8,0	3,6	13	33
Kamputschea	(7,3)	0,3	–	–	–	–	–	–
Korea DVR (Nordkorea)	21,4	2,7	2,5	–	–	–	–	–
Korea Rep. (Südkorea)	42,1	2,0	1,4	2690	9,5	8,6	25	43
Laos	3,8	1,9	2,4	170	–	5,3	–	–
Malaysia	16,5	2,5	2,7	1810	7,4	4,5	25	–
Mongolei	2,1	3,0	2,8	–	–	–	–	–
Philippinen	58,4	2,9	2,5	590	5,9	–0,5	28	33
Singapur	2,6	1,6	1,1	7940	10,1	5,4	24	38
Taiwan	(19,5)	2,3	1,5	(3840)	(14,3)	30	(46)	
Thailand	53,6	2,9	2,0	850	7,2	5,6	23	35
Vietnam	65,0	3,1	2,6	–	–	–	–	–
Ozeanien								
Papua-Neuguinea	3,7	2,3	2,7	700	4,6	3,0	18	(26)
Zum Vergleich:								
BR Deutschland	61,2	0,3	–0,1	14400	3,3	1,6	53	(38)

Zahlen in Klammern gelten für andere als die angegebenen Jahre
Leerfelder bedeuten „nicht anwendbar"

Schuldendienst in % des Exports		Tägl. Kalorienangebot pro Kopf	Säuglingssterblichkeit je 1000 Lebendgeburten	Kindersterblichkeit im 1.-4. Jahr je 1000	Lebenserwartung bei der Geburt in Jahren	Einwohner je Arzt	Alphabetisierungsquote für Erwachsene in %	
1970	1987	1986	1987	1986	1987	1984	1980	
–	25	2318	116	34	51	6270	21	Jemen Arab. Republik
0	38	2299	120	30	51	(4340)	40	Jemen Demokrat. VR
4	22	2991	44	3	66	1140	70	Jordanien
		3021	19	1	73	(640)	68	Kuwait
–	–	(3046)	–	(3)	(65)	(510)	–	Libanon
–	(11)	–	100	17	55	(1700)	–	Oman
		3004	71	4	63	(690)	(51)	Saudi-Arabien
11	17	3260	48	4	65	(1260)	58	Syrien
		3733	26	1	71	1010	56	Verein. Arab. Emirate
								Südasien
–	–	(2179)	–	(35)	–	–	20	Afghanistan
0	24	1927	119	18	51	(6730)	(29)	Bangladesh
–	–	(2477)	128	20	48	(23310)	–	Bhutan
12	59	2609	70	7	60	(3740)	66	Birma
24	24	2238	99	11	58	2520	(41)	Indien
3	10	2052	128	20	51	32710	(21)	Nepal
24	26	2315	109	16	55	(2900)	(26)	Pakistan
11	20	2401	33	2	70	(5520)	(87)	Sri Lanka
								Ostasien
–	7	2630	32	2	69	1000	(66)	China
		2859	8	(.)	76	(1070)	90	Hongkong
14	33	2579	71	12	60	(9460)	67	Indonesien
–	–	(2171)	–	(31)	–	–	–	Kamputschea
–	–	(3232)	33	2	69	(420)	–	Korea DVR (Nordkorea)
20	28	2907	25	2	69	(1170)	93	Korea Rep. (Südkorea)
–	–	2391	110	23	48	(1360)	(84)	Laos
5	20	2730	24	2	70	(1930)	60	Malaysia
–	–	(2847)	45	4	64	(400)	–	Mongolei
23	26	2372	45	4	63	6700	83	Philippinen
4	2	2840	9	(.)	73	(1310)	83	Singapur
–	–	(2874)	6	1	(73)	(1330)	82	Taiwan
14	21	2331	39	3	64	6290	88	Thailand
–	–	2297	46	4	66	(1000)	87	Vietnam
								Ozeanien
25	37	2205	62	7	54	(6160)	32	Papua-Neuguinea
								Zum Vergleich:
		3528	8	(.)	75	380	99	**BR Deutschland**

(.) Weniger als die Hälfte der angegebenen Einheit
– Keine Angaben verfügbar

Weltbank: Weltentwicklungsbericht 1989; z. T. ergänzt durch andere Quellen

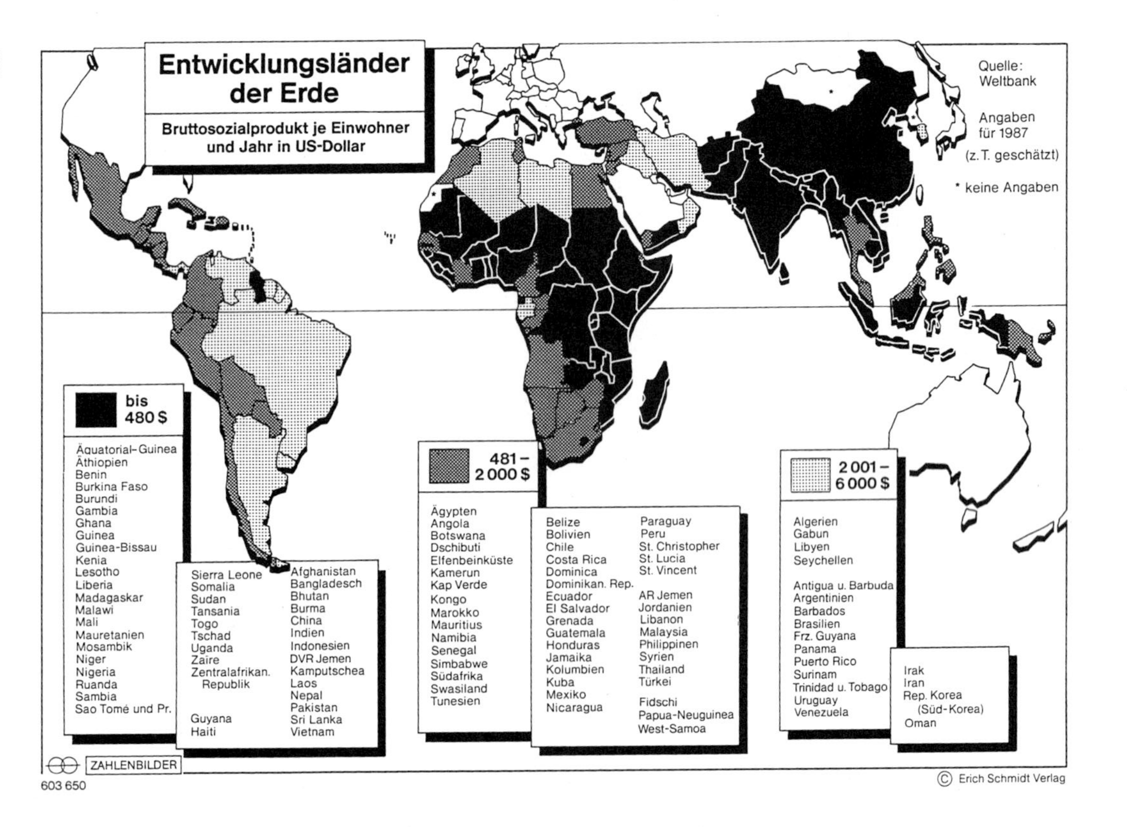
Entwicklungsländer der Erde
Bruttosozialprodukt je Einwohner und Jahr in US-Dollar
Quelle: Weltbank
Angaben für 1987
(z. T. geschätzt)
* keine Angaben
bis 480 $
Äquatorial-Guinea
Äthiopien
Benin
Burkina Faso
Burundi
Gambia
Ghana
Guinea
Guinea-Bissau
Kenia
Lesotho
Liberia
Madagaskar
Malawi
Mali
Mauretanien
Mosambik
Niger
Nigeria
Ruanda
Sambia
Sao Tomé und Pr.
Sierra Leone
Somalia
Sudan
Tansania
Togo
Tschad
Uganda
Zaire
Zentralafrikan. Republik
Guyana
Haiti
Afghanistan
Bangladesch
Bhutan
Burma
China
Indien
Indonesien
DVR Jemen
Kamputschea
Laos
Nepal
Pakistan
Sri Lanka
Vietnam
481 – 2 000 $
Ägypten
Angola
Botswana
Dschibuti
Elfenbeinküste
Kamerun
Kap Verde
Kongo
Marokko
Mauritius
Namibia
Senegal
Simbabwe
Südafrika
Swasiland
Tunesien
Belize
Bolivien
Chile
Costa Rica
Dominica
Dominikan. Rep.
Ecuador
El Salvador
Grenada
Guatemala
Honduras
Jamaika
Kolumbien
Kuba
Mexiko
Nicaragua
Paraguay
Peru
St. Christopher
St. Lucia
St. Vincent
AR Jemen
Jordanien
Libanon
Malaysia
Philippinen
Syrien
Thailand
Türkei
Fidschi
Papua-Neuguinea
West-Samoa
2 001 – 6 000 $
Algerien
Gabun
Libyen
Seychellen
Antigua u. Barbuda
Argentinien
Barbados
Brasilien
Frz. Guyana
Panama
Puerto Rico
Surinam
Trinidad u. Tobago
Uruguay
Venezuela
Irak
Iran
Rep. Korea
(Süd-Korea)
Oman
ZAHLENBILDER
603 650
© Erich Schmidt Verlag

39

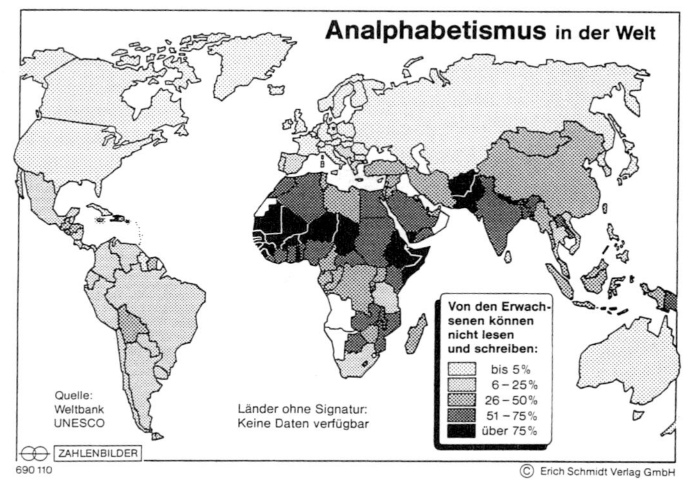

Die Vorteile der Schulerziehung bei Frauen

40 Mädchen auf die Schule zu schicken, kann [...] eine der besten Investitionen eines Landes für sein künftiges Wirtschaftswachstum und die Wohlfahrt seiner Bevölkerung darstellen. Die meisten Mädchen werden Mütter, und ihr Einfluß auf ihre Kinder ist weit stärker als der des Vaters und für die Zukunft der Kinder von grundlegender Bedeutung – und zwar in folgender Hinsicht:

- Gesundheit. Aus Untersuchungen in Bangladesch, Kenia und Kolumbien geht – auch unter Berücksichtigung der unterschiedlichen Höhe des Familieneinkommens – hervor, daß die Anzahl der Todesfälle bei Kleinkindern um so geringer ist, je besser die Schulerziehung der Mütter war.
- Ernährung. In einer Haushaltserhebung in Sao Paulo, Brasilien, waren die Familien bei gegebener Einkommenshöhe um so besser ernährt, je höher die formale Bildung der Mutter war.
- Fruchtbarkeit. Die Schulerziehung erhöht bei Frauen das Heiratsalter – teils deshalb, weil sie bessere Beschäftigungsmöglichkeiten eröffnet; darüber hinaus steigt die Wahrscheinlichkeit, daß die Frauen über Verhütungsmittel besser Bescheid wissen und sie auch anwenden.

Dennoch besuchen in den meisten Teilen der Dritten Welt weit mehr Jungen als Mädchen die Schule. Zwar stieg im Zeitraum 1960 bis 1977 die Einschulungsquote für Mädchen stärker als die für Jungen; der Zuwachs der Einschulungsquote für Jungen war allerdings noch höher, als für sie noch die heutige Quote für Mädchen galt. Diese bevorzugte Behandlung von Jungen im Erziehungswesen ist in Südasien, dem Nahen Osten und Nordafrika sowie in Teilen Afrikas südlich der Sahara am stärksten ausgeprägt; in gewissem Grad findet man sie allerdings in jeder Region vor.

Weltbank: Weltentwicklungsbericht 1980, S. 65

41

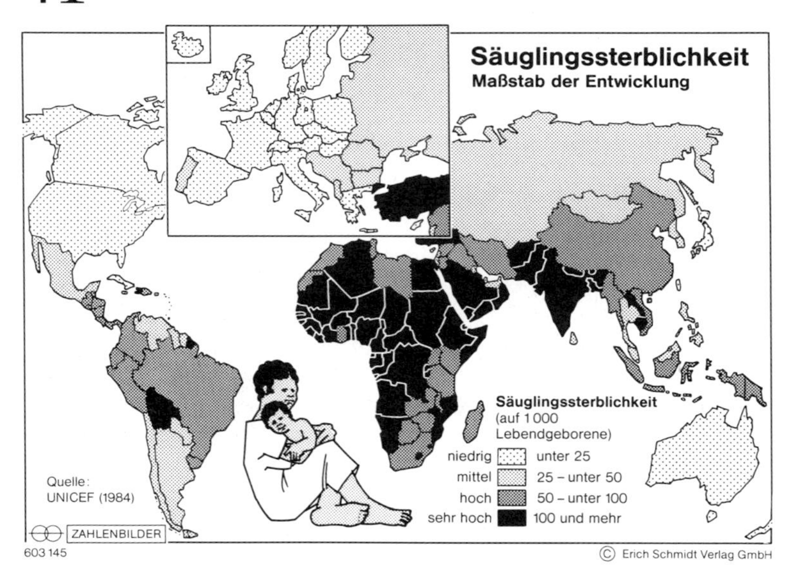

42 / 43

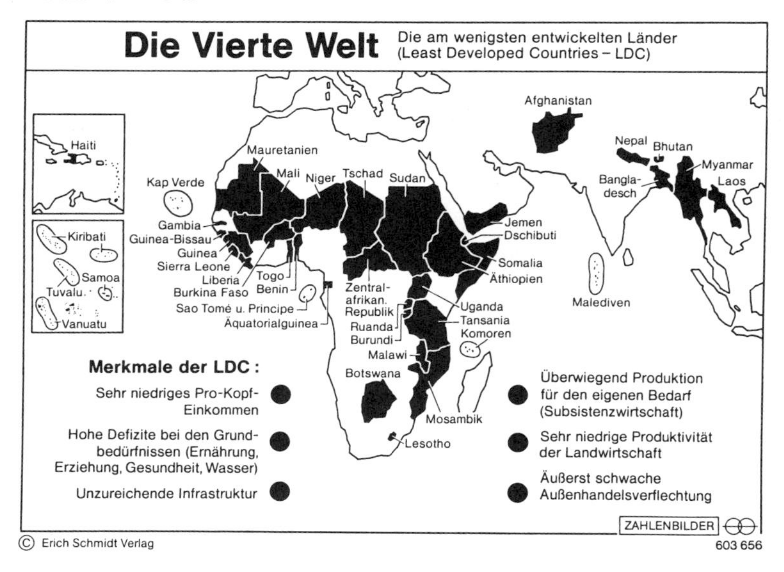
Die Vierte Welt
Die am wenigsten entwickelten Länder (Least Developed Countries – LDC)
Haiti
Kiribati
Samoa
Tuvalu
Vanuatu
Kap Verde
Mauretanien
Mali
Niger
Tschad
Sudan
Gambia
Guinea-Bissau
Guinea
Sierra Leone
Liberia
Burkina Faso
Togo
Benin
Sao Tomé u. Principe
Äquatorialguinea
Zentral-afrikan. Republik
Ruanda
Burundi
Malawi
Botswana
Mosambik
Lesotho
Uganda
Tansania
Komoren
Jemen
Dschibuti
Somalia
Äthiopien
Afghanistan
Nepal
Bhutan
Bangla-desch
Myanmar
Laos
Malediven
Merkmale der LDC:
Sehr niedriges Pro-Kopf-Einkommen
Hohe Defizite bei den Grundbedürfnissen (Ernährung, Erziehung, Gesundheit, Wasser)
Unzureichende Infrastruktur
Überwiegend Produktion für den eigenen Bedarf (Subsistenzwirtschaft)
Sehr niedrige Produktivität der Landwirtschaft
Äußerst schwache Außenhandelsverflechtung
ZAHLENBILDER
603 656

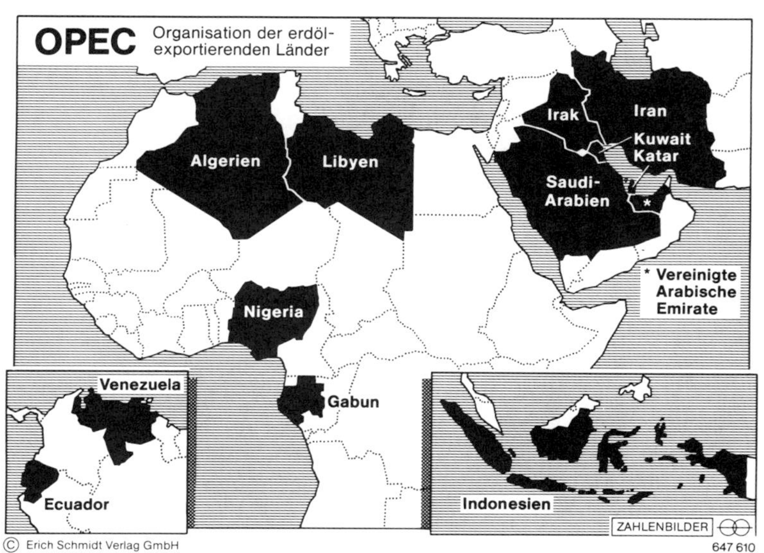
OPEC
Organisation der erdölexportierenden Länder
Algerien
Libyen
Irak
Iran
Kuwait
Katar
Saudi-Arabien
* Vereinigte Arabische Emirate
Nigeria
Gabun
Venezuela
Ecuador
Indonesien
ZAHLENBILDER
647 610

44

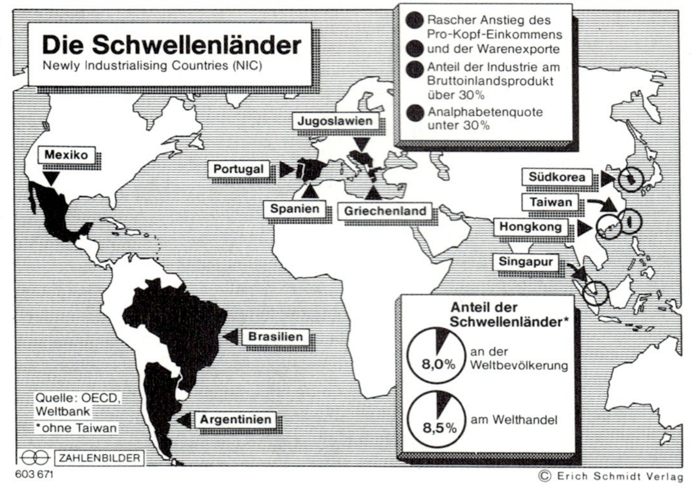

Wirtschaftswunder in Fernost

45 Taiwan, Hongkong und Süd-Korea haben sich still und leise zu Ländern mit beträchtlicher wirtschaftlicher Sprungkraft entwickelt und stellen heute selbst für die industrialisierten Staaten auf einzelnen Gebieten gefährliche Konkurrenten dar. [...]

Die bemerkenswerten wirtschaftlichen Ergebnisse der NIC's [Newly Industrializing Countries] gründen sich auf wenige gemeinsame Quellen des Wohlstandes:

1. Zum einen haben sich alle drei Länder grundsätzlich für eine marktwirtschaftliche Ordnung mit freier Preisbildung und realistischen Wechselkursen entschieden. Gleichwohl ist der Staat in diesen Ländern eine viel engere Symbiose mit der unternehmerischen Wirtschaft eingegangen, als dies im Westen üblich ist.
2. Allen drei Ländern ist eine konsequente Strategie der Exportförderung zu eigen. Die Exportquoten, die zum Teil die Hälfte des Bruttosozialproduktes ausmachen, liegen weit über den Werten der Industrienationen. Die Exportquote der Bundesrepublik Deutschland beträgt beispielsweise ein Drittel und liegt schon überdurchschnittlich hoch.

3. Eine weitere Gemeinsamkeit ist die hohe Sparquote. In Taiwan liegt sie bei einem Drittel des Sozialproduktes. Dadurch stehen erhebliche Teile des Einkommenszuwachses für Kredite zur Verfügung.
4. Bei allen politischen Risiken zeichnen sich die drei Länder doch durch eine gewisse politische Stabilität aus, wenn auch diese Staaten den Maßstäben westlicher Demokratie nicht gerecht werden. [...]
5. Schließlich haben handfeste Kostenvorteile zum Wirtschaftswunder der „Drei kleinen Tiger" beigetragen. An erster Stelle stehen hier die wesentlich niedrigeren Arbeitskosten im Vergleich zu den klassischen Industrienationen. Die Lohnkosten pro Stunde betragen in diesen Ländern gerade rd. 15% des deutschen Arbeitskosten-Niveaus. Hinzu kommt, daß die Arbeitszeiten den deutschen Durchschnitt um mehr als 500 Stunden pro Jahr übersteigen.

Ein wieder ansteigender Dollarkurs, der zusätzliche Bedarf an qualifizierten Fachkräften und das Bedürfnis nach sozialer Sicherheit werden auf die Dauer diese Unterschiede vermindern. Gleichwohl bleiben sie aber auf lange Zeit so groß, daß der Kostenvorteil den Wettbewerbsvorsprung der NIC's nicht gefährdet.

Hugo Kielich (Hg.): Unterrichtsbogen zum aktuellen Wirtschaftsgeschehen, Nr. 4/1987

Wer verdient am Wirtschaftswunder? – das Beispiel Südkorea

46 Ob bei [der Automobilfabrik] Hyundai in Ulsan, [dem Stahlkonzern] Posco in Pohang oder auch beim Elektronikriesen Samsung in Suwon nahe Seoul, stets mutet der Alltag in den Betrieben wie aus einer anderen Welt an. Morgens singt das Personal vor dem Schichtbeginn gemeinsam die Firmenhymne. Sportliche Übungen werden abgehalten. Das soll die Leistungsfähigkeit und das Zusammengehörigkeitsgefühl stärken. Der Weg zum Arbeitsplatz in den Fabriken ist gepflastert mit Bändern, auf die Parolen der Machart „Kraft durch Freude" aufgedruckt sind. „Behandelt die Maschine wie Euren Körper und die Fabrik wie Euer Haus", heißt die Losung in einem Walzwerk von Posco. „Stahl ist die Macht der Nation", stellt ein Bild in der Empfangshalle der Verwaltung eindeutig klar. [...]

Regelmäßig wird die Belegschaft auch mit Spar- und Qualitätsappellen konfrontiert, was andeutet, wo die Konzernherren die größten Schwachstellen vermuten. „Wenn wir aufpassen, können wir viel sparen“; „Wenn wir intensiv dran arbeiten, wird es ein gutes Auto“, ist in der Roboterhalle von Hyundai zu lesen. [...] „Es muß gespart werden“ und „Die Qualität der Kühlschränke ist das gleiche wie unsere Gedanken“, mahnt der Elektronikriese in einer Fertigungsstätte für Videorecorder und Fernseher in Suwon die überwiegend weibliche Belegschaft in Einheitskluft, denn: „Die Gesellschaft muß glücklich sein, dann wird auch die einzelne Familie glücklich“.

Glück machen Südkoreas Konzerne vorzugsweise an Umsatz- und Gewinnzahlen fest. [...] Das wissen auch die Arbeiter. Bis vor gut über einem Jahr kuschten sie jedoch vor der Staatsmacht und der Firmenknute. Nun pochen sie auf ihren Part am Wachstum des Bruttosozialprodukts, das 1987 die weltweite Bestmarke von über zwölf Prozent erreichte. Bis 1991 wird zudem eine jährliche Steigerung um durchschnittlich sieben Prozent angepeilt. Von diesem „Kuchen“ will die einfache Bevölkerung, die jahrelang nur mit ein paar Krumen abgespeist wurde, ein größeres Stück erhaschen. Denn bei einem amtlich ermittelten Durchschnittslohn der Arbeiter und Angestellten in der Industrie von 700 Mark im Monat, wovon noch ein gehöriger Batzen für Mieten, Krankheitsfälle und die Altersversorgung beiseite gelegt werden muß, nehmen sich Aufschläge zwischen zehn und 20 Prozent „bescheiden“ aus, wie die Deutsch-Koreanische Industrie- und Handelskammer in Seoul meint. [...]

Für ihr Einkommen muß die Arbeiterschaft des 42 Millionen Einwohner zählenden Staates hart schuften, meist an sechs Tagen in der Woche knapp 60 Stunden. Da bleibt wenig Raum für Freizeit. Zwar ist deren Verhältnis zur Arbeit und sind deren Wertvorstellungen nicht mit europäischen Maßstäben zu messen, doch wünschen auch die Asiaten sich kaum etwas sehnlicher als ein eigenes Heim und ein Auto. Für viele bleibt beides freilich ein Leben lang unerschwinglich, selbst für Beschäftigte der Autokonzerne Hyundai, Daewoo oder Kia. Zudem hausen sie in der Regel in von den Konglomeraten errichteten Siedlungen und gigantischen Wohnblocks, die numeriert sind, damit man sich überhaupt zurechtfindet. Vertreter der Geschäftsführungen preisen die Trabantenstädte als „soziale Leistungen“ und fügen flugs als weitere Errungenschaften Krankenhäuser, Kindergärten und Bildungseinrichtungen an.

Wann freilich die in jeder Firmenpräsentation ebenfalls viel gelobten Sportstätten intensiv genutzt werden, sagt keiner. Oft genug steht nämlich in Südkorea ein bezahlter Jahresurlaub von eine bis drei Wochen nur auf dem Papier. Das gibt ein Manager eines in dem Land engagierten ausländischen Unternehmens, der inkognito bleiben will, auch im Gegensatz zu den einheimischen Unternehmensprechern unumwunden zu: „Es wird nicht gerne gesehen, wenn einer länger als eine Woche wegbleibt!“ Kein Wunder also, wenn sich viele Arbeiter aus Angst um den Job den Urlaub „abkaufen“ lassen.

Harald Schwarz: Südkoreas Wirtschaftswunder – Boom unter Parolen und neben Gewehren, in: Frankfurter Rundschau vom 28. 5. 1988

47

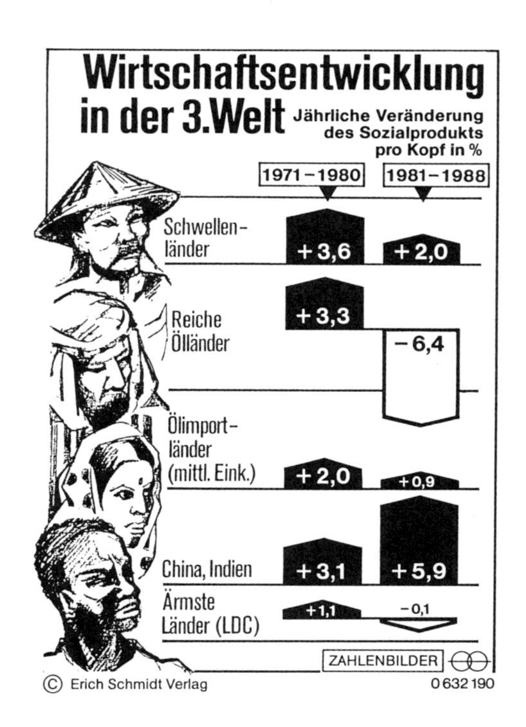

48 Weltexport nach Ländergruppen

	Insgesamt (in Mrd. Dollar)	davon in Prozent:					
		Marktwirtschaftliche Industrieländer[1] I. Welt	zentrale Planwirtschaften[2] II. Welt	Entwicklungsländer insgesamt davon: III. Welt	OPEC-Länder[3]	Schwellenländer[4]	Übrige Dritte Welt-Länder
1950	**61**	**58,7**	**7,6**	**33,7**	**6,6**	**8,4**	**18,7**
1955	**93**	**62,2**	**9,8**	**28,0**	**6,6**	**6,6**	**14,8**
1960	**128**	**64,4**	**12,0**	**23,6**	**6,0**	**6,0**	**11,6**
1965	**187**	**66,2**	**11,8**	**22,0**	**6,0**	**5,5**	**10,5**
1970	**314**	**68,8**	**10,6**	**20,6**	**5,8**	**6,0**	**8,8**
1971	351	69,1	10,4	20,5	6,6	6,2	7,7
1972	416	68,8	10,4	20,8	6,6	6,5	7,7
1973	576	68,1	10,1	21,8	7,2	7,1	7,5
1974	840	62,1	8,6	29,3	15,0	6,4	7,9
1975	**874**	**63,6**	**9,8**	**26,6**	**13,0**	**6,4**	**7,2**
1976	988	62,5	9,4	29,1	13,9	7,0	7,2
1977	1.125	62,3	9,6	28,1	13,4	7,4	7,3
1978	1.301	64,4	9,7	25,9	11,1	7,7	7,1
1979	1.643	62,7	9,2	28,1	13,3	7,9	6,9
1980	**1.988**	**60,8**	**8,9**	**30,3**	**14,9**	**8,5**	**6,9**
1981	1.970	61,0	9,5	29,5	14,0		15,5
1982	1.850	61,5	10,5	28,0	12,0		16,0
1983	1.811	64,1	10,9	25,0	10,1		14,9
1984	1.910	64,6	10,6	24,8	8,9	11,8	4,1
1985	**1.909**	**65,6**	**10,0**	**24,4**	**8,2**		**16,2**

[1]) USA, Kanada, Belgien/Luxemburg, Dänemark, BR Deutschland, Irland, Italien, Niederlande, Frankreich, Großbritannien, Österreich, Finnland, Norwegen, Schweden, Island, Schweiz, Japan, Australien, Neuseeland.

[2]) UdSSR, Rumänien, Polen, Ungarn, DDR, CSSR [seit 1990: CSFR], Bulgarien, Albanien, Vietnam, Nordkorea, Mongolei, VR China.

[3]) Algerien, Ecuador, Gabun, Indonesien, Iran, Irak, Kuwait, Libyen, Nigeria, Qatar, Saudi Arabien, Vereinigte Arabische Emirate, Venezuela.

[4]) Taiwan, Singapur, Hongkong, Südkorea, Israel, Südafrika, Jugoslawien, Spanien, Portugal, Griechenland, Mexiko, Brasilien.

Gerald Braun: Nord-Süd-Konflikt und Dritte Welt, Verlag Ferdinand Schöningh, 2. Aufl., Paderborn 1988, S. 141

Arbeitsvorschläge (35-48):

1. Warum ist es problematisch, die Länder der südlichen Halbkugel als „arme" Länder, „unterentwickelte" Länder oder als „Entwicklungsländer" zu bezeichnen? (35, 36)
2. Versuchen Sie für sich festzulegen, wann eine Gesellschaft als „entwickelt" gelten kann.
   Vergleichen Sie die ökonomischen und sozialen Strukturdaten Brasiliens mit denen Sri Lankas (37). Welches der beiden Länder erscheint ihnen besser „entwickelt"?
3. Ermitteln Sie die regionalen Schwerpunkte des Analphabetismus und der Säuglingssterblichkeit (39, 41).
   Beziehen Sie die Weltkarten des Hungers (12) und des Pro-Kopf-Einkommens (38) mit ein. Wieweit lassen sich Zusammenhänge zwischen den verschiedenen Merkmalen feststellen?
4. Vergleichende Untersuchungen in Ländern der Dritten Welt zeigen, daß mit wachsendem Bildungsgrad der Frauen die Geburtenzahlen zurückgehen. Versuchen Sie diesen Zusammenhang zu erklären (40, →5, 6, 8)
5. Untersuchen Sie, wo sich die „Vierte Welt" der am wenigsten entwickelten Länder befindet (42).
   Prüfen Sie beispielhaft, wieweit diese Länder den von der UNO aufgestellten LDC-Kriterien entsprechen (37, → S. 66).
6. Untersuchen Sie anhand der ökonomischen und sozialen Daten, wieweit die OPEC-Staaten (43) noch als „Entwicklungsländer" anzusehen sind (37).
7. Analysieren Sie die Gründe für den ökonomischen Erfolg der ostasiatischen Schwellenländer (44-46).
   Zeigen Sie am Beispiel Südkoreas die sozialen Schattenseiten dieses „Wirtschaftswunders in Fernost" auf (46).
8. Belegen Sie anhand ökonomischer Indikatoren die zunehmende Differenzierung der Dritten Welt in verschiedene „Entwicklungswelten" (47, 48).

3 Theoretische Ansätze zur Erklärung von Unterentwicklung

„Unterentwicklung“ – endogen oder exogen verursacht?

Während die Feststellung, daß die Entwicklungschancen zwischen Nord und Süd extrem ungleich verteilt sind, allgemein akzeptiert wird, gehen die Ansichten über die *Ursachen* dieser Ungleichheit weit auseinander. So gibt es eine Vielzahl von Theorien, die die Armut und Unterentwicklung in der Dritten Welt zu erklären versuchen. Die Diskussion bewegt sich zwischen zwei Grundpositionen: die eine geht davon aus, daß die Probleme der Dritten Welt auf *inneren* Ursachen beruhen, die in den natürlichen Gegebenheiten (z. B. Klima, Boden) oder auch in den gesellschaftlichen Strukturen der betreffenden Länder zu suchen sind (endogene Erklärungsansätze); nach der anderen Auffassung muß die Unterentwicklung hingegen auf *äußere* Einflüsse zurückgeführt werden, insbesondere auf die koloniale Ausbeutung und fortdauernde Benachteiligung der Entwicklungsländer im Handel mit den Industrieländern (exogene Erklärungsansätze).

Auch wenn die Diskussion über die Ursachen von Unterentwicklung zuweilen akademisch erscheint, ist sie doch keinesfalls zu umgehen. Ohne die genaue Klärung der Gründe für Hunger und Armut kann auch keine angemessene und erfolgversprechende Strategie zur Überwindung der Entwicklungsprobleme erarbeitet werden (→Kapitel 4). Eine unzureichend fundierte Politik würde nur an Symptomen kurieren oder die Probleme noch verschlimmern. Überdies werden wir durch die Frage nach den Ursachen von Unterentwicklung auch moralisch herausgefordert: Wer ist für die Armut in der Dritten Welt verantwortlich? Ist es richtig, daß unser Wohlstand auf der Ausbeutung der armen Länder basiert? (→71, 72)

Aus der umfangreichen Theoriediskussion sollen hier die beiden Hauptrichtungen genauer untersucht werden: zum einen die Modernisierungstheorie und zum anderen die Dependenztheorie.

Die Modernisierungstheorie

Unter den endogenen Erklärungen der Unterentwicklung sind besonders die nach dem Zweiten Weltkrieg in den USA erarbeiteten Modernisierungstheorien hervorgetreten. Ihre Vertreter begreifen die ökonomische und soziale Entwicklung in den westlichen Industrieländern als einen zielgerichteten Prozeß, der zur *modernen* Gesellschaft hinführt. Die Länder der Dritten Welt werden demgegenüber als *traditionale* Gesellschaften charakterisiert, deren Entwicklungsstand hinter dem der Industrieländer zurückgeblieben ist. Da die Modernisierung als ein universaler Vorgang gesehen wird, ist auch der Zustand der Dritte-Welt-Länder ein vorübergehender. Sie können die Entwicklung der Industrieländer in einem Prozeß der Nachahmung und Angleichung nachholen, sofern die entsprechenden Voraussetzungen dafür geschaffen werden.

Die ökonomischen Ansätze innerhalb der Modernisierungstheorie sehen die Unterentwicklung vor allem als ein Wachstumsproblem, das auf mangelnden Kapitaleinsatz zurückzuführen ist. Theoretischer Ausgangspunkt ist die Annahme, daß der Wandel von der „traditionalen" Agrar- zur „modernen" Industriegesellschaft in bestimmten Schritten verläuft. Die wohl bekannteste dieser Wachstumstheorien stammt von dem amerikanischen Nationalökonomen Walt W. Rostow, der fünf Stufen in der Entwicklung einer Volkswirtschaft unterscheidet:

1. die traditionale Gesellschaft
2. die Gesellschaft im Übergang
3. das Stadium des wirtschaftlichen Aufstiegs
4. die Entwicklung zur Reife
5. das Zeitalter des Massenkonsums.

Von entscheidender Bedeutung ist die Phase des wirtschaftlichen Aufstiegs, in der durch verstärkte Investitionstätigkeit und moderne Produktionstechniken der Durchbruch zu einem dauerhaften Wirtschaftswachstum gelingt, den Rostow auch als *Take-off* gekennzeichnet hat (49).

Mit der strengen Abfolge bestimmter Entwicklungsstufen versucht die Modernisierungstheorie auch zu erklären, warum die Dritte Welt das Niveau der entwickelten Industrieländer nicht einfach von heute auf morgen, sondern erst allmählich in einem Generationen übergreifenden Prozeß erreichen kann (50). Nach dem Wachstumsmodell Rostows befinden sich die meisten Entwicklungsländer noch in der Phase des Übergangs. Wie die historische Erfahrung der mitteleuropäischen Industriegesellschaften gezeigt hat, ist gerade diese Phase aufgrund der Umformung herkömmlicher Denk- und Verhaltensweisen ein besonders langwieriger Prozeß (51).

Überhaupt erscheint ein ökonomischer Durchbruch nur möglich, wenn sich gleichzeitig ein umfassender *sozialer Wandel* vollzieht. Die soziologischen Vertreter der Modernisierungstheorie verweisen deshalb auf die „traditionalen" gesellschaftlichen Strukturen in den Entwicklungsländern, die einer wirtschaftlichen Dynamik im Wege stehen (52, 53).

Als ein grundlegendes Hindernis des sozialen Wandels sind in den letzten Jahren die extrem einseitigen Besitz- und Machtverhältnisse in den Entwicklungsländern deutlich geworden. Die Kritik richtet sich zum einen gegen die traditionellen Oberschichten, die den Grundbesitz in ihren Händen halten und sich jedem Versuch einer Landreform zugunsten der Kleinbauern widersetzen (→ 19). Zum anderen wird den neuen Staatseliten vorgehalten, daß sie zur Sicherung ihrer Herrschaft vorrangig die Bedürfnisse der städtischen Massen zu befriedigen suchen und darüber die Probleme der ländlichen Bevölkerung vernachlässigen (→ 80).

Die Dependenztheorie

In kritischer Auseinandersetzung mit der Modernisierungstheorie entstand Mitte der sechziger Jahre – ausgehend von lateinamerikanischen Wirtschafts- und Sozialwissenschaftlern – eine neue Theorierichtung, die die Unterentwicklung als eine Folge der *Dependenz* (= Abhängigkeit) der Entwicklungsländer von den Industrieländern zu erklären versucht. Damit wurde eine radikale Gegenposition bezogen: „Unterentwicklung" erscheint nicht mehr als ein bloßes Zurückbleiben hinter dem Entwicklungsstand „moderner" Staaten, sondern als das Ergebnis eines historischen Prozesses der Einwirkung der Industrieländer auf die heutigen Entwicklungsländer (54).

Die Dependenztheorie begreift also die „Unterentwicklung" des Südens und die „Entwicklung" des Nordens als einen untrennbaren Zusammenhang. Historischer Ansatzpunkt ist das Zeitalter des *Kolo-*

nialismus, in dem die heutige Dritte Welt durch Kolonialmächte unterdrückt und in ihrer bis dahin eigenständigen und ausgeglichenen Entwicklung unterbrochen wurde. Die Produktionsstrukturen wurden auf die Bedürfnisse der „Mutterländer" ausgerichtet, die vor allem an dem günstigen und sicheren Bezug agrarischer und mineralischer Rohstoffe interessiert waren. So entstanden *Monokulturen*, die bis in unsere Tage hinein die Volkswirtschaften der Entwicklungsländer prägen und sie im internationalen Handel benachteiligen. (55)

Die Ausrichtung der wirtschaftlichen Strukturen auf die Interessen der Industrieländer wird auch als *strukturelle Abhängigkeit* gekennzeichnet. Diese Abhängigkeit führt innerhalb der Entwicklungsländer wiederum zu *struktureller Heterogenität*, d. h. zu einer Auseinanderentwicklung gesellschaftlicher Strukturen. So ist beispielsweise durch den Handelsaustausch mit den Industrienationen eine Bevölkerungsschicht herangewachsen, die aus diesem Handel in besonderem Maße Vorteile ziehen konnte. Diese Schicht hat sich in ihrem Konsumverhalten zunehmend an westlichen Standards ausgerichtet; sie erweitert deshalb die Exportproduktion und verwendet die Erlöse vor allem für Konsumgüterimporte, wodurch die innere wirtschaftliche Entwicklung vernachlässigt und traditionelle Produktionszweige zerstört werden.

Die gesellschaftliche Desintegration führt zur Verelendung großer Bevölkerungsteile, die als *Marginalität* bezeichnet wird. Marginalität bedeutet den Ausschluß von stabilen Arbeitsverhältnissen und ausreichenden Einkommen, bedeutet soziale oder auch rassische Diskriminierung. Zu den Marginalisierten gehören die Millionen auf dem Lande, die außerhalb der wirtschaftlichen Arbeitsteilung verbleiben (besonders Subsistenzbauern), sowie die Massen in den städtischen Elendsvierteln, die sich in den modernen industriellen Produktionsprozeß nicht integrieren können bzw. aus diesem ausgestoßen werden. (56, →11, 82, 83)

Die anhaltende Benachteiligung der Entwicklungsländer gegenüber den Industrieländern wird vor allem in der *ungleichen internationalen Arbeitsteilung* gesehen. So haben die Entwicklungsländer auf den Weltmärkten überwiegend Rohstoffe anzubieten (57, 58), die aufgrund des Überangebots und der Ausweichmöglichkeiten der Industrieländer (z. B. Ersatzstoffe, Recycling) einem starken Preisdruck ausgesetzt sind (59, 60). Die Industrieländer hingegen können die Rohstoffe verarbeiten; sie exportieren vornehmlich Fertigprodukte (61, 62), die aufgrund der im arbeitsteiligen Herstellungsprozeß anwachsenden Wertschöpfung auch hohe Preise erzielen. Die tendenzielle Verschlechterung der Preisrelationen (*Terms of Trade*) zwingt die Entwicklungsländer, für die gleiche Menge an Importgütern eine steigende Menge an Exportgütern zu erwirtschaften (60), was einen permanenten Ressourcentransfer von den armen in die reichen Länder bedeutet (63, 64).

Die Industrieländer halten diese für sie vorteilhafte Handelsstruktur aufrecht, indem sie z. B. durch die Errichtung von Zollschranken und anderen protektionistischen Maßnahmen die Entwicklungsländer daran hindern, mehr verarbeitete Produkte zu verkaufen (65-67). Auch die Schuldenkrise, in die zahlreiche Entwicklungsländer geraten sind (→S. 11), erscheint als eine Form der Dependenz, da sie die betreffenden Länder zum weiteren Ausbau der Exportwirtschaft und damit zur Vernachlässigung der Binnenmarktversorgung zwingt.

Die strukturelle Verflechtung von Industrie- und Entwicklungsländern wird häufig in *Zentrum-Peripherie-Modellen* dargestellt. Sie veranschaulichen zum einen die sozialen Gegensätze innerhalb der Industrie- und Entwicklungsländer und zum anderen die Interessenharmonie, die zwischen den ökonomischen Führungsgruppen in Nord und Süd besteht (68). In der Imperialismustheorie von Johan Galtung wird durch eine weitere Differenzierung des Modells zu erklären versucht, inwiefern auch die Randgruppen in den Industrieländern von dem Wertetransfer aus den Entwicklungsländern mit profitieren und deshalb an einer Überwindung der gegenwärtigen Weltmarktstrukturen nicht unbedingt interessiert sind (69).

Die Notwendigkeit einer differenzierten Analyse

Sowohl die Modernisierungs- als auch die Dependenztheorie sehen sich wissenschaftlicher Kritik ausgesetzt. Während den Vertretern der Modernisierungstheorie vorgehalten wird, ausschließlich innere Entwicklungshemmnisse zu konstatieren und dabei zu übersehen, daß endogene Faktoren auch exogen vermittelt sein können, wird die Dependenztheorie umgekehrt dafür kritisiert, die endogenen Strukturen zu vernachlässigen, die schon vor der kolonialen Eroberung wirksam waren und exogene Einflüsse begünstigt oder überhaupt erst ermöglicht haben. Beide Richtungen neigen überdies zu globalen

Erklärungen und werden damit den Differenzierungsprozessen in der Dritten Welt (→Kapitel 2) nicht mehr gerecht. (70, 71, 72)

Die neuere entwicklungstheoretische Diskussion ist deshalb bestrebt, „Unterentwicklung“ als eine komplexe Mischung von endogenen und exogenen Ursachen zu begreifen, die sich von Land zu Land anders darstellen kann und in jedem Fall eine spezifische Analyse erforderlich macht. Dabei können die Modernisierungs- und die Dependenztheorie – indem sie Fragestellungen und Begriffe für die zu erklärende Wirklichkeit anbieten – durchaus eine erkenntnisfördernde Funktion behalten.

Rüstung und Unterentwicklung

Als eine wesentliche Ursache der Unterentwicklung sind in den letzten Jahren die kriegerischen Auseinandersetzungen und die wachsende Aufrüstung in der Dritten Welt erkannt worden. Zwar haben die Gesellschaften der heutigen Dritten Welt schon früher Kriege gegeneinander geführt; seit Ende des Zweiten Weltkriegs jedoch hat sich der Schauplatz militärischer Konflikte nahezu ausschließlich in die Dritte Welt verlagert. Von 170 Kriegen, die zwischen 1945 und 1989 gezählt wurden, fanden 160 unter Beteiligung von mehr als 60 Ländern in den Regionen der Dritten Welt statt. Die entwicklungspolitischen Schäden lassen sich kaum erfassen: unzählige Opfer, auch unter der Zivilbevölkerung, Flüchtlings- und Asylantenprobleme, Verwüstungen.

Die Zunahme zwischen- und innerstaatlicher Konflikte wird begleitet von einer beschleunigten Aufrüstung. Neben dem steigenden Import militärischer Güter aus den Industriestaaten (73) haben einige Entwicklungsländer auch eigene Rüstungsindustrien aufgebaut und treten sogar als Waffenexporteure auf (74). Die Gründe für die wachsende Militarisierung sind sowohl endogener als auch exogener Natur: sie liegen einmal in den Macht- und Herrschaftsinteressen der betreffenden Entwicklungsländer und zum anderen in den sicherheitspolitischen und wirtschaftlichen Bestrebungen der westlichen und östlichen Industriemächte (75, 76).

Die meisten Entwicklungsforscher stimmen darin überein, daß von Rüstungsinvestitionen nur bedingt positive Effekte auf die Volkswirtschaft eines Landes ausgehen können. Dies gilt auch dann, wenn der

Aufbau eigener Rüstungsindustrien betrieben wird, da einerseits dem zivilen Sektor wertvolle Rohstoffe und qualifiziertes Personal entzogen, andererseits aber nur relativ wenige Arbeitsplätze geschaffen werden. Rüstung stellt also ein Entwicklungshindernis dar, was bereits daran zu erkennen ist, daß erhebliche Mittel der Staatshaushalte gebunden werden und für die wirtschaftliche und soziale Entwicklung des Landes verlorengehen (77).

Die militaristischen Tendenzen in der Dritten Welt sollten allerdings nicht vergessen lassen, daß der weitaus größte Teil der weltweiten Rüstungsausgaben von über 1 Billion US-Dollar jährlich noch immer auf die Industrieländer entfällt. „Würde nur ein Bruchteil des derzeitigen Aufwands an Geld, Arbeitskraft und Forschung für militärische Zwecke den Entwicklungsländern zugute kommen, so sähen die Zukunftsaussichten der Dritten Welt völlig anders aus.“*)

Modernisierungstheorie (49-53)

Die Phase des Take-off

49 In diesem Aufsatz soll die folgende Hypothese untersucht werden: Es ist sinnvoll, einen relativ kurzen Zeitraum von zwei oder drei Jahrzehnten als die entscheidende Phase des wirtschaftlichen Wachstumsprozesses zu betrachten; in dieser Phase wandeln sich Wirtschaft und Gesellschaft derartig, daß das Wirtschaftswachstum anschließend mehr oder weniger automatisch aufrecht erhalten wird. Diese entscheidende Transformation wird hier „take-off“ beziehungsweise „Aufstieg“ genannt.

Aufstieg wird als die Phase definiert, in der sich die Investitionsrate derartig erhöht, daß die Pro-Kopf-Produktion wächst und daß diese erstmalige Steigerung radikale Veränderungen der Produktionstechniken und der Disposition über die Einkommensströme mit sich bringt; hierdurch wiederum wird es möglich, die hohe Investitionsrate und die Steigerung der Pro-Kopf-Produktion aufrechtzuerhalten. Damit dieser Durchbruch erreicht werden kann, muß es in der Gesellschaft Gruppen geben, die willens und fähig sind, neue Produktions-

*) Das Überleben sichern. Gemeinsame Interessen der Industrie- und Entwicklungsländer. Bericht der Nord-Süd-Kommission, Köln 1980, S. 149

verfahren einzuführen und zu verbreiten; damit der Wachstumsprozeß anhält, muß sodann eine solche Führungsgruppe ihren Einfluß ausdehnen, und die ganze Gesellschaft muß auf diese Veränderungen, einschließlich der neuen Möglichkeiten des Außenhandels, positiv reagieren. In der Regel erfordert der erstmalige Wandel im Umfang und im Einsatz von Investitionen, daß neue Gruppen oder Institutionen die Einkommensverwendung steuern; die Aufrechterhaltung des Wachstums erfordert, daß ein großer Teil des Einkommenszuwachses während der Aufstiegsphase erneut produktiv investiert wird. In anderen Worten: „take-off" erfordert, daß die Gesellschaft neue Möglichkeiten der produktiven Investition unterstützt; in der Regel sind politische, soziale und institutionelle Veränderungen nötig, damit der erstmalige Anstieg der Investitionsrate aufrechterhalten wird und damit Innovationen regelmäßig akzeptiert und angewendet werden.

Walt W. Rostow: Die Phase des Take-off, in: Wolfgang Zapf (Hg.): Theorien des sozialen Wandels, Verlagsgruppe Athenäum, Hain, Scriptor, Hanstein, Königstein/Ts. 1979, S. 286

Die Reihenfolge ist festgelegt

50 Da alle bereits in das Zeitalter des Massenkonsums eingetretenen Volkswirtschaften – England, Schweden, Frankreich, die Schweiz, die Beneluxstaaten, Österreich und die BRD, die USA, Kanada und Japan, Neuseeland und Australien – die ersten drei Phasen durchlaufen haben, spricht vieles dafür, daß auch die heutigen Entwicklungsländer die gleichen Etappen hinter sich bringen müssen, wenn ihre Bevölkerung eine menschenwürdige, nämlich den technischen und wirtschaftlichen Möglichkeiten der Gegenwart entsprechende Existenz finden soll.

Ferner: In allen höchstindustrialisierten Ländern waren – wie in der UdSSR und CSSR [heute: CSFR], die zusammen mit der DDR und den anderen Ostblockstaaten der westlichen Entwicklung nachhinken – die ersten beiden Stadien des wirtschaftlichen Wachstums je ungefähr gleich lang. Auch in den heute noch unterentwickelten Gebieten dürften annähernd gleiche Zeiträume für ihr Durchschreiten benötigt werden. Ein Sprung von der traditionsgelenkten Agrargesellschaft über die Stadien des industriellen Anlaufs und Aufstiegs hinweg in das

Reifestadium oder gar in das Zeitalter des Massenkonsums hinein ist jedenfalls – einerlei wieviel Ölmilliarden in das betreffende Land fließen oder wieviel Entwicklungshilfe gewährt wird – nicht möglich. Förderungsmaßnahmen, die nachhaltigen Nutzen bringen sollen, haben nämlich einen Wandel im gesellschaftlichen Selbstverständnis der Bevölkerung zur Voraussetzung; selbst wenn es nichts zu lernen gälte als Pflichtbewußtsein und Pünktlichkeit, schon diese beiden sozialethischen Tugenden – unabdingbare Voraussetzung der industriellen Organisation – lassen sich nicht in einer Generation lernen. Der Abbau der alten und der Aufbau neuer Verhaltensweisen erfordern eben eine längere Zeit als die Errichtung selbst des größten Stahlwerks.

Franz W. Wurm: Wirtschaft und Gesellschaft heute, Leske und Budrich, 3. Aufl., Opladen 1976, S. 80 f.

Probleme des Übergangs

51 Die Phänomene des Übergangs von der traditionsgelenkten Agrar- zur Industriegesellschaft in der mitteleuropäischen Anlaufsperiode stellen weitgehend Parallelen dar zu den Problemen der heutigen Entwicklungsländer:

- 1820 noch lebten in Deutschland etwa 90% der Bevölkerung auf dem Lande und in Orten unter 5000 Einwohnern. Selbst 1850 waren es noch 80%.
- Ebenso hoch war der Prozentsatz derer, die in der Mitte des vorigen Jahrhunderts am Rande oder gar unter dem Existenzminimum lebten, also hungerten und froren.
- Der ehemalige Ackerknecht stand voller Angst und Unverständnis vor den Dampf- und Arbeitsmaschinen. Eine sachgerechte Unterweisung des Neulings wurde wegen seines niedrigen Bildungsniveaus in der Regel nicht einmal versucht. Die Folge war teils offener, teils latenter Widerstand der „industriellen Reservearmee“ (Marx) gegen die Mechanisierung, eine aggressive Angst vor dem technischen Fortschritt.
- Auch die Handwerker fürchteten die „Fabrik“. Zwar waren die einstmals so wohlhabenden Spinner und Weber schon im 18. Jahrhundert durch die Verleger auf das absolute Existenzminimum herabgedrückt worden; sie hatten aber, bis die Spinnmaschinen und

mechanischen Webstühle sie endgültig ruinierten, noch die Illusion der selbstbestimmten Arbeit in der eigenen Werkstatt. Ihre Verzweiflung entlud sich in sinnloser „Maschinenstürmerei“. Erst als diese Aufstände mißlangen, paßten sie sich an, indem sie das einzige, was ihnen blieb, ihre Arbeitskraft, ihren Verderbern, den Fabrikanten, verkauften.

- Umwelt war – sieht man von der kleinen Gruppe der Bildungsbürger und eines Teiles der adligen Großgrundbesitzer ab – für die damaligen Deutschen die engere Heimat, das Dorf bzw. die kleine Stadt, und in nebelhaften Umrissen einer der 34 Staaten des Deutschen Bundes. Bis 1850 lebte das ganze Volk in überschaubaren, naturnahen Sozialgebilden, die zwar der breiten Masse meist Hunger und Not, fast stets aber auch Halt und Geborgenheit gaben. Der industrielle Aufstieg erforderte demgegenüber ein Denken in volks- und weltwirtschaftlichen Kategorien; statt dessen bremsten kleinstaatliche, landschaftliche und berufsständische Eigenbrötelei die überregionale Arbeitsteilung.
- Nicht mehr die Familien- und Standeszugehörigkeit, also die Herkunft, sollte nunmehr die berufliche Entwicklung und damit die gesellschaftliche Stellung des einzelnen bestimmen, sondern seine Fähigkeit zur Übernahme spezifischer Funktionen in Wirtschaft und öffentlicher Verwaltung. Der Abbau der Hindernisse, die in der traditionellen Ständegesellschaft dem sozialen Aufstieg entgegenstanden, durch Verwirklichung des Leistungsprinzips erwies sich aber als ein sehr langwieriger Prozeß.
- Die calvinistischen Niederländer haben schon im 17. Jahrhundert mit Tier- und Pflanzenzüchtungen angefangen. Nur langsam lernten demgegenüber die deutschen Lutheraner und Katholiken, daß die Umwelt keine unveränderbare Gegebenheit darstellt, sondern durch vernunftgemäße Anwendung der Naturgesetze verbessert werden kann. Ebenso erforderte die Umstellung von der Handwerkstechnik auf die Fabriktechnik ein anderes Denken in allen Schichten der Bevölkerung, das nur mühsam und spät an Boden gewann.
- Nur bei einer verschwindenden Minderheit, bei einigen Bürgerfamilien und bei der Gruppe der adligen Großgrundbesitzer, überstiegen die Einkünfte die Kosten des standesgemäßen Lebensunterhalts. Diese wenigen Reichen mußten erst daran gewöhnt werden, ihre Einnahmenüberschüsse nicht zur Errichtung von Schlös-

sern und Landhäusern sowie für Reisen, Feste und Schmuck auszugeben, sondern für Maßnahmen zur Steigerung der landwirtschaftlichen Produktivität und für den Bau von Eisenbahnen, Bergwerken und Fabriken.
- Es mußten Männer gefunden bzw. erzogen werden, die imstande waren, die Erkenntnisse der Wissenschaft und die technischen Erfindungen in der betrieblichen Praxis nutzbringend anzuwenden, und die gleichzeitig so viel Vertrauen ausstrahlten, daß ihnen die wenigen anlagebereiten Reichen ihr Geld langfristig zum Auf- und Ausbau von Fabriken zur Verfügung stellten.

Franz W. Wurm: Wirtschaft und Gesellschaft heute, a. a. O., S. 82 f.

Primärursachen der Unterentwicklung

52 Wir können auf dieser Grundlage nun versuchen, etwas über die vermutlichen Primärursachen wirtschaftlicher Unterentwicklung auszusagen (wobei wir uns natürlich darüber klar sind, daß es sich hier, wie bei allen komplexen gesellschaftlichen Phänomenen, um ein Bündel von einander beeinflussenden Faktoren handelt, von denen jeder, je nach Standort, sowohl als ein bewirkender wie als ein bereits bewirkter betrachtet werden kann):

1. Der Mensch der Entwicklungsländer hat im großen und ganzen noch nicht die im Westen in den letzten zwei bis drei Jahrhunderten ausgebildeten Fähigkeiten zur weitgehenden Naturbeherrschung und sozialen Organisation für die Schaffung materiellen Wohlstandes erworben. Zudem hat er sich bis vor kurzem dieses Ziel gar nicht gesetzt, weil sein Handeln durch andere Werte bestimmt worden ist, unter ihnen solche kontemplativ-religiöser, magischer und traditionaler Art. Die gesellschaftlichen Normen und die ihnen entsprechenden psychischen Bindungen in glaubens- und traditionsbestimmten Lebensformen weisen die meisten Menschen auf Sippe, Gemeinde (gegebenenfalls auch Stamm) und die unmittelbare Region als natürliches Habitat [Wohngebiet] hin und verhindern (bis zum Einsatz der Dynamisierung) erhebliche geographische Mobilität. Art und Ausmaß von Bildung und Beruf werden von der Herkunft bestimmt. Im übrigen haben sich jüngere Menschen kritiklos den Geboten der Älteren zu beugen. All dies verhindert – vor dem Einbruch der mobilisie-

renden Faktoren – jene Elastizität der Anpassungen an sich wandelnde Situationen und die Annahme von Neuerungen, die ein marktwirtschaftliches System für sein Funktionieren erfordert.

Infolgedessen ist das wirtschaftliche Handeln häufig noch statisch orientiert, d. h. es bezweckt lediglich die Deckung der als notwendig und recht betrachteten, traditional vorgegebenen Bedürfnisse der Wirtschaftenden und der von ihnen abhängigen Angehörigen, zu denen zumeist alle Mitglieder der Sippe gehören. Daher reagiert man oft auf jede Einkommenserhöhung mit Leistungsminderung, da man ja mit dem höheren Einkommen seine fixierten Bedürfnisse rascher oder leichter befriedigen kann. Leben auf dem Existenzminimum, Unterbeschäftigung oder Arbeitslosigkeit werden nicht als unerträglich betrachtet, solange man mit Hilfe von Verwandten der härtesten unmittelbaren Not entgehen kann. Man wirtschaftet also in der Regel

a) spontan, nicht rechenhaft, also ohne Kalkulierung des Verhältnisses zwischen Aufwand und Ertrag;
b) traditional und sicherheitsbedacht, nicht dynamisch und unternehmerhaft;
c) routinär, nicht zweckrational, d. h. ständig bestrebt, das jeweils zweckmäßigste Verfahren für die gegebene Aufgabe zu finden und anzuwenden.

2. Die Arbeitsteilung ist im allgemeinen in den meisten Gegenden noch wenig entwickelt. Es wird noch weitgehend für Selbstversorgung im Rahmen sippenhafter Haushaltungswirtschaften oder für den Verkauf in räumlich relativ beschränkten Marktbeziehungen produziert. Ein erheblicher Teil der Produktion geschieht deshalb außerhalb der Geldwirtschaft. Infolgedessen sind die Volkswirtschaften der meisten Entwicklungsländer – also die wirtschaftlichen Beziehungsnetze und Sozialgebilde im Bereiche der formal nationalstaatlichen Territorien – wenig intensiv und ungleich strukturiert in bezug auf die verschiedenen Regionen (mit besonderen Unterschieden zwischen Stadt und Land), gesellschaftlichen Schichten (mit besonderen Unterschieden zwischen Einkommensbeziehern) und Branchen. Wegen der starken Einflüsse traditionaler Verhaltensweisen und der wenig entwickelten Kommunikationen, Transport- und Absatzmöglichkeiten bestehen geringe Markttransparenz, keine einheitlichen Waren-, Arbeits- und Kapitalmärkte und demzufolge keine einheitlichen Preisniveaus. Infolgedessen existiert kein vollständiger Marktmechanismus.

3. Der bestehende „soziale Rahmen“ hemmt die wirtschaftliche

Entwicklung, besonders in den unabhängigen Staaten. Die Verteilung von Eigentum, Einkommen und Macht ist im allgemeinen sehr einseitig. Die traditionell besitzenden und damit herrschenden Schichten sind essentiell feudalistisch, das heißt wirtschaftlich undynamisch und parasitär. Ihre Funktion beschränkt sich auf die Erhaltung der bestehenden Macht- und Einkommensstruktur. Sie sind bereit, Zugeständnisse an die moderne Entwicklung zu machen, solange diese für sie selbst schmerzlos sind und die grundlegende soziale Schichtung in keiner Weise zuungunsten der herrschenden Schicht beeinflussen. Sie versuchen, den Status quo zu konservieren mit Hilfe einer kostspieligen Militärmacht und eines stetig wachsenden quasi-intellektuellen Proletariats. Dieses rekrutiert sich in zunehmendem Maße aus den unteren Schichten. Es hat die Aufgabe, politische Formeln und Techniken zu entwickeln, mittels derer die wachsende Unzufriedenheit der Massen neutralisiert werden kann in Form von harmlosen politischen Gesten, pseudo-demokratischen Parteien und Gewerkschaften unter Regierungseinfluß, unter Vermeidung einschneidender Reformen in bezug auf Grundbesitz, Besteuerung und andere Aspekte der Einkommensverteilung.

Die öffentliche Verwaltung weist gewöhnlich alle schlechten Charakteristiken der modernen Bürokratie ohne ihre guten auf: sie reitet einen formidablen Amtsschimmel, einen ungeheuerlich aufgeblähten Apparat, dessen Zweck es ist, möglichst viele Sinekuren [einträgliche Ämter] und arbeitsfreie Profitmöglichkeiten an Verwandte sowie persönliche und politische Freunde zu verteilen, selbstverständlich auf Kosten des Publikums und, insbesondere, der Geschäftsleute – ohne die Stabilität, fachliche Kompetenz und relative Unparteilichkeit, die das Berufsbeamtentum moderner Länder im allgemeinen kennzeichnet.

Regierung und Verwaltung sind zumeist straff zentralisiert, trotz föderativer Formen in einigen Ländern, und es bestehen so gut wie keine Organe lokaler Selbstverwaltung und freiwilliger Gemeinschaftsinitiative. Eine wirkliche öffentliche Meinung und demokratische Willensbildung und Willensäußerung kann unter diesen Umständen natürlich nicht existieren.

Richard F. Behrendt: Soziale Strategie für Entwicklungsländer, S. Fischer Verlag, Frankfurt am Main 1965, S. 76 ff.

53 Traditionale und moderne Gesellschaft im Vergleich

Variablen	Traditionalität	Modernität
Alphabetismus	gering	hoch
Berufslage	einfache, stabile Berufe	ausdifferenzierte und wechselnde Berufe
Beweglichkeit	stabil	mobil
Einkommen	niedriger Durchschnitt; große Unterschiede	hoher Durchschnitt; tendenzielle Angleichung
Familie	Großfamilie	Kernfamilie
Herrschaft	lokal, persönlich	zentralisiert, anonym
soziale Kontrolle	direkt, persönlich	indirekt, bürokratisch
Organisationsgrad der Gesellschaft	relativ niedrig; diffuse Funktionen	relativ hoch; spezifizierte Funktionen
politische Partizipation	niedrig, gefühlsbetont	hoch, interessenorientiert
Rekrutierung für höhere Posten	nicht öffentlich; Postenvergabe nach Klassenzugehörigkeit	öffentlich; Postenvergabe nach Leistung
Produktivität	niedrig	hoch
Recht	religiös beeinflußt, fallgebundene Normen	weltlich, abstrakt; formelle Verträge
Sozialstruktur	stabile lokale Gruppen, wenige Unterschiede im Berufsleben	hohe Mobilität; Schichtung basiert auf Berufsleistung
Anwendung technologischer Innovationen	gering	hoch
Wirtschaftsverfassung	Primärsektor (Landwirtschaft) dominierend; tertiärer Sektor auch wichtig	sekundärer und tertiärer Sektor (Industrie und Dienstleistungen) vorherrschend

Wolfgang Geiger/H. C. F. Mansilla: Unterentwicklung, Verlag Moritz Diesterweg, Frankfurt am Main 1983, S. 77

Dependenztheorie (54-69)

Die Entwicklung der Unterentwicklung

54 Wir können nicht hoffen, eine adäquate Entwicklungstheorie und Politik für die Mehrheit der Weltbevölkerung, die unter der Unterentwicklung leidet, zu formulieren, wenn wir nicht zuvor die vergangene ökonomische und soziale Geschichte, die die gegenwärtige Unterentwicklung verursachte, studiert haben. Die meisten Historiker untersuchen jedoch nur die entwickelten Länder und schenken den kolonialen und unterentwickelten Ländern kaum Aufmerksamkeit. Aus diesem Grund sind die meisten unserer theoretischen Kategorien und Leitbilder der Entwicklungspolitik ausschließlich Ergebnis der historischen Erfahrung der europäischen und nordamerikanischen entwickelten kapitalistischen Länder.

Da aber die historische Erfahrung der kolonialen und unterentwickelten Länder augenscheinlich eine davon völlig verschiedene gewesen ist [...], berücksichtigt die bestehende Theorie derart die Geschichte der Welt – qua Totalität – nur zum Teil. Wichtiger noch: unsere Ignoranz gegenüber der Geschichte der unterentwickelten Länder führt uns dazu anzunehmen, ihre Vergangenheit und in der Tat auch ihre Gegenwart entspreche früheren Stadien der Geschichte der jetzt entwickelten Länder. Diese Ignoranz und diese Annahmen führen uns zu vollkommen falschen Vorstellungen über die Gleichzeitigkeit von Unterentwicklung und Entwicklung. Weiterhin versäumen es die meisten Studien [...], die ökonomischen und andere Beziehungen zwischen den Metropolen und ihren ökonomischen Kolonien unter dem Aspekt der gesamten Geschichte der weltweiten Expansion und Entwicklung des merkantilistischen und kapitalistischen Systems zu betrachten. Konsequenterweise versäumt unsere Theorie dann fast immer, die Struktur und Entwicklung des kapitalistischen Systems als Ganzes zu erklären und uns Rechenschaft über die gleichzeitige Entwicklung der Unterentwicklung in einigen Teilen und die ökonomische Entwicklung in anderen abzulegen.

Es wird allgemein angenommen, daß die ökonomische Entwicklung in der Reihenfolge der Entwicklungsstufen der kapitalistischen Länder verläuft, und daß die Länder, die heutzutage unterentwickelt sind, sich noch auf einer Stufe befinden, die manchmal als ursprüngliches Stadium der Geschichte geschildert wird, durch das die jetzt entwickelten Länder vor langer Zeit hindurchgegangen sind. Selbst eine bescheidene Kenntnis der Geschichte jedoch zeigt, daß die Unterentwicklung nicht ursprünglich oder traditionell ist, und daß weder die Vergangenheit noch die Gegenwart der unterentwickelten Länder in irgendeiner Hinsicht der Vergangenheit der jetzt entwickelten Länder entspricht. Die jetzt entwickelten Länder waren niemals *unter*entwikkelt, auch wenn sie *un*entwickelt gewesen sein mögen. Ebenso wird oft angenommen, daß die derzeitige Unterentwicklung eines Landes als das Produkt oder die Reflexion seiner eigenen ökonomischen, politischen, sozialen und kulturellen Besonderheiten oder Struktur verstanden werden könne. Die historische Forschung zeigt jedoch, daß die zur Zeit stattfindende Unterentwicklung zum großen Teil das historische Produkt der vergangenen und andauernden wirtschaftlichen und anderen Beziehungen zwischen den unterentwickelten Satelliten und den jetzt entwickelten Metropolen ist.

André Gunder Frank: Die Entwicklung der Unterentwicklung, in: Bolivar Echeverria/Horst Kurnitzky (Hg.): Lateinamerika: Entwicklung der Unterentwicklung, Verlag Klaus Wagenbach, Berlin 1969, S. 28 ff.

Kolonisierung und Eingliederung in die Weltwirtschaft – das Beispiel der Sahelländer

55 Die Dürre scheint ausreichend als Erklärung für die jüngste Hungerkatastrophe im Sahel. [...] Verbunden mit dem Hinweis auf den wachsenden Bevölkerungsdruck in diesen Gebieten scheint die Hungersnot somit ausreichend als internes Problem erklärt. Sie ist aber nicht auf einen derart einfachen Nenner zu bringen. Die Dürre enthüllte vielmehr langfristige ökologische Prozesse, die in viel größerem Ausmaß durch wirtschaftliche und soziale Faktoren als durch das Klima bedingt wurden. Sie war nicht Ursache, sondern Auslöser einer Katastrophe, die das Resultat einer hundertjährigen Kolonialgeschichte ist.

Jahrhundertelange Erfahrung hatte die Bevölkerung der Sahel-Länder gelehrt, in einer kargen Umwelt zu leben und zu überleben, indem das ökologische Gleichgewicht gewahrt wurde. Die stark sandhaltigen und deshalb erosionsgefährdeten Böden bedingten lange Brachzeiten, um die fruchtbaren Bestandteile zu regenerieren und die Aufnahmefähigkeit für Wasser zu erhalten. Mit einer ausgewogenen

Mischung von Ackerbau und Viehzucht paßte sich die Landwirtschaft an und vermochte die eigenen Bedürfnisse zu befriedigen; die Produktionsmethoden sicherten im Rahmen der Familie oder des Stammes die volle Nutzung der Arbeitskräfte. Frühe arabische und portugiesische Reiseberichte bezeugen, daß das Lebensniveau im Sahelgebiet nicht wesentlich unter jenem Europas lag.

In einer ersten Phase beschränkten sich die Kontakte mit Arabern und später auch Europäern auf Handelstausch, der die Strukturen der afrikanischen Gesellschaft und die Produktionsweise kaum veränderte. Auf 300 Jahre brutaler Ausbeutung durch den Sklavenhandel folgte schließlich im 19. Jahrhundert die dritte Phase der Kolonisierung mit der Eingliederung in die Weltwirtschaft. Senegal, Mali, Obervolta [seit 1985: Burkina Faso], Niger und Tchad wurden zu billigen Erdnuß- und Baumwoll-Lieferanten, später auch zu Viehexporteuren [→ 58, 90]. Plantagen für den Export beanspruchten nun die besten Böden und verdrängten die Produktion für die eigenen Bedürfnisse, wobei das von der französischen Kolonialmacht eingeführte Steuersystem und Zwangsarbeit die Umstrukturierung von der Selbstversorgung zur Geldwirtschaft und zur wachsenden Importabhängigkeit beschleunigten. Die neue medizinische Technik verringerte die Sterblichkeit, während die Geburtsraten hoch blieben, was zusammen mit der Verkleinerung der landwirtschaftlichen Flächen für den Eigenbedarf zu einer relativen Überbevölkerung führte. Durch den Anschluß an das Weltwirtschaftssystem und das westlich orientierte Schulwesen wurden neue Konsumbedürfnisse geschaffen und die Abwanderung in die städtischen Zentren beschleunigt. Dort entstanden nicht genügend neue Arbeitsplätze, weil die Arbeitsteilung zwischen Industrieländern und Kolonien die Sahel-Länder bewußt in der Rolle von billigen Rohstofflieferanten und Absatzmärkten hielt. Während das Nahrungsmitteldefizit, das durch Importe gedeckt werden mußte, sich rasch vergrößerte [→ 90], verschlechterten sich die Austauschbedingungen für die Exportgüter. Dies zwang zu immer größeren Exporten von Baumwolle, Erdnüssen und Vieh, was zu einer rücksichtslosen Übernutzung der Böden und Weiden führte.

Anne-Marie Holenstein/Jonathan Power: Hunger. Die Welternährung zwischen Hoffnung und Skandal, Fischer Taschenbuch Verlag, Frankfurt am Main 1976, S. 12 f.

56 Das Entstehen von Marginalität

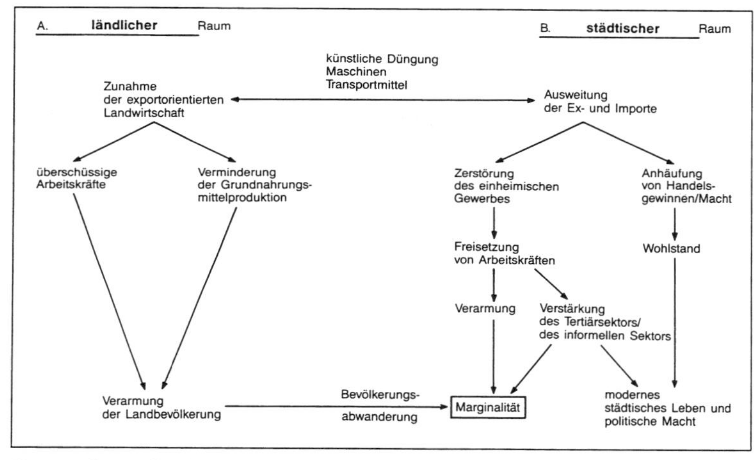

Geographie und Schule, Heft 45/1987, S. 17

57

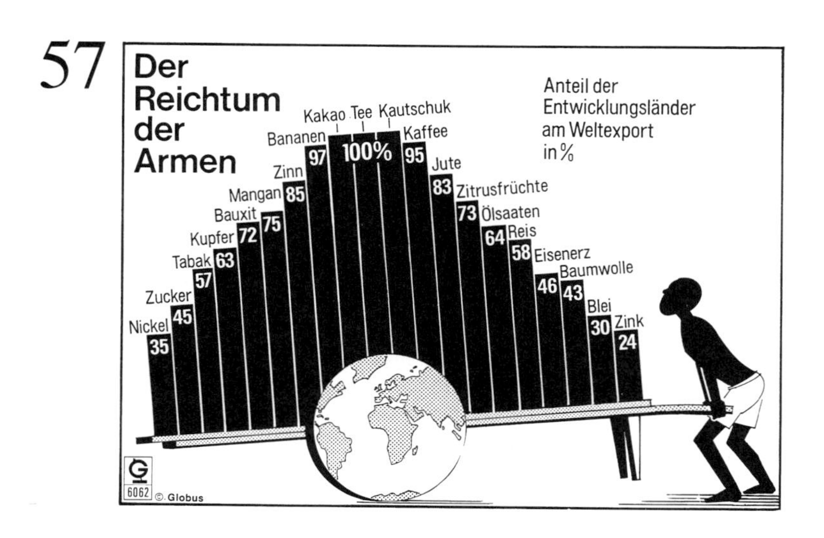

58 Hauptexportprodukte ausgewählter Entwicklungsländer, Anteile am Gesamtexport in Prozent (1981)

Land	Produkte	Drei Produkte
Äthiopien	Kaffee 60,0; Häute 12,6; Erdölprodukte 7,9	80,5
Belize	Zucker 48,3; Obst 15,2; Bekleidung 11,4	74,9
Benin	Kakao 34,1; Pflanzenfett 23,0; Baumwolle 13,4	70,5
Burundi	Kaffee 79,3; Edelsteine 3,8; Schleifmittel 3,4	86,5
Chile	Kupfer 42,2; NE-Metalle 11,0; Futtermittel 5,7	58,9
Dominik. Rep.	Zucker 54,3; Eisen 11,2; Kaffee 7,6	73,1
El Salvador	Kaffee 57,5; Baumwolle 6,9; Fisch 2,9	64,4
Fidschi	Zucker 77,6; Fisch 9,0; Pflanzenöl 3,5	90,1
Gambia	Ölsaaten43,3; Pflanzenöl 31,6; Futtermittel 12,5	87,2
Ghana	Kakao 53,5; Aluminium 27,3; Erdölprodukte 4,5	85,3
Kolumbien	Kaffee 49,5; Obst 4,3; Bekleidung 4,0	57,8
Kuba	Zucker 59,0; Erdölprodukte 10,0; Fisch 8,6	72,6
Liberia	Eisenerz 62,1; Kautschuk 16,6; Holz 6,2	84,9
Malawi	Tabak 42,2; Zucker 26,1; Tee 13,0	81,3
Mali	Baumwolle 52,2; Ölsaaten 18,6; lebende Tiere 7,6	78,4
Mauretanien	Eisenerz 83,2; Futtermittel 9,2; Fisch 6,2	98,6
Niger	NE-Metalle 79,4; lebende Tiere 12,2; Tabak 3,3	94,9
Burkina Faso	Baumwolle 40,7; lebende Tiere 17,5; Ölsaaten 16,4	74,6
Papua-Neuguinea	NE-Metalle 48,9; Kaffee 16,9; Kakao 8,0	73,8
Réunion	Zucker 77,8; äth. Öle 4,2; Getränke 4,1	86,1
Ruanda	Kaffee 74,7; NE-Metalle 10,2; Tee 7,0	91,9
Sambia	Kupfer 80,5; NE-Metalle 8,0; Silber 1,6	90,1
Somalia	lebende Tiere 70,4; Obst 10,4; Zucker 5,3	86,1
Tschad	Baumwolle 78,4; Baumwollart. 13,5; Pflanzenöl 1,8	93,7
Uganda	Kaffee 94,6; Baumwolle 1,9; elektr. Maschinen 0,7	97,2
Zentr. Afrik. Republik	Edelsteine 38,4; Kaffee 26,5; Baumwolle 9,5	74,4

Quelle: Nach UNCTAD, Handbook of International Trade and Development Statistics, Supplement 1984, New York 1984.

Aus: Martin Kaiser/Norbert Wagner: Entwicklungspolitik, Schriftenreihe der Bundeszentrale für politische Bildung, Band 239, 2. Aufl., Bonn 1988, S. 291

59 Reale Rohstoffpreise 1970-1988

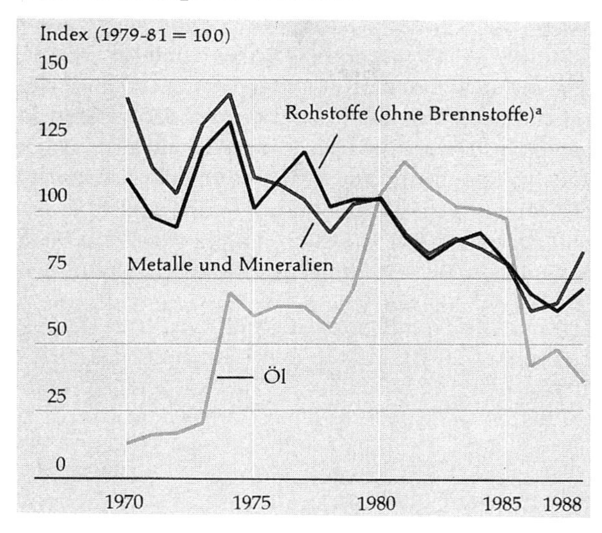

Anmerkung: Reale Preise sind Jahresdurchschnittspreise in Dollar, deflationiert mit den jährlichen Veränderungen des Index der Durchschnittswerte für Industrieprodukte; dies ist ein Preisindikator für die Exporte der Industrieländer in die Entwicklungsländer. [a] Basiert auf einem Korb von dreiunddreißig Rohstoffen

Weltbank: Weltentwicklungsbericht 1989, S. 14

Preisverfall für Rohstoffe – Wer entwickelt wen?

60 Seit 1985 sind die Einfuhrpreise für Erzeugnisse aus Entwicklungsländern stark gefallen. So sank der Index für die Gruppe „Entwicklungsländer (ohne OPEC)" von 1985 bis Dezember 1989 um 26,4 Prozent. Um diesen Wert haben sich Einfuhren aus der Dritten Welt innerhalb der letzten fünf Jahre verbilligt. Oder anders ausgedrückt: Würden Ende 1989 die gleichen Güter hinsichtlich Art und Menge aus diesen Ländern bezogen wie im Jahr 1985, so müßten statt der damals entrichteten 44,7 Milliarden Mark nur noch 32,9 Milliarden gezahlt werden. [...]

Die Gründe für den Preisverfall sind vielschichtig und zum Teil für die einzelnen Produkte unterschiedlich. Generell läßt sich jedoch sagen, daß für die meisten landwirtschaftlichen Erzeugnisse der Entwicklungsländer ein Überangebot am Weltmarkt besteht. Da aber die Länder Asiens, Afrikas und Lateinamerikas dringend Devisen benötigen, um Zinsen und Tilgungsraten für ihre Schulden zu zahlen, können auf den von wenigen Multis beherrschten internationalen Märkten die einkaufenden Unternehmen die Preise weitgehend diktieren. Die Verhandlungsposition der Nachfrager ist auch deshalb so stark, weil eine Reihe von Dritte-Welt-Länder nur wenige Exportprodukte anbietet [→ 58]. [...]

Während die Einfuhrpreise aus Entwicklungsländern seit 1985 um 26,4 Prozent fielen, stieg im gleichen Zeitraum der Index der Ausfuhrpreise für Entwicklungsländer (ohne OPEC) um vier Prozent. Dividiert man beide Trends, so erhält man die Terms of Trade (Austauschverhältnisse) der Bundesrepublik mit der Dritten Welt. Sie stiegen von 100 im Jahresdurchschnitt 1985 auf 141,3 im Dezember 1989. Dies bedeutet, daß die Bundesrepublik für die gleiche in die Entwicklungsländer gelieferte Gütermenge im Dezember 1989 41,3 Prozent mehr Güter von diesen erhielt als damals.

Dies wird anhand konkreter Beispiele deutlich: 1985 betrug der durchschnittliche Ausfuhrpreis für einen Ackerschlepper (37 bis 59 kW) 31 885 Mark. Schreibt man diesen Wert mit dem Index für Ackerschlepper fort, so errechnet sich für Dezember 1989 ein Ausfuhrpreis von 34 436 Mark pro Stück. Im gleichen Zeitraum ermäßigte sich der Einfuhrpreis für einen Sack Rohkaffee (Hochgewächs, El Salvador, cif Hamburg) à 60 Kilo von 580,45 auf 181,20 Mark. Folglich mußten 1985 für einen Ackerschlepper (37 bis 59 kW) 55 Sack salvadorianischer Kaffee nach Hamburg geliefert werden, während im Dezember 1989 dem Wert des gleichen Schleppers 190 Sack entsprachen.

Ähnliche Vergleichsrechnungen lassen sich für eine Vielzahl anderer Ein- und Ausfuhrgüter machen. [...]

Diese Vergleichszahlen wurden aus der Sicht der Bundesrepublik berechnet. Sie lassen sich nicht unmittelbar auf die Länder der Dritten Welt übertragen, da Versicherungsprämien, Frachtraten, Gewinne der Zwischenhändler und dergleichen die Austauschverhältnisse an der Grenze des „Dritte-Welt-Landes" ebenfalls beeinflussen. Da die Ausfuhrwerte für Rohkaffee die Transportkosten bis zum deutschen Hafen nicht enthalten, während der Einfuhrwert der importierten [...] Ackerschlepper diese Kosten vom deutschen Hafen bis zum

Bestimmungsort enthalten, müssen also größere Mengen an Rohkaffee [...] vom Dritte-Welt-Land aufgebracht werden, als für die deutsche Grenze errechnet worden sind.

Die hier aufgezeigten Sachverhalte werfen natürlich die Frage auf, wer leistet wem „Entwicklungshilfe" beim Ausbau der Volkswirtschaft. Was die Bundesrepublik an Hilfe zahlt, wird den Ländern Afrikas, Asiens und Lateinamerikas über die Veränderung der Produktpreise wieder abgenommen. [...]

Der Preisverfall wird viele Bauern in den Entwicklungsländern in ruinöser Weise treffen [→ 104]. Mangels vorhandener Alternativprodukte werden sie jedoch versuchen, durch weitere Reduzierung ihres Lebensstandards und die Senkung der Löhne für Landarbeiter auszuharren. Reduzierung der Löhne und ihrer eigenen Konsumausgaben bedeutet jedoch vielfach Hunger, zumindest aber Mangelernährung sowie weitere Verschlechterung der Bildungs- und Gesundheitssituation. Die niedrigen Einkommen werden die Landflucht verstärken, und den Regierungen wird das Geld für Bildungs- und Gesundheitsprogramme fehlen. Bei derart schwankenden Produktpreisen muß jede Entwicklungsplanung zur Makulatur werden.

Heinz-Werner Hetmeier [Mitarbeiter des Statistischen Bundesamtes]: Verfall der Rohstoffpreise – Entwicklungshilfe für die Bundesrepublik, in: Frankfurter Rundschau vom 28. 2. 1990

61 Anteile von Industriewaren und Rohstoffen am Außenhandel nach Ländergruppen (in Prozent)

	Industrieländer		ölexportierende Entwicklungsländer		übrige Entwicklungsländer	
	1973	1983	1973	1983	1973	1983
Ausfuhr						
Rohstoffe	25,4	25,0	97,7	96,2	64,8	55,3
Industriewaren	73,0	73,5	2,3	3,8	33,9	44,0
Einfuhr						
Rohstoffe	40,8	42,3	18,1	22,4	34,7	41,0
Industriewaren	58,1	56,7	77,1	73,9	60,3	55,5

Quelle: Nach GATT, International Trade 1983/84, Genf 1984.

Martin Kaiser/Norbert Wagner: Entwicklungspolitik, a. a. O., S. 288

62

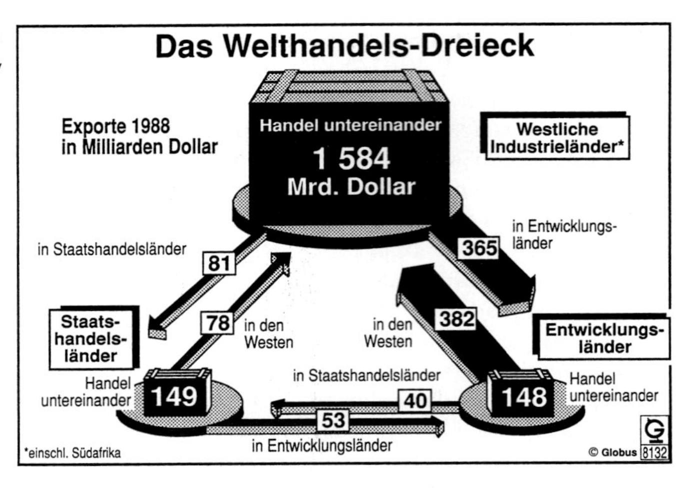

63 Verschlechterung der Terms of Trade und Wohlstandsverluste

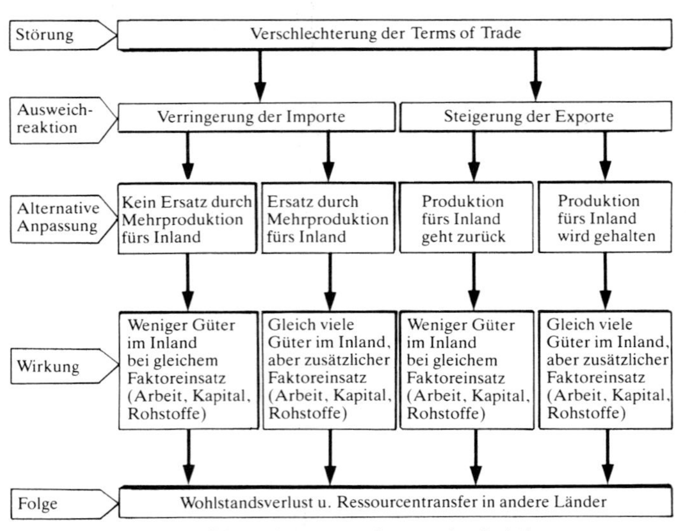

Gerald Braun: Nord-Süd-Konflikt und Dritte Welt, a. a. O., S. 149

„Denn wer da hat, dem wird gegeben . . .“

64 Nehmen Sie an, wir in den armen Staaten beschließen den Bau einer Fabrik, beispielsweise einer Textilfabrik zur Verarbeitung der von uns erzeugten Baumwolle. Wir müssen zu den entwickelten Staaten gehen, um die Maschinen zu kaufen. Der Preis bestimmt sich nach Ihrem Lebensstandard, der Profit kommt Ihrer Wirtschaft zugute. Die Maschinen werden von Ihren Schiffen zu unseren Häfen transportiert; die Frachtraten werden von Produzentenkartellen in den reichen Staaten festgesetzt – wie auch die Transportkosten für die Rohbaumwolle, mit der wir diese Maschinen bezahlen werden. Wieder fließen Profit und Beschäftigungseffekte von den armen zu den reichen Ländern. Die Anstrengungen der armen Länder tragen zum Wohlleben der Reichen bei. „Denn wer da hat, dem wird gegeben; wer aber nicht hat, von dem wird genommen auch was er meint zu haben“ (Lukas 8, 18).

Dies ist ein automatischer Vermögenstransfer von den Armen zu den Reichen und liegt beschlossen in der gegenwärtigen Verteilung von Reichtümern und Einkommen in der Welt. Er ist Teil des Systems. Das gleiche Prinzip gilt für alle Aspekte des weltweiten Austausches. Die Armen produzieren Primärgüter – landwirtschaftliche und mineralische, die fast 80 Prozent der Exporteinkünfte der Dritten Welt ausmachen. Derartige Grundstoffe sind für uns selbst fast wertlos; wir haben nicht die Industrie, um aus ihnen die von uns benötigten Güter herzustellen. Haben wir Glück, dann besteht bei Ihnen große Nachfrage nach unseren Rohstoffen; haben wir doppeltes Glück, dann war die Witterung günstig, und wir haben genug Vorrat, wenn der von Ihnen gebotene Preis hoch ist. Doch was auch immer der Preis sein mag: wir verkaufen so viel wir können. Denn wir haben keine anderen Quellen für Einkünfte. Wir können es uns nicht einmal leisten, Vorratslager anzulegen; auch das Ausweichen auf alternative Exporte ist innerhalb vernünftiger Zeitspannen nicht möglich. Also akzeptieren wir den Preis, den die reichen Staaten bieten.

Das gleiche gilt für die Importgüter, die wir kaufen: die reichen Staaten setzen die Preise fest. Wir können unsere Einkäufe mal in diesem, mal in jenem Industriestaat tätigen; selbst wenn nicht in beiden dieselben multinationalen Gesellschaften auftreten, wird aber doch das Niveau, auf dem sich der Preiswettbewerb zwischen ihnen abspielt, hier in den entwickelten Staaten bestimmt.

Wir sind also arm. Und wir bleiben arm, weil wir arm sind – und weil die Reichen reich sind.

Julius K. Nyerere [ehemaliger Staatspräsident Tansanias]: Die Dritte Welt und die Struktur der Weltwirtschaft, in: Der Überblick, Heft 2/1976, S. II

Zölle und andere Handelshürden

65 Unter *tarifären* Handelshemmnissen versteht man die Behinderung des internationalen Warenaustausches durch unmittelbar preis- und/oder kostenwirksame Maßnahmen, so z. B. die Erhebung von Zöllen auf eingeführte Erzeugnisse. Ziel: Die Preise der importierten Waren zu erhöhen und so die einheimische Industrie vor ausländischer Konkurrenz zu schützen (Schutz-Zoll). Andere Beispiele: Sonderversicherungen, die für den Transport im Inland abzuschließen sind, oder die unverzinsliche Hinterlegung von Sicherheitsgeldern.

„*Nicht-tarifäre* Handelshemmnisse“ ist der Sammelbegriff für alle staatlichen Maßnahmen und Verordnungen mit Ausnahme der Zölle, die geeignet sind, die Wirtschaft eines Landes vor ausländischer Konkurrenz zu schützen. Beispiel: Es werden bestimmte umweltschutzmotivierte Produkteigenschaften vorgeschrieben oder Zeugnisse, Zertifikate, Urkunden und Nachweise über Kontrolltests verlangt, wenn eine Einfuhrerlaubnis für ein bestimmtes Erzeugnis beantragt wird. Der hiermit verbundene technische und finanzielle Aufwand stellt für den Exporteur ein nicht zu unterschätzendes Handelshemmnis dar. Oft werden sie mit unverdächtig klingenden Namen getarnt, wie beispielsweise „selektive Importpolitik“, „sektorspezifischer freier Handel“ oder „Harmonisierungsmaßnahmen“. Merkmale:

1. Sie bieten den Politikern die „Chance“, die wahren handelspolitischen Absichten zu kaschieren.
2. Die Vielzahl unterschiedlicher Ausgestaltungs- und Anwendungsmöglichkeiten machen den Gebrauch dieses Instruments für zahlreiche Länder attraktiv.
3. Handelspartner tun sich schwer, nichttarifäre Handelshemmnisse zu entlarven und öffentlich anzuprangern.

Institut der deutschen Wirtschaft (Hg.): Ein Globus voller Chancen, Köln 1989, S. 18

66 Durchschnittliche effektive Zollbelastung von Textilien in Abhängigkeit von der Verarbeitungsstufe (in Prozent)

Produkt	Rohzustand	Halbfertige Erzeugnisse (Garne)	Fertigwaren (Gewerbe)
Seide	2	13	17
Wolle	frei	11	16
Baumwolle	frei	16	19
Jute	frei	10	23
Hanf	frei	16	21
Durchschnitt	**0,4**	**13,2**	**19,2**

Quellen: Nach UNCTAD-Kampagne, Studienheft 2, Rohstoffpolitik, Stuttgart 1979, S. 12 und Yeats A. J., Trade Barriers Facing Developing Countries, London – Basingstoke 1979.

Gerald Braun: Nord-Süd-Konflikt und Entwicklungspolitik, a. a. O., S. 140

67 Anteil der durch nicht-tarifäre Handelshemmnisse behinderten Industriewarenimporte (in Prozent)

Markt	Importe aus			
	Industrieländern		Entwicklungsländern	
	1981	**1984**	**1981**	**1984**
EG	10,3	10,7	21,1	21,7
Japan	12,3	12,4	14,5	14,5
USA	7,2	9,2	12,9	16,1
Industrieländer insgesamt	10,5	11,3	19,5	20,6

Weltbank: Weltentwicklungsbericht 1986, S. 25

Das Zentrum-Peripherie-Modell

68 Sowohl in Industrie- als auch in Entwicklungsländern gibt es Zentren und Randgebiete, zwischen denen die Einkommenskluft zunimmt.

Die *Zentren* sind *geographisch* die Ballungsgebiete (Agglomerationen), *wirtschaftlich* die Industriegebiete, *sozial* die Oberschichten. Die *Peripherie* bezeichnet die Randgebiete, das heißt die Elendsviertel rund um die Städte und das Hinterland. In Industrieländern sind es die oft vernachlässigte Landwirtschaft, die Berggebiete und Südeuropa. In den Entwicklungsländern sind es das vernachlässigte Hinterland, die Großstadt-Slums, die Randgruppen und Arbeitslosen, die vom Land in die Stadt gezogen (worden) sind.

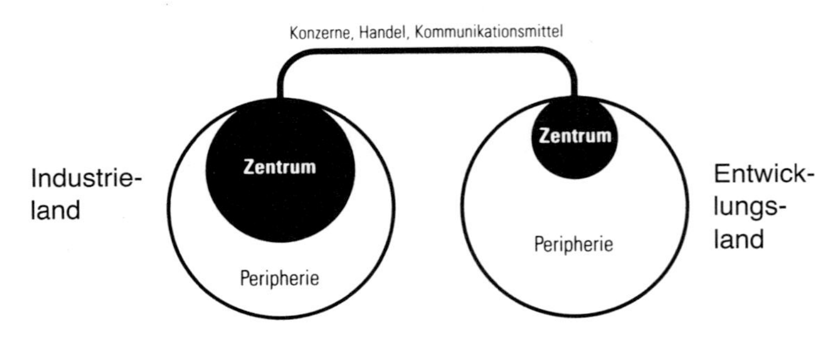

Die Peripherien sind von den Zentren wirtschaftlich abhängig. Sie liefern billige Rohstoffe und beziehen teure Waren aus der Stadt.

Zwischen den Zentren der Industrieländer und den Zentren der Entwicklungsländer werden die Beziehungen zunehmend enger: durch das Kommunikationssystem, durch multinationale Konzerne, Handel, westliche Kultur, Werbung. Der Lateinamerikaner Osvaldo Sunkel hat diesen Prozeß als „transnationale Integration der Zentren und nationale Desintegration" bezeichnet.

Die Entwicklungsländer haben also gewissermaßen „verkrüppelte" Wachstumsstrukturen. Sie sind in sich aufgespalten; einige Autoren sprechen von der „Balkanisierung" der Dritten Welt. Vom Wachstum profitieren nur begrenzte Entwicklungsinseln. Es findet keine Ausstrahlung auf das Hinterland statt.

Rudolf H. Strahm: Warum sie so arm sind, a. a. O., S. 26 f.

Eine strukturelle Theorie des Imperialismus

69 Ausgangspunkt dieser Theorie sind zwei der spektakulärsten Tatsachen dieser Welt: die ungeheure Ungleichheit in und zwischen den Nationen in fast allen Aspekten der Lebensbedingungen des Menschen, einschließlich der Entscheidungsgewalt über diese Lebensbedingungen, *und* der Widerstand dieser Ungleichheit gegen Veränderung. Die Welt besteht aus *Nationen im Zentrum* und *Nationen an der Peripherie,* und jede Nation hat ihrerseits ein eigenes Zentrum und eine eigene Peripherie. Folglich müssen wir uns mit den Mechanismen beschäftigen, die dieser Diskrepanz zwischen dem Zentrum im Zentrum und der Peripherie in der Peripherie zugrundeliegen. Anders ausgedrückt: Es geht darum, wie wir die Ungleichheit als eine der Hauptformen *struktureller Gewalt* begreifen, erklären und ihr entgegenwirken können. Jede Theorie der Befreiung setzt theoretisch und praktisch adäquate Vorstellungen von der Natur des Herrschaftssystems voraus, gegen das die Befreiung gerichtet ist. Der spezielle Typ von Herrschaftssystem, der hier dargestellt werden soll, ist der *Imperialismus.*

Imperialismus wird hier verstanden als ein spezieller Typ von Herrschaftsverhältnis zwischen organisierten Kollektiven, insbesondere Nationen. Es ist ein hochdifferenzierter ausgeklügelter Typ von Herrschaftsverhältnissen, der in allen Nationen vorkommt und der sich auf einen „Brückenkopf“ stützt, welchen das Zentrum der zentralen Nation im Zentrum der peripheren Nation zu ihrer beider gemeinsamen Nutzen errichtet. In seiner Reinform, die weiter unten untersucht werden soll, ist Imperialismus ein hochdifferenzierter Typ eines Herrschaftsverhältnisses und sollte nicht verwechselt werden mit anderen Formen, zum Beispiel der, daß Kollektive andere beherrschen, indem sie Macht über sie ausüben. So kann z. B. eine militärische *Besetzung* von B durch A die Bewegungsfreiheit von B ernsthaft einschränken; das Verhältnis ist deshalb aber noch nicht imperialistisch, sofern es nicht in einer bestimmten Weise etabliert wird. [...]

Kurz gesagt ist Imperialismus ein System, das organisierte Kollektive aufspaltet und einige ihrer Teile in von *Interessenharmonie* gekennzeichnete Beziehungen zueinander setzt, andere in Beziehungen, deren Merkmal die *Disharmonie der Interessen* oder der *Interessenkonflikt* ist. [...] In unserer Zwei-Nationen-Welt kann Imperialismus jetzt bestimmt werden als eine Möglichkeit der Machtausübung der *Nation im Zentrum* über die *Nation an der Peripherie,* und zwar so, daß ein Verhältnis der Interessendisharmonie zwischen ihnen zustandekommt. Es gibt auch andere Möglichkeiten, von denen einige später erläutert werden. Konkret: *Imperialismus* ist eine Beziehung zwischen einer Nation im *Zentrum* und einer Nation an der *Peripherie*, die so geartet ist, daß

1. *Interessenharmonie* zwischen dem *Zentrum in der Zentralnation* und dem *Zentrum in der Peripherienation* besteht,

2. größere *Interessendisharmonie* innerhalb der Peripherienation als innerhalb der Zentralnation besteht,

3. zwischen der *Peripherie in der Zentralnation* und der *Peripherie in der Peripherienation Interessendisharmonie* besteht.

In einem Diagramm sieht das etwa so aus:

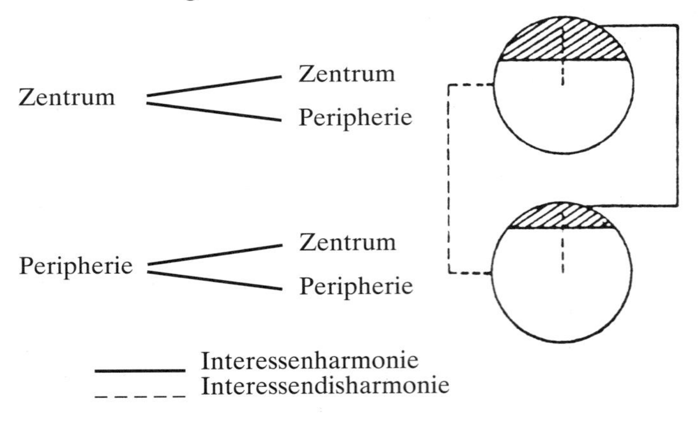

Diese komplexe Definition, die sich weitgehend an Lenin anlehnt, bedarf einer Erläuterung. Der Grundgedanke ist, wie bereits erwähnt, daß das Zentrum in der *Zentralnation* einen Brückenkopf in der *Peripherienation* hat, und zwar einen gut gewählten: nämlich das Zentrum in der *Peripherienation.* Dieser *Brückenkopf* ist so eingerichtet, daß das Zentrum der *Peripherie* an das Zentrum im *Zentrum* gebunden ist: mit dem Band der Interessenharmonie. Beide sind miteinander verknüpft, so daß sie zusammen aufsteigen, absteigen, ja sogar zusammen untergehen. [...]

Im Innern der zwei Nationen besteht Disharmonie der Interessen. In beiden gibt es eine Kluft – andernfalls wäre es nicht möglich gewesen, ein Zentrum und eine Peripherie zu etablieren. Die Kluft wird nicht kleiner, sondern ist bestenfalls konstant. Aber der Grundgedanke, eine für die Entwicklung der gesamten Theorie absolut grundlegende Idee, ist, *daß es in der Peripherienation mehr Disharmonie gibt als in der Zentralnation*. Auf der einfachsten statischen Erklärungsebene heißt das, daß an der *Peripherie* mehr Ungleichheit vorkommt als im *Zentrum*. Auf einer komplexeren Ebene bedeutet es, daß sich die Kluft an der *Peripherie* rascher auftut als im *Zentrum*, wo sie unter Umständen sogar konstant bleibt. Mit Hilfe von Wohlfahrtsstaat-Aktivitäten findet eine Umverteilung statt und wird die Disharmonie zumindest für einen Teil der Lebensbedingungen, Einkommen eingeschlossen, aber Macht gewöhnlich ausgenommen, vermindert.

Wenn wir nun versuchen, in wenigen Sätzen darzustellen, worum es beim Imperialismus geht, können wir es etwa so formulieren.

In der *Peripherienation* wächst das Zentrum mehr als die Peripherie, was zum Teil an der Art und Weise liegt, wie die Interaktion zwischen Zentrum und Peripherie organisiert ist. Ohne unbedingt an wirtschaftliche Interaktion zu denken, bereichert sich das Zentrum mehr als die Peripherie [...]. Indes dient das Zentrum in der Peripherie, was diese Bereicherung betrifft, nur als Transmissionsriemen (z.B. in Form von Geschäftshäusern, Handelsgesellschaften) für Werte (z.B. Rohstoffe), die der *Zentralnation* zugeführt werden. Diese Werte kommen dem Zentrum im *Zentrum* zugute, wobei ein kleiner Teil davon für die Peripherie des *Zentrums* abfällt. Der springende Punkt ist nun, daß es in der *Zentralnation* weniger Interessendisharmonie gibt als in der *Peripherienation,* was das gesamte Arrangement weitgehend der Peripherie in der Zentralnation interessenkongruent macht. In dem ganzen Spiel sieht das Zentrum der *Peripherienation* sich selbst eher als Partner des Zentrums im *Zentrum* denn als Partner der Peripherie in der *Peripherie* – und das ist der entscheidende Trick bei dem Spiel. Das Zustandekommen eines Bündnisses zwischen den beiden Peripherien wird verhindert, während der Zusammenhalt der *Zentralnation* stärker und der Zusammenhalt der *Peripherienation* schwächer, also auch die Fähigkeit der letzteren, langfristige Strategien zu entwickeln, vermindert wird.

Johan Galtung: Eine strukturelle Theorie des Imperialismus,
in: Dieter Senghaas (Hg.): Imperialismus und strukturelle Gewalt,
Suhrkamp Verlag, Frankfurt am Main 1972, S. 29 ff.

Kritik der Modernisierungs- und der Dependenztheorie

70 [Wir vertreten die These], daß seit den letzten zehn Jahren ein Prozeß politischer und wirtschaftlicher *Differenzierung* in der Dritten Welt stattgefunden hat [→Kapitel 2], der Anlaß zu einer Revision sowohl der Theorie der internationalen Beziehungen wie auch der Entwicklungstheorie geben könnte. [...] Sind nicht die wachsende absolute Verelendung bzw. relative Verarmung einerseits und das Phänomen der Schwellenländer andererseits entscheidende Testfälle, anhand derer der Erklärungswert der Modernisierungstheorie ebenso wie der der Dependenztheorie zu messen ist? Wieviel Ausnahmen gegenüber der Regel reichen aus, um die Regel außer Kraft zu setzen?

Die Modernisierungstheorie kann zwar die Schwellenländer als Belege ihres Ansatzes verbuchen, vermag aber nicht die wachsende Verelendung der „Vierten Welt" oder die relative Abwärtsbewegung von Ländern wie Argentinien zu erklären, die sich nun schon seit rund 100 Jahren im take off-Stadium [→49] befinden, ohne die Startbahn bisher verlassen zu haben. Sie vermag z. B. auch nicht zu erklären, wieso der Islam gerade in einem Land wie dem Iran, der doch zu Zeiten des Schah eine massive Orientierung an westlichen Wertvorstellungen erlebte, eine derartige Renaissance erfahren konnte.

Auf der anderen Seite geraten auch die orthodoxen Vertreter der Dependenztheorie à la Frank [→54] in analytische Schwierigkeiten, soweit sie die bleibende und unwiderrufliche Scheidung der Welt in entwickelte und unterentwickelte Länder als Resultat internationaler Arbeitsteilung und des daraus resultierenden Surplustransfers behaupten. Sie können zwar auf die wachsende Verelendung eines Teils der Dritten Welt verweisen, vermögen aber das Phänomen der Schwellenländer, die ja nicht nur aus Filialen Multinationaler Konzerne bestehen, nicht zu erklären. Die Einführung neuer Paradigmen [Beispiele, Muster] wie das der „Semiperipherie" oder die Heranziehung von „erklärenden" Sonderfaktoren wie etwa die US-Hilfe für Taiwan und Israel zeugen eher von wachsenden analytischen Schwierigkeiten als befriedigenden Erklärungen.

Ulrich Menzel/Dieter Senghaas: Europas Entwicklung und die Dritte Welt, Suhrkamp Verlag, Frankfurt am Main 1986, S. 100, S. 118 f.

Beruht unser Wohlstand auf der Ausbeutung der Dritten Welt? – eine Kontroverse (71, 72)

Bernhard Sutor: Das Märchen von der Ausbeutung der Armen

71 Die Dependenztheorie wird [. . .] in einer eigenartigen Zweideutigkeit ausgelegt [. . .]. In ihrer wissenschaftlich diskutablen Form lautet sie, die Unterentwicklung [. . .] in der Dritten Welt [. . .] sei Folge der Abhängigkeit von den industriell fortgeschrittenen Ländern. In dieser Form hat die Theorie eine gewisse Erklärungskraft. Sie wird aber [. . .] auch umgekehrt formuliert: Unser Wohlstand resultiere aus der Ausbeutung der armen Länder. Dies ist eine ganz andere, absurde Behauptung [. . .].

Der relative Reichtum der Industrienationen ist nicht aus Ausbeutung der Ärmsten zu erklären, sondern beruht auf dem, was die Fachleute die „produktiven Umwege" nennen. Die menschliche Bearbeitung der Natur wird um so produktiver, je wirksamer Werkzeuge dabei zwischengeschaltet werden. Das hohe wissenschaftlich-technische Niveau unserer Produktionsmittel, der hohe Ausbildungsstand unserer Arbeitskräfte und unsere hochgradige Arbeitsteilung sind die eigentlichen Quellen unseres Wohlstandes. Die Mitglieder dieser Gesellschaft sind in der Lage, sich gegenseitig hoch bewertete Waren und Dienstleistungen anzubieten und entsprechende Löhne und Gehälter zu zahlen. Diese höher und rascher steigende Produktivität deklassiert aber die Rohstoff-Agrarproduktion; die Fertigwaren werden tendenziell teurer, die Roh- und Agrarprodukte billiger. Man kann das auch bei uns selbst im Verhältnis der Industrie zur Landwirtschaft beobachten. „Entwicklung der Unterentwicklung" [→ 54] muß also nicht als Ausbeutung und Klassenkampf gedeutet werden, sondern ist zunächst Ausdruck und Folge des Aufeinandertreffens unterschiedlich entwickelter Volkswirtschaften mit unterschiedlichem Entwicklungstempo.

Dagegen wird eingewandt, der europäische Kolonialismus habe erst die Voraussetzungen für unsere Entwicklung geschaffen, indem er den Kolonien billige Rohstoffe wegnahm. Nun ist aber in der historischen Forschung die Frage sehr umstritten, ob die ökonomische Bilanz des Kolonialismus für die Kolonialmächte wirklich positiv war.

Edelmetalle und billige Rohstoffe mögen die Kapitalbildung am Beginn der Industrialisierung Europas begünstigt haben, übrigens gerade nicht in Spanien und Portugal. Aber damit ist nicht viel erklärt. Dem europäischen Kolonialismus ging eine wissenschaftlich-technische Entwicklung in Europa voraus, die ihrerseits erst erklärt werden müßte.

Ferner bedeuten Rohstoffe nicht schon ökonomischen Reichtum. Sie gewinnen einen ökonomischen Wert erst dann, wenn jemand sie zu verarbeiten in der Lage ist. Ebensowenig vermögen niedrige Preise für Rohstoffe und Arbeitskräfte die industrielle Entwicklung zu erklären. Innovation in der Produktion wird eher provoziert durch steigende Kosten für Rohstoffe und menschliche Arbeit, Innovation in Produkten setzt Massenkaufkraft voraus. All dies erklärt denn auch, weshalb die Industrieländer untereinander die besten Kunden sind und die anderen, die weniger oder gar nicht industrialisierten Länder, am Rande stehen [→ 62].

In historisch differenzierender Betrachtung ist gegen die pauschale Erklärung der gegenwärtigen weltwirtschaftlichen Verhältnisse aus dem Kolonialismus ebenfalls auf einiges aufmerksam zu machen, was gern übersehen wird. Es heißt nicht, die Untaten von Kolonialherren zu entschuldigen, wenn man darauf hinweist, daß die sogenannte Dritte Welt vor dem europäischen Kolonialismus keineswegs ein Paradies war. Es gab dort die Naturkatastrophen der Hungersnöte und Epidemien ebenso wie Stammeskriege, Sklaverei, Unterdrükkung und starre Sozialverhältnisse.

Es gibt Entwicklungsländer, die nie Kolonien waren (China, Thailand, Äthiopien, Liberia). Es gibt Industrieländer, die nicht oder nur kurze Zeit Kolonialmächte waren (Skandinavien, Japan). Es gibt ehemalige Kolonialmächte, sogar die ersten unter ihnen, die sich heute erst zu Industrieländern entwickeln (Spanien, Portugal). Es gibt schließlich die ganz unterschiedlichen Entwicklungen ehemaliger Siedlerkolonien wie die USA, Kanada, Australien, Neuseeland und Südafrika einerseits, Lateinamerika andererseits. Gerade der Vergleich zwischen Nord- und Südamerika ist erhellend. Beide Teilkontinente erringen im Abstand von nur einer Generation ihre Unabhängigkeit. Der eine entwickelt sich zur führenden Industrienation und heutigen Weltmachtstellung, der andere gerät im 19. Jahrhundert in die Abhängigkeit von den sich entwickelnden Industrieländern und vom Welthandel, zuerst von England, dann von Nordamerika.

So wie die Armut nicht von der pauvreté kommt, so sollte man die Abhängigkeit nicht aus der Dependenz erklären. Hier müssen innere Faktoren herangezogen werden. Warum entwickelte sich in Lateinamerika kein kräftiges liberales Bürgertum, warum kein kapitalistisches Unternehmertum, obwohl eine kapitalbesitzende Grundbesitzerschicht da war? Warum die Vernachlässigung der Landwirtschaft, das Verharren in extensiver Bewirtschaftung durch Großgrundbesitzer und Pächterwesen? Warum blieben demokratisch-politische Bewegungen und politische Institutionen so schwach, wie wir dies in vielen Ländern Lateinamerikas bis heute beobachten müssen? Warum entwickelte sich erst spät eine ebenfalls schwach bleibende christlich-demokratische Bewegung? Warum wurde in Theologie und Kirche die Christliche Gesellschaftslehre so arg vernachlässigt, daß ihre Unkenntnis später die Zuflucht zu marxistischer Ideologie begünstigte? Warum bleiben Arbeiter- und Gewerkschaftsbewegung so schwach? Dies alles deutet doch auf ein Stagnieren der sozioökonomischen Zustände in einem tief in Mentalitätsstrukturen begründeten Feudalismus, der lieber vom Handel als von Arbeit und Entwicklung lebte und gerade nicht kapitalistisch zu nennen ist.

Rheinischer Merkur vom 6. 3. 1987. (Die Überschrift zu diesem Artikel stammt von der Zeitungsredaktion und nicht von Bernhard Sutor).

Hermann Pössinger: Stets sind wir die Stärkeren

72 [...] Oberflächlich und vordergründig wird die Argumentation Sutors dann, wenn der Reichtum der Industrienationen mit den „produktiven Umwegen“ in den Industrieländern erklärt wird. Diese produktiven Umwege, das heißt, der Einsatz unserer hohen Technologie, unsere Arbeitsteilung und Spezialisierung werden als die Quellen unseres Wohlstandes erklärt. Dem soll zunächst nicht widersprochen werden, aber diese Erklärung schließt die Ausbeutung der Armen ja keineswegs aus. Ganz im Gegenteil: Unsere technologische Überlegenheit ist eine wichtige Voraussetzung für die immer ungünstiger werdende Position der Entwicklungsländer uns gegenüber.

Wenn der Autor die dauernde Verschlechterung der terms of trade anspricht, kommt er zu dem erstaunlichen Ergebnis, daß Unterentwicklung eben nicht Ausbeutung bedeuten muß, „sondern zunächst der Ausdruck und die Folge des Aufeinandertreffens unterschiedlich entwickelter Volkswirtschaften" ist. Man könnte nun mit Recht sagen, daß das Aufeinandertreffen von Stärkeren mit Schwächeren, die Überwältigung des Schwächeren durch den Stärkeren, die Ausbeutung des Schwächeren durch den Stärkeren tatsächlich niemals fehlende Bestandteile der menschlichen Geschichte sind. Ein Demokrat und ein Christ darf aber mit dieser „Normalität" nicht zufrieden sein, vor allem darf er sie nicht zur Beschwichtigung und Verharmlosung von so schwerwiegenden Tatbeständen wie des Elends der Mehrheit der Menschen benutzen.

Der Behauptung, daß der europäische Kolonialismus erst die Voraussetzung für unsere Entwicklung geschaffen habe, wird mit der noch unbeantworteten Frage der historischen Forschung begegnet, ob die ökonomische Bilanz des Kolonialismus für die Kolonialmächte wirklich positiv war. Wahrscheinlich war sie dies keineswegs, wenn man sich auf die volkswirtschaftliche Gesamtrechnung der ehemaligen Kolonialmächte bezieht. Was aber unumstößlich feststeht, ist, daß die Kolonien den wirtschaftlich Mächtigen in den Mutterländern sehr wohl die Gelegenheit gaben, große Reichtümer aufzuhäufen. Man könnte vereinfacht sagen, daß die Kosten der Kolonialisierung vom ganzen Volk getragen wurden, während die Ergebnisse der Kolonisation den wirtschaftlichen Oligarchien zufielen.

Es ist eine Binsenweisheit, daß Rohstoffe erst dann einen ökonomischen Wert haben, wenn jemand sie zu verarbeiten in der Lage ist. Hinter dieser Binsenweisheit steht jedoch ein Großteil des eigentlichen Problems. Bei dem vom Autor erwähnten Zusammentreffen ungleich entwickelter Volkswirtschaften waren wir ja von Anfang an die Stärkeren. Unser technisches Wissen und unser Kapital brauchte die Ergänzung der Rohstoffe, der billigen Arbeitskräfte und der Marktmöglichkeiten der damaligen Kolonien. Bei uns entstanden die Strukturen der Rohstoffverarbeitung, während draußen die Rohstoffproduktion angeregt und gefördert wurde. Dies war so im Kolonialismus, und dies ist jetzt so. Wir nennen es nur anders, nämlich „internationale Arbeitsteilung."

Wenn Sutor darauf hinweist, daß in den jetzigen Entwicklungsländern in der vorkolonialen Zeit keineswegs paradiesische Zustände herrschten, so hat er natürlich recht. Nur müßte man dazu sagen, daß trotz dieses nichtparadiesischen Zustandes die Menschen in den jetzigen Entwicklungsländern in verhältnismäßig gleichgewichtigen Situationen und Umständen lebten. Weder Stammeskriege noch Epidemien oder Unterdrückung waren so entsetzlich wie die Folgen, die sich aus dem Kontakt mit unserer „entwickelten" Gesellschaft ergaben.

Es ist für die entwicklungspolitische Diskussion unwichtig, daß es Entwicklungsländer gibt, die nie Kolonien waren, und daß es Industrieländer gibt, die nie Kolonialmächte waren. Richtig ist das sowieso nur, wenn man das Kolonie- oder Metropolesein als legalen Status definiert. Es sei hier an den Boxeraufstand in China erinnert: China war nicht Kolonie und stand trotzdem in einer ähnlichen Abhängigkeit zu den europäischen Mächten. Äthiopien wurde im Rahmen der europäischen Landnahmen in Afrika nicht kolonisiert, weil es ein christliches Land war, und Liberia war von Anfang an eine von außen geschaffene afrikanische Kolonie in Afrika.

Die Aufzählung von Fragen, die sich alle auf Lateinamerika beziehen und mit denen die Schuld an der Unterentwicklung der lateinamerikanischen Länder auf die dortigen Menschen abgeschoben werden soll, ist interessant, und die Fragen sind berechtigt. Aber sie wären eigentlich alle verhältnismäßig leicht zu beantworten. Die Antwort des Autors ist aber nicht akzeptabel. Er stellt fest, daß in Lateinamerika ein eben leider nicht-kapitalistischer Feudalismus lieber vom Handel als von Arbeit lebt. Die Verwobenheit der Reste der alten feudalen Strukturen Lateinamerikas mit einem aggressiven und von unzulänglichen Sozialgesetzen kaum gebremsten Kapitalismus kann eigentlich auch einem oberflächlichen Beobachter Lateinamerikas nicht verborgen bleiben.

Natürlich muß ein großer Teil der Schuld an den wahrhaft entsetzlichen sozialen Zuständen in Lateinamerika den dortigen Regierungen und den diese tragenden Schichten zugesprochen werden. Aber wir Europäer sollten uns daran erinnern, daß die Oberschichten in der Dritten Welt, also auch die Regierungen, direkte Nachfolger der europäischen Generalgouverneure oder Vize-Könige der Kolonialzeit sind. Sie sind in den meisten Fällen uns ähnlicher als ihren eigenen Völkern. Sie sind Brückenköpfe unserer Wirtschaft und Nutznießer unserer Geschäfte mit der Dritten Welt, und nur sie sind es, die neben uns Interesse an der sogenannten internationalen Arbeitsteilung haben können.

Rheinischer Merkur vom 3. 4. 1987

73

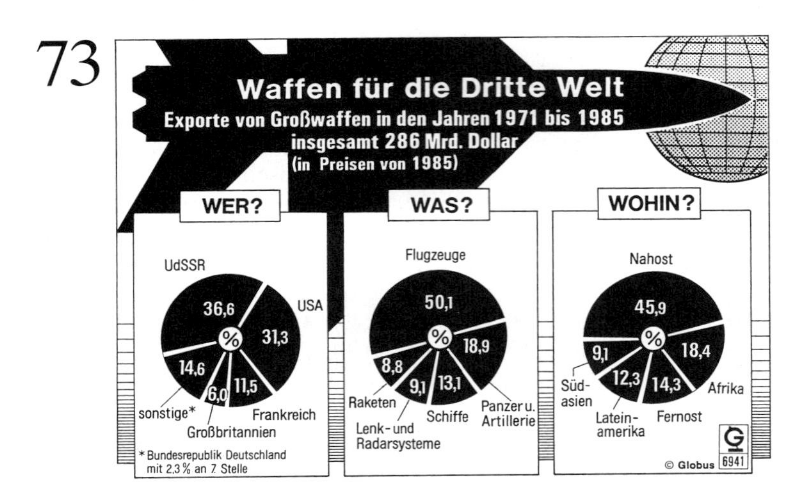

74 Die führenden Waffenexporteure der Dritten Welt

Lieferland	Waffenexporte in Mrd. US-$	in %	Anzahl ihrer Käufer-länder	Hauptempfänger-land	Anteil in %
Israel	1,24	23,9	17	Taiwan	38,0
Brasilien	1,21	23,3	28	Irak	36,7
Ägypten	0,73	14,1	9	Irak	89,2
Jordanien	0,38	7,3	3	Irak	88,0
Libyen	0,38	7,3	8	Syrien	47,4
Rep. Korea	0,37	7,2	6	Malaysia	31,6
VR Korea	0,29	5,5	5	Iran	95,8
Syrien	0,17	3,3	3	Iran	88,5
Singapur	0,11	2,1	6	Taiwan	40,7
Indonesien	0,08	1,6	3	Saudi-Arabien	64,3
Übrige	0,23	4,4			
Gesamt	**5,19**	**100,0**			

Quelle: SIPRI Rüstungsjahrbuch 1987

Aus: Karl Engelhard: Dritte Welt und Entwicklungspolitik im Wandel, OMNIA Verlag GmbH, Stuttgart 1988, S. 96

Die Aufrüstung der Dritten Welt – Ursachen und Folgen

75 Die Dritte Welt führt der übrigen Welt eine makabre Gleichzeitigkeit vor: Während das Massenelend wächst, steigen ihre Rüstungsausgaben. Ihre Aufwendungen für Militärapparate und Waffenarsenale haben sich in zwei Jahrzehnten (1960-80) vervierfacht; ihr Anteil an den weltweiten Rüstungsausgaben hat sich in diesem Zeitraum von einem Zehntel auf ein Viertel erhöht. [...]

Es wird geschätzt, daß die Dritte Welt in der Mitte der 80er Jahre pro Jahr rund 500 Mrd. DM für Militär und Rüstung ausgab: eine gigantische Summe, neben der sich die Zahlen für Entwicklungshilfe ziemlich kümmerlich ausnehmen. Die Entwicklungsländer geben durchschnittlich einen ebenso hohen Anteil ihres BSP für Rüstung aus wie die reichen Industrieländer, viele sogar deutlich mehr, vor allem Länder in konfliktreichen Krisenregionen. Gerade die „Vierte Welt" der LLDC [→42] wendet im Durchschnitt für Verteidigung mehr Mittel als für das Bildungs- und Gesundheitswesen zusammen auf. Die afrikanischen Länder machen eine erfreuliche Ausnahme und lassen sich das Bildungswesen mehr kosten als ihre meist noch kleinen Armeen. [...]

Welche Gründe gibt es für diese Militarisierung der Dritten Welt, die mit der Verschwendung eines Mehrfachen der gesamten Entwicklungshilfe verbunden ist, und zwar für Zwecke, die nicht aufbauen und entwickeln, sondern nur kosten und möglicherweise bisherige Entwicklungsleistungen zerstören? Die Gründe sind bei denen zu suchen, die Waffen kaufen, und bei denen, die sie verkaufen. Aber die Waffenexporteure hätten nicht so gute Geschäfte machen können, wenn die Kaufbereitschaft nicht vorhanden gewesen wäre. Deshalb ist zuerst nach internen Gründen für den Militarisierungsschub zu fragen.

Die politischen und militärischen Führungsgruppen, die nach der Welle von Militärputschen in allen Regionen vielfach identisch waren, bekamen in Ost und West zu hören, daß eine starke Armee für die Sicherung der nationalen Unabhängigkeit unverzichtbar sei und eine Bedingung für eine glaubwürdige Souveränität darstelle. Dieses Argument mußte gerade bei Führungsgruppen von „jungen Staaten" auf fruchtbaren Boden fallen, die nach dem Abzug der Kolonialarmeen einen Nachholbedarf an nationaler Unabhängigkeit, Sicherheit und Prestige hatten. Warum sollten sie auf ein Instrument verzichten, das ihren kolonialen Lehrmeistern als ein unverzichtbares Accessoire von Staatlichkeit erscheint? Sie hatten erlebt, daß militärische Schwäche Fremdherrschaft bedeuten kann. [...]

Die militärischen Grenzkonflikte, die als eine Spätfolge der willkürlichen kolonialen Grenzziehung gelten können, häufen sich. Machtpolitische Ambitionen und Rivalitäten – wie zwischen Indien und Pakistan, Iran und Irak, Süd- und Nordkorea – drehen an der Rüstungsspirale. Die neuen regionalen Vormächte (Brasilien, Mexiko, Nigeria, Saudi-Arabien, Israel, der Iran unter dem Schah, Indien, Indonesien, VR China) versuchen, ihren politischen Vormachtanspruch militärisch zu untermauern. Die Nachbarn fühlen sich von diesem Führungsanspruch bedroht und rüsten ebenfalls auf – und die Waffenlieferanten machen mit allen Geschäfte. Es gibt also viele Gründe und Vorwände, um mehr Geld in die Rüstung zu stecken.

Weil aber die Bedrohung eher von innen als von außen kommt, haben die Armeen der Dritten Welt vor allem die innenpolitische Funktion der Herrschaftssicherung. Weil sich die Regierenden selten auf eine demokratische Legitimation und Massenloyalität stützen können, bedienen sie sich der Armee, um ihre Herrschaft gegen Oppositionsgruppen zu sichern. Die Instabilität der politischen Systeme weist den Armeen eine Stabilisierungsfunktion zu. Die Armeen richten ihre Gewehre – und dies sind in 38 Entwicklungsländern deutsche G-3-Sturmgewehre – gegen das eigene Volk. Rüstung schafft Armut und beschafft Waffen zur Unterdrückung von Konflikten, die auch aus Armut erwachsen. [→ 76]

Wie die Aufrüstung auch immer gerechtfertigt werden mag: Sie verschwendet einen wachsenden Anteil der knappen Haushaltsmittel von armen Staaten und trägt somit zur Verarmung bei [→ 77]. Der „Fünfte Bericht zur Entwicklungspolitik der Bundesregierung“ [März 1983] wies auf die wichtigsten Gründe hin, warum hohe Rüstungsausgaben ein bedeutendes und wachsendes Entwicklungshindernis darstellen:

– Rüstung bedeutet für die Entwicklungsländer stets auch Import von Rüstungsgütern; somit verringert sich die Importkapazität für entwicklungswichtige Güter und verschärft die Verschuldung;
– die binnenwirtschaftliche Belastung liegt in der Unterhaltung eines kostspieligen unproduktiven Sektors mit allen notwendigen Folgelasten, in dem Entzug qualifizierter Fachkräfte aus dem zivilen Bereich, in der Begünstigung der Entwicklung einseitig spezialisier-

ter Technologie und in der Vernachlässigung breitenwirksamer wirtschaftlicher Entwicklung;
- wachsendes Militärpotential erhöht in vielen Fällen die Konfliktbereitschaft, mit der Folge, daß bei kriegerischen Auseinandersetzungen Entwicklungserfolge vernichtet werden und Flüchtlingselend als neue Belastung hinzukommt;
- außenpolitisch bedeutet Aufrüstung für die Entwicklungsländer zunehmende Abhängigkeit von den Rüstungsexporteuren. [...]

Die frühere Kritik des BMZ [Bundesministerium für wirtschaftliche Zusammenarbeit] an den Rüstungsausgaben ist lobenswert, dennoch unglaubwürdig, solange die Industrieländer – unter ihnen eben auch die Bundesrepublik – durch Rüstungsexporte die Militarisierung der Dritten Welt vorantreiben und immer bereitwilliger wurden, fast jedem Waffen zu verkaufen, wenn er sie bezahlen konnte.

Warum liefern Westen und Osten im Wettlauf miteinander Waffen an die Dritte Welt? Sie setzen dieses Instrument für außenpolitische, sicherheitspolitische und geo-strategische sowie außenwirtschaftliche Interessen ein, die einen wechselseitigen Verstärkereffekt haben. Und es gibt vielerlei Rechtfertigungen, die wenig über die tatsächlichen Gründe aussagen.
- Rüstungsexporte sind eine Mißgeburt des Kalten Krieges. Sie bildeten seit der *Truman-Doktrin* von 1947 ein wichtiges Instrument der globalen Eindämmungspolitik gegen den Kommunismus – auch gegen „fünfte Kolonnen“ innerhalb der „freien Welt“. [...] Steigende Rüstungsexporte resultieren aus dem Versuch der westlichen Führungsmacht, ihre Einflußzonen zu erhalten und möglichst zu erweitern. Der „aufsteigenden Weltmacht“ Sowjetunion dienen sie dazu, in diese Zone einzudringen, eigene Einflußsphären zu schaffen und geostrategische Vorteile zu erringen. [...]
- Mit der Verschärfung der Handels- und Zahlungsbilanzprobleme sowie der Beschäftigungsprobleme in fast allen Industrieländern rückten mehr und mehr wirtschaftliche Interessen in den Vordergrund. Waffenexporte sollten dazu beitragen, die außenwirtschaftliche Leistungsbilanz zu verbessern und zugleich Arbeitsplätze in der Rüstungsindustrie zu erhalten. Vor allem dieses „Arbeitsplatzargument“ wird dazu mißbraucht, um Kritik an den Rüstungsexporten abzuwehren. [...]

Auch die wettbewerbsstarke Bundesrepublik, die Jahr für Jahr hohe Handelsbilanzüberschüsse erzielt, entging nicht der „heimlichunheimlichen Lust", sich an dem blühenden Waffengeschäft zu beteiligen. Die Bundesregierungen griffen vor allem der notleidenden Werftindustrie mit großzügigen Exportgenehmigungen und Bürgschaften unter die Arme. Rüstungsexportpolitik wurde also zu einem gewichtigen Instrument der Exportförderung, obwohl im Falle der Bundesrepublik Rüstungsgüter nur etwa 1% der Gesamtexporte ausmachen. Bei den anderen Rüstungsexporteuren mit einer schwächeren „zivilen" Exportleistung liegt dieser Exportanteil allerdings wesentlich höher (Israel 17%, Frankreich 4%, Italien 3,4%). Hier wie dort überlagerte das außenwirtschaftliche Interesse an Rüstungsexporten zunehmend außenpolitische Erwägungen. Entwicklungspolitische Gesichtspunkte mußten dabei völlig auf der Strecke bleiben.

Franz Nuscheler: Lern- und Arbeitsbuch Entwicklungspolitik, Verlag Neue Gesellschaft, 2. Aufl., Bonn 1987, S. 119 ff.

76 Der Armuts-Repressions-Militarisierungs-Kreis

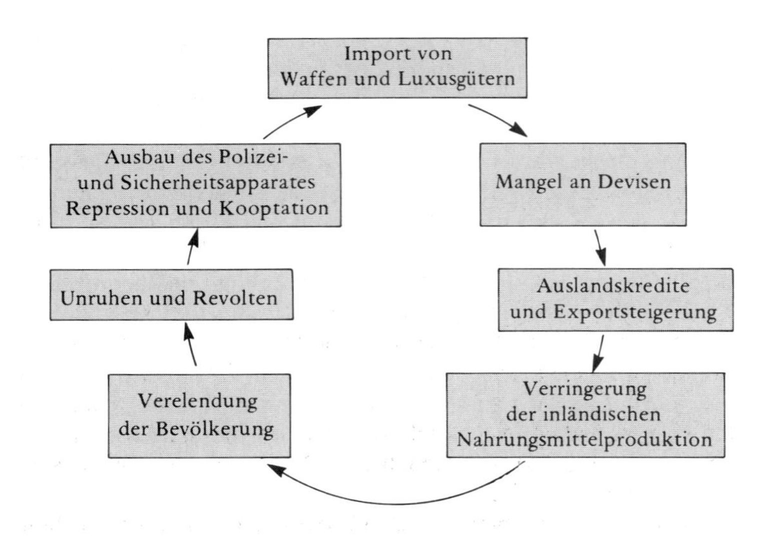

Gerald Braun: Nord-Süd-Konflikt und Entwicklungspolitik, a. a. O., S. 281

77 Die finanzielle Last der Rüstungsausgaben

BSP/Kopf in US-$ 1985	Verteidigungsausgaben in Prozent der Gesamtausgaben (1985)									
	unter 5%		5-10%		10-15%		15-20%		über 20%	
unter 400	Sierra Leone	4,4	Nepal	6,2	Kenia	12,9	Burkina Faso	18,2	Pakistan	32,8
	Sri Lanka	2,6	Malawi	5,7	Tansania	13,8	Birma	18,5		
			Zaire	5,2			Indien	18,8		
			Togo	6,9			Uganda	16,7		
			Haiti	8,4						
			Ghana	7,5						
400-1600	Papua-		Bolivien	5,4	Lesotho	11,8	Ägypten	17,5	Jemen	
	Neuguinea	4,7	Liberia	9,5	Indonesien	12,9	Simbabwe	16,2	Arab. Rep.	30,1
	Mauritius	0,8	Dominik.		Marokko	14,9			Thailand	20,2
	Costa Rica	3,0	Republik	8,4	Philippinen	11,9			El Salvador	20,3
			Kamerun	8,8	Paraguay	10,2			Jordanien	27,7
			Botswana	6,8	Ecuador	11,3				
			Tunesien	7,9						
1601-7000	Brasilien	4,0	Argentinien	8,8					Korea, Rep.	29,7
	Mexiko	2,7	Algerien	6,1					Oman	43,0
über 7000					Kuwait	14,6			Singapur	20,1
									Ver. Arab.	
									Emirate	45,3
			(Vergleich: Bundesrepublik Deutschland	**9,2)**					**(Vergleich: Vereinigte Staaten**	**24,9)**

Quelle: Zusammengestellt nach Weltbank, Weltentwicklungsbericht 1987, Washington 1987.

Aus: Martin Kaiser/Norbert Wagner: Entwicklungspolitik, a. a. O., S. 54

78

„Ehrlich, Du glaubst gar nicht, wie Du uns leid tust!“
Karikatur: Haitzinger

Was mit den Rüstungsmilliarden bezahlt werden könnte

79 – Die Militärausgaben eines halben Tages würden ausreichen, das Programm der Weltgesundheitsorganisation zur Ausrottung der Malaria zu finanzieren.
- Das Geld, das ein moderner Panzer kostet, könnte die Lagerung von 100 000 Tonnen Reis so verbessern, daß der Verderb von jährlich 4000 Tonnen oder mehr vermieden würde – eine Tagesration für acht Millionen.
- Die gleiche Summe würde ausreichen, tausend Klassenräume für 30 000 Schulkinder zu schaffen.
- Mit dem Gegenwert eines Kampfflugzeugs ließen sich 40 000 Dorfapotheken einrichten.
- Die Kosten eines neuen Atom-U-Boots betragen so viel wie die Erziehungshaushalte von 23 Entwicklungsländern mit 160 Millionen Kindern im schulpflichtigen Alter.

Willy Brandt: Der organisierte Wahnsinn. Wettrüsten und Welthunger, Kiepenheuer & Witsch, Köln 1985, S. 45

Arbeitsvorschläge (49-79):

1. Inwiefern ist es berechtigt zu sagen, daß jeder schon eine „Theorie“ über den Wohlstand und die Armut in der Welt besitzt? Überlegen Sie, welche politischen und moralischen Konsequenzen sich aus endogenen, welche aus exogenen Erklärungen der Unterentwicklung ergeben können.
2. Erarbeiten Sie anhand der vorliegenden Materialien (49-53) wesentliche Aspekte der Modernisierungstheorie, indem Sie folgende Fragen untersuchen:
   - Von welchen Grundvorstellungen und Annahmen hinsichtlich gesellschaftlicher Entwicklung gehen die Autoren aus?
   - Welche ökonomischen und sozialen Kriterien werden als relevant angesehen, um „moderne“ von „traditionalen“ Gesellschaften zu unterscheiden?
   - Welche Strukturen in der Dritten Welt lassen gegenwärtig eine Modernisierung nicht zu?
3. Arbeiten Sie aus dem Text von Frank die grundlegenden Thesen der Dependenztheorie heraus (54).
4. Untersuchen Sie am Beispiel der Sahelländer, wie es zur „Entwicklung der Unterentwicklung“ gekommen ist (55). Erklären Sie das Entstehen von „Marginalität“ (56); kennzeichnen Sie die Lebenswelt der Betroffenen (→ 11, 82, 83).
5. Beschreiben Sie die ökonomischen Strukturen und die daraus resultierenden Außenhandelsprobleme der Entwicklungsländer (57-64).
   Wie es scheint, können auch die Entwicklungsländer den Anteil von Industriewaren an ihren Gesamtausfuhren steigern (61). In welcher Hinsicht muß diese Feststellung jedoch differenziert werden? (→S. 67)
   Interpretieren Sie das Schaubild zum Welthandel (62). Wie ist es zu erklären, daß der weitaus größte Austausch zwischen den westlichen Industrieländern stattfindet?
6. Mit welchen handelspolitischen Maßnahmen versuchen die Industrieländer, ihre überlegene Position aufrechtzuerhalten? (65-67, →81, 97, 134)
7. Erläutern Sie anhand des Zentrum-Peripherie-Modells die von der Dependenztheorie behauptete strukturelle Verflechtung von Industrie- und Entwicklungsländern (68).

8. Setzen Sie sich mit der strukturellen Imperialismustheorie Galtungs (69) unter folgenden Gesichtspunkten auseinander:
   Wie wird „Imperialismus“ hier definiert?
   Wer profitiert von dem Wertetransfer aus der Dritten Welt?
   Von wem könnte eine Beseitigung der strukturellen Ungleichheit ausgehen?
9. Diskutieren Sie – unter Einbeziehung der Kritikpunkte von Menzel und Senghaas (70) –, wieweit Ihnen die verschiedenen Theorieansätze stichhaltig und brauchbar erscheinen.
10. Beruht unser Wohlstand auf der Ausbeutung der Dritten Welt?
    - Arbeiten Sie aus den Texten von Sutor und Pössinger (71, 72) die gegensätzlichen Standpunkte heraus,
    - kennzeichnen Sie den theoretischen Standort der Verfasser,
    - und nehmen Sie zu der Kontroverse begründet Stellung.
11. Untersuchen Sie an folgenden Dritte-Welt-Ländern, wieweit endogene bzw. exogene Faktoren für die Entwicklungsprobleme verantwortlich sind:
    - Indien (→ 2,5,107,109)
    - Brasilien (→ 19, 23 a+b, 28, 102, 107, 131, 133a)
    - Sahelländer (→ 19, 55, 90, 128)

    Ziehen Sie neben den hier verfügbaren Materialien ggf. weitere Literatur mit heran (Erdkunde- und Geschichtsbücher, Nachschlagewerke).
12. Werten Sie die Strukturdaten zu den Waffenexporten in die Dritte Welt aus (73, 74).
    Führen Sie historisch-politische Gründe dafür an, daß der weitaus größte Teil der Waffen in den Nahen Osten fließt.
13. Arbeiten Sie aus dem Text von Nuscheler die endogenen und exogenen Ursachen für die Aufrüstung der Dritten Welt heraus (75).
14. Erläutern Sie den „Teufelskreis“ von Armut – Repression – Militarisierung – Rüstungsimporte (76).
    Untersuchen Sie die Militärausgaben einzelner Entwicklungsländer im Verhältnis zu den Gesamtausgaben (77).
15. Nehmen Sie Stellung zu der These, daß die Hochrüstung in Ost und West für das Elend in der Dritten Welt mit verantwortlich ist (78, 79).

4 Entwicklungspolitische Strategien

Aus der kontroversen Theoriediskussion sind auch unterschiedliche Vorschläge zur Überwindung der Entwicklungsprobleme der Dritten Welt hervorgegangen. Zunächst sollen die Konsequenzen erörtert werden, die sich zum einen aus der Modernisierungs- und zum anderen aus der Dependenztheorie ergeben.

Marktwirtschaftliche Ordnung und Integration in den Welthandel

Die Anhänger der Modernisierungstheorie sind davon überzeugt, daß Unterentwicklung nur durch einen verstärkten Wachstumsprozeß im Sinne des „Take-off“ (→49) überwunden werden kann. Zu diesem Zweck müsse die in den meisten Entwicklungsländern vorherrschende staatliche Wirtschaftslenkung zugunsten der Privatinitiative und der freien Preisbildung auf den Märkten aufgegeben werden. In dieser Perspektive wird neuerdings die „Soziale Marktwirtschaft“ als ein Modell für Entwicklungsländer vorgeschlagen (80).

Die Forderung nach marktwirtschaftlichen Prinzipien erscheint jedoch unglaubwürdig, solange die Industrieländer nicht bereit sind, ihre eigenen Märkte für konkurrierende Produkte aus den Entwicklungsländern zu öffnen (→65-67, 134). Konsequenterweise wird deshalb auch verlangt, daß die Industrieländer ihre offenen und verdeckten Einfuhrbeschränkungen abbauen und so die Entwicklungsländer als gleichberechtigte Partner in den Welthandel einbeziehen (81).

Kritiker dieser *integrationistischen* Strategie weisen darauf hin, daß eine forcierte Wachstumspolitik in der Dritten Welt meist nur den besitzenden und gebildeten Oberschichten Vorteile bringe und die Massen in noch größeres Elend stürze, wie zuletzt das Beispiel der lateinamerikanischen Schwellenländer bewiesen habe (82, 83). Grundsätzlich wird eingewandt, daß eine weltweite Entwicklung nach westlichem Vorbild ökologisch nicht zu verkraften sei (84) und die kulturelle Identität der Menschen zerstöre (85).

Autozentrierte Entwicklung

Während die Modernisierungstheorie für eine Angleichung der wirtschaftlichen Strukturen der Entwicklungsländer und deren Integration in den Weltmarkt eintritt, gelangen die Vertreter der Dependenztheorie zu der umgekehrten Schlußfolgerung, daß sich die Dritte-Welt-Länder im Interesse einer eigenständigen Entwicklung für eine gewisse Zeit vom Weltmarkt „abkoppeln“ müssen. Verfolgt wird also eine *dissoziative* Strategie, die sich besonders in dem Konzept einer „autozentrierten Entwicklung“ niedergeschlagen hat (86).

Mit dem Programm einer nach innen gerichteten Entwicklung knüpfen die Dependenztheoretiker an eine Zielvorstellung an, die auch von politischen Führern der Dritten Welt verfolgt wurde: die Idee der *Self-reliance* bzw. *kollektiven Self-reliance*. Dieser Gedanke besagt, daß die Dritte Welt im Vertrauen auf ihre eigenen Kräfte sich selbst helfen und Formen der Süd-Süd-Zusammenarbeit entwickeln müsse.

Nach Ansicht der Kritiker würde eine „autozentrierte Entwicklung“ jedoch in einer Sackgasse enden. Insbesondere kleinere, bevölkerungs- und ressourcenarme Länder würden durch die Abkoppelung vom Weltmarkt in noch größere Schwierigkeiten geraten. (87)

„Integration“ oder „Abkopplung“ – in zwei entwicklungspolitischen Streitfragen tritt diese Alternative besonders deutlich hervor:

a) Agrarexporte

Viele Entwicklungsländer sind um eine Steigerung ihrer Agrarexporte bemüht, um so Devisen für Importe und die Bedienung der Auslandsschulden zu erwirtschaften. Tatsächlich bringt der Landwirtschaftssektor in den ärmeren, agrarisch geprägten Entwicklungsländern durchschnittlich 50-60 Prozent (teilweise bis zu 80%) der Exporterlöse. Während diese Bestrebungen aus integrationistischer Sicht als richtig und notwendig angesehen werden, erscheinen sie aus dissoziationistischer Sicht fragwürdig, da die exportorientierte Agrarwirtschaft die Produktion von Grundnahrungsmitteln für den Eigenbedarf zu verdrängen droht.(88-90, →131, 132)

b) Multinationale Konzerne

Durch ihren oft gewaltigen Kapitaleinsatz können Multinationale Konzerne die wirtschaftliche Entwicklung in der Dritten Welt erheblich beeinflussen (91, 92 a + b). Integrationisten sehen in der Investitionstätigkeit der Multis eine Chance für Entwicklungsländer, durch die Übertragung von technischem und unternehmerischem Knowhow und die Schaffung moderner Arbeits- und Ausbildungsmöglichkeiten bessere Lebensbedingungen zu erlangen. Dissoziationisten hingegen stehen ausländischen Privatinvestitionen skeptisch gegenüber, da diese die strukturelle Abhängigkeit und Heterogenität der Dritten Welt vertiefen können. (93-95)

Neue Weltwirtschaftsordnung

Die Strategie der „autozentrierten Entwicklung" hat in den meisten Entwicklungsländern keinen Widerhall gefunden. Ihre Regierungen sind vielmehr bestrebt, eine gerechtere Beteiligung am Welthandel und damit bessere Chancen zu erhalten, die für die Entwicklung erforderlichen Devisen zu erwirtschaften. Wie schon von der Modernisierungstheorie wird also eine Integration in die Weltwirtschaft angestrebt, in der jedoch andere Spielregeln gelten sollen.

Mit dem Abschluß der Entkolonialisierung in den sechziger Jahren begannen die Dritte-Welt-Länder, ihre Stimmenmehrheit in der UNO für eine stärkere Diskussion der Bedingungen der Weltwirtschaft zu nutzen. Sie erreichten die Gründung der UNCTAD (= United Nations Conference on Trade and Development), die ein wichtiges Forum für die Interessenvertretung gegenüber den Industrienationen darstellt (96 a + b). Die vielfältigen Forderungen der in der „Gruppe der 77" zusammengeschlossenen Entwicklungsländer werden seit Mitte der siebziger Jahre in dem Programm einer *Neuen Weltwirtschaftsordnung* zusammengefaßt (97, 98).

Kernstück der neuen Ordnung soll das *Integrierte Rohstoffprogramm* (IR) werden, das die Entwicklungsländer auf der UNCTAD IV (Nairobi 1976) gegen erhebliche Bedenken der Industrieländer durchsetzen konnten. Der 1980 erzielte Kompromiß in der Ausgestaltung des Programms (99-101) ist jedoch aufgrund der schleppenden Zustimmung einiger Länder erst 1989 in Kraft getreten und bisher ohne Wirkung geblieben. Der Grund liegt darin, daß die für einzelne Rohstoffe erreichten Abkommen, die das IR koordinieren und finanziell stützen sollte, inzwischen meist gescheitert sind (102).

Ob das IR überhaupt funktionsfähig sein könnte und den armen Ländern bessere Entwicklungsmöglichkeiten eröffnen würde, bleibt zweifelhaft (103). Andererseits scheint eine Erhöhung und Stabilisierung der Rohstoffpreise zugunsten der Entwicklungsländer dringend geboten (104).

Grundbedürfnisorientierung

In den ersten Jahrzehnten nach dem Zweiten Weltkrieg verfolgte auch die UNO eine entwicklungspolitische Strategie im Sinne der Modernisierungstheorie: Durch steigende Wachstumsraten des BSP sollten die Entwicklungsländer Anschluß an die Industrieländer finden; im Zuge eines sich selbst tragenden Aufschwungs sollten die Einkommenszuwächse auch zu der Masse der Armen „durchsickern" (trickle-down-effect). Zu Beginn der siebziger Jahre zeigte sich aber, daß die Wachstumserfolge fast ausschließlich den ohnehin besser gestellten Gruppen zugute gekommen waren. Die zunehmende Kritik an der Wachstumsstrategie führte zu einer neuen Zielbestimmung, der Orientierung an den *Grundbedürfnissen*, wie sie auf einer UN-Fachtagung 1974 in Cocoyoc/Mexiko gefordert wurde:

„Als erstes müssen wir überhaupt Ziel und Zweck von Entwicklung definieren. Es kann sich nur darum handeln, den Menschen, nicht die Dinge zu entwickeln. Menschen haben bestimmte Grundbedürfnisse: Nahrung, Unterkunft, Kleidung, Gesundheit und Bildung. Jeder Wachstumsvorgang, der nicht zur Befriedigung dieser Bedürfnisse führt – oder sogar störend eingreift –, ist eine Verkehrung des Entwicklungsgedankens.

Wir sind nach dreißig Jahren Erfahrung der Meinung, daß die Hoffnung, daß schnelles wirtschaftliches Wachstum zum Nutzen weniger zur Masse des Volkes „durchsickern" wird, sich als illusorisch erwiesen hat. Deshalb verwerfen wir den Gedanken: Erst Wachstum – Gerechtigkeit bei der Verteilung des Nutzens später."*)

*) Zit. nach: Bundeszentrale für politische Bildung (Hg.): Informationen zur politischen Bildung, Heft 221: Entwicklungsländer, Bonn 1988, S. 19

Die neue Strategie wirft eine Reihe inhaltlicher und methodischer Fragen auf. Zunächst bedarf es einer Verständigung darüber, was als „Grundbedürfnis" angesehen werden soll; ein entsprechendes Konzept wurde bereits 1976 vom „International Labour Office" (ILO) erarbeitet (105). Weiterhin stellt sich die Frage, anhand welcher Indikatoren die Erfüllung oder Nichterfüllung der jeweiligen Grundbedürfnisse gemessen werden kann (106, →37-41).

Die Regierungen der Entwicklungsländer begegnen der Grundbedürfnisstrategie eher mißtrauisch; sie befürchten, die westlichen Länder wollten sich in ihre inneren Angelegenheiten einmischen und von der Forderung nach einer „Neuen Weltwirtschaftsordnung" ablenken. Aus der Sicht der Dependenztheorie verbirgt sich hinter dieser Haltung allerdings nur die Furcht der Eliten vor tiefgreifenden sozialen Veränderungen, die ihre privilegierte Stellung gefährden könnten. Von seiten der Modernisierungstheorie wird gegen die Grundbedürfnisstrategie eingewandt, daß die angestrebten sozialen Verbesserungen für die Bevölkerung ohne ein angemessenes Wirtschaftswachstum nicht erreichbar seien.

Integrierte ländliche Entwicklung

In engem Zusammenhang mit der Grundbedürfnisorientierung ist es auch zu einer Rückbesinnung auf die Probleme und Entwicklungsmöglichkeiten der ländlichen Bevölkerung gekommen. Insbesondere die kirchlichen Hilfswerke sind schon seit längerem um eine Verbesserung der Arbeits- und Lebensbedingungen auf dem Lande bemüht. Im Vordergrund steht die Förderung der Agrarproduktion und des Kleingewerbes, die nicht nur die Selbstversorgung mit Nahrungsmitteln sicherstellen, sondern auch zur Eingliederung der arbeitslosen und unterbeschäftigten Bevölkerung (die in Entwicklungsländern überwiegend auf dem Land lebt) und damit zu vermehrter und gerechterer Einkommensbildung beitragen soll. Ein wichtiger Aspekt ist die unmittelbare Beteiligung der Betroffenen an der Planung und Durchführung sämtlicher Entwicklungsmaßnahmen, z. B. durch die Bildung von Genossenschaften und Selbsthilfegruppen.

Integrierte ländliche Entwicklung setzt also auf die vor Ort gegebenen Möglichkeiten und Notwendigkeiten. Mit der Aktivierung der menschlichen Fähigkeiten, der Beachtung der ökologischen Bedingungen und der Verwendung kleiner, dem Land angepaßter Techniken versteht sich dieses Konzept auch als Alternative zu der industriell-großtechnisch betriebenen Landwirtschaft, wie sie unter dem Schlagwort „Grüne Revolution" in vielen Entwicklungsländern eingeführt wurde. (107,108)

Förderung der Frauen

Frauen und Mädchen in der Dritten Welt sind in besonderem Maße von Armut und sozialer Ungleichheit betroffen. Ihre Benachteiligung beginnt bereits mit der Geburt, da in den meisten Kulturen eher Söhne erwünscht sind (→5), und setzt sich durch größere gesundheitliche Risiken (→8), schlechtere Ernährung (→15) und geringere Bildung (→40) weiter fort. Dabei sind sie es, die – neben den Belastungen durch Haushaltsarbeit und Kindererziehung – häufig auch den Lebensunterhalt der Familien sicherstellen. Insbesondere auf dem Lande, im Rahmen der Subsistenzproduktion und des Tauschhandels auf lokalen Märkten, nehmen die Frauen eine wirtschaftliche Schlüsselrolle ein, die ihnen vielfach auch Prestige und eine gewisse Macht in Familie und Dorfgemeinschaft garantiert.

Nachdem die UNO das Jahr 1975 zum „internationalen Jahr der Frau" erklärt und eine „Dekade der Frau" ausgerufen hatte, fehlt heute in keiner entwicklungspolitischen Konzeption der Hinweis auf die besondere Rolle der Frauen im Entwicklungsprozeß. Es bleibt jedoch zu prüfen, ob den Frauen durch ihnen zugedachte Förderungsmaßnahmen wirklich geholfen oder eher geschadet wird. Die Vertreter der Modernisierungs- und Wachstumsstrategie setzen vor allem auf die Produktivität der Frauen. Indem ihnen der Zugang zu Ausbildung, Technik und Kredit erleichtert oder eine Erwerbsarbeit (z. B. in der landwirtschaftlichen Exportproduktion) angeboten wird, soll ihre wirtschaftliche Leistungsfähigkeit erhöht und dadurch auch eine Statusverbesserung erreicht werden. Kritiker dieser integrationistischen Konzeption bemängeln, daß die Frauen dadurch nur noch mehr Arbeitslast aufgebürdet bekommen und keine wirklichen Einfluß- und Entscheidungsmöglichkeiten erlangen könnten, sondern vielmehr – durch die Abdrängung aus der Subsistenzproduktion in die Erwerbsarbeit – ihre traditionelle Schlüsselposition verlieren würden.

Als Gegenentwurf zur „Integration der Frauen in die Entwicklung" wurde auf der Weltfrauenkonferenz 1985 in Nairobi, also zum Abschluß der UN-Dekade, das Konzept einer „Feminisierung der Entwicklung" vorgestellt. Das Ziel besteht darin, die Frauen nicht an Männerstandards anzugleichen und der Wachstumsstrategie zu unterwerfen, sondern eine ihren Bedürfnissen angemessene Entwicklung einzuleiten. (109)

„Soziale Marktwirtschaft" – ein Modell für Entwicklungsländer?

80 Bislang haben die meisten Entwicklungsländer Entwicklungsplanung getrieben. In den meisten Fällen waren und sind diese Pläne nur für den staatlichen Sektor verbindlich, und selbst hier bleiben die Vorgaben für Investitionen, Produktion, Außenhandel, Verbrauch und Beschäftigung, aber auch die Projektionen im außerökonomischen Bereich (zum Beispiel Alphabetisierung, medizinische Versorgung, Geburtenkontrolle) meistens Makulatur. In der praktischen Entwicklungspolitik kann der verbreitete Hang zum Dirigismus jedoch trotzdem zur Geltung kommen, so etwa durch direkte und fallweise Eingriffe in den Preismechanismus. Wo immer dies geschehen ist, waren die Folgen für den gesamtwirtschaftlichen Faktoreinsatz verheerend, und wurden Entwicklungschancen unnötigerweise vertan.

Die besonders gravierenden Fehlentwicklungen betreffen:

- den Arbeitsmarkt, auf dem nur allzuoft durch Mindestlöhne und überzogene Lohnnebenkosten Arbeitskräfte, obwohl reichlich vorhanden, künstlich verteuert und damit aus dem Arbeitsprozeß gedrängt werden;
- den Kapitalmarkt, auf dem vielfach durch Höchstzinsvorschriften, die angesichts inflationärer Entwicklungen niedrige oder sogar negative Realzinsen implizieren, die Sparbereitschaft vermindert und gleichzeitig die Verwendung von Sachkapital billiger gemacht wird, als es dessen relativer Knappheit entsprechen würde, wobei noch kredit-, finanz- und zollpolitische Vergünstigungen hinzukommen, unter denen es in- und ausländischen Unternehmen lohnend erscheinen muß, kapitalintensiver (das heißt arbeitssparender) zu produzieren und weniger Arbeitsplätze zu schaffen, als gesamtwirtschaftlich erwünscht wäre;

- den Devisenmarkt, auf dem der Wechselkurs häufig auf einem Niveau fixiert wird, bei dem die inländische Währung chronisch überbewertet ist, was den Export erschwert, Auslandsinvestoren abschreckt, die internationale Kreditwürdigkeit einschränkt und letztlich Kapitalflucht auslöst, zumal wenn wegen der Überbewertung Devisenbewirtschaftungsmaßnahmen ergriffen werden müssen (was die Regel ist);
- das öffentliche Verkehrswesen, bei dem eine sozial gemeinte Tarifgestaltung im allgemeinen auf kostendeckende Preise verzichtet mit der Folge, daß es chronisch Angebotsengpässe gibt und im Staatshaushalt immer wieder neue Löcher aufgerissen werden;
- den Energiesektor, in dem traditionelle Energieträger wie etwa Holz als freies Gut betrachtet und damit übermäßig genutzt werden, wie die zunehmende Versteppung und Verwüstung in den Gebieten südlich der Sahara, die um die Jahrhundertwende an Wäldern noch reich gesegnet waren, zeigen;
- die Landwirtschaft, in der mit Rücksicht auf die städtische Bevölkerung die Erzeugerpreise vielerorts unter den Gleichgewichtspunkten festgesetzt werden, so daß die Bauern weniger investieren und weniger produzieren, als vom Potential her möglich und zwecks Sicherung der Nahrungsmittelversorgung notwendig wäre, letztlich also Abhängigkeiten von Importen und Auslandshilfen zementiert werden. [...]

Eine marktorientierte Entwicklungspolitik erweist sich als leistungsfähiger, weil unter ihr das Allokationsproblem [bestmögliche Aufteilung der Produktionsfaktoren], das sich wegen der relativen Knappheiten von Produktivkräften und Gütern in jeder Wirtschaftsordnung stellt, im allgemeinen am besten gelöst wird. Wir wissen das aus unserer eigenen Erfahrung und können dies im Vergleich zwischen den westlichen Industriestaaten und den östlichen Staatshandelsländern an vielen Beispielen belegen. Der Grund liegt darin, daß der Marktmechanismus die Entscheidungen dezentralisiert und der einzelne für sein wirtschaftliches Tun oder Unterlassen infolgedessen mit weniger Informationen über die Angebots- und Nachfrageentwicklung auskommt, als es bei zentraler Planung der Fall ist. Gerade in Entwicklungsländern, in denen es allenthalben an umfassenden und zuverlässigen Statistiken fehlt, um überhaupt optimale Wirtschaftspläne aufstellen zu können, und in denen die öffentliche Verwaltung noch zu rudimentär und korruptionsanfällig ist, um die zentralen Pläne auch wirklich durchsetzen zu können, hat der Lenkungsmechanismus über den Markt große Vorzüge. [...]

Den Unvollkommenheiten des Marktmechanismus, die es zweifelsohne gibt, dürfte eine intelligente Entwicklungspolitik beikommen können. Daß im Entwicklungsprozeß Einkommensgleichheit nicht zu verwirklichen ist, weil sich die Menschen auch in der Dritten Welt hinsichtlich ihrer Begabungen und Fähigkeiten, ihrer Eigenverantwortung und Leistungsbereitschaft sowie ihrer Interessen und Wünsche nun einmal unterscheiden, spricht ebensowenig gegen dieses Modell. Immerhin kann der Staat Verteilungspolitik betreiben, nur sollte er es nicht durch direkte Eingriffe in den Preismechanismus tun, sondern über direkte Einkommenstransfers, die weniger Ineffizienzen verursachen. Was an Ungleichheiten bleibt, ist vertretbar, solange der Entwicklungsprozeß nur fortschreitet, und ist bestimmt einem stationären Zustand vorzuziehen, in dem Gleichheit in der Armut herrscht.

Ich bejahe also die Frage, die mit dem Thema zu meinem Referat gestellt war. Damit ist freilich nicht gemeint, daß sich das Konzept der Sozialen Marktwirtschaft, so wie wir es in der Bundesrepublik kennen, unbesehen auf die Dritte Welt übertragen läßt – auf alle Entwicklungsländer und in einem Zug. Gemeint ist vielmehr, das Modell „Soziale Marktwirtschaft" zum ordnungspolitischen Orientierungspunkt zu machen, zielstrebig darauf hinzusteuern, behutsam oder zügig, je nach Ausgangslage, und dabei die nötigen Anpassungen an die soziokulturellen Gegebenheiten eines jeden Landes vorzunehmen. Die Hinwendung zu marktwirtschaftlichen Ordnungsprinzipien wird vielerorts bedeuten, daß tradierte Werte zurückgebildet werden müssen und in gewissem Ausmaß kulturelle Eigenständigkeit verlorengeht. Das mag man beklagen. Aber alles hat nun einmal seinen Preis, auch der Entwicklungsprozeß. Die Erfahrungen in den bislang erfolgreichen Entwicklungsländern (auch die in Japan) zeigen im übrigen, daß eine wohlstandsmehrende Wirtschaftspolitik mitnichten einem Volk die Aufgabe seiner Identität abverlangt.

J. B. Donges: Ordnungspolitik und Entwicklungspartnerschaft. Ist die soziale Marktwirtschaft übertragbar?, in: G. Link/M. Spangenberger (Hg.): Brennpunkt Dritte Welt, Deutscher Instituts-Verlag, Köln 1985, S. 115 ff., S. 128 ff.

Handel ist besser als Hilfe

81 Gegenwärtig ist weltweit eine Zunahme des Wirtschaftsprotektionismus zu beobachten. Insbesondere in sogenannten sensiblen Bereichen werden zum Schutz der Arbeitsplätze in den Industriestaaten Importe der Entwicklungsländer ausgegrenzt. Verwiesen sei auf die verschiedenen „Selbstbeschränkungsabkommen", eine erzwungene Exportbeschränkung der Entwicklungsländer. Es ist fast grotesk, den Entwicklungsländern – im Rahmen der technischen Hilfe – Exportkapazitäten aufzubauen und dann – bei Erfolg der Entwicklungshilfebemühungen – die Exportmöglichkeiten einzuschränken. Auch die Industrieländer sind ordnungspolitisch gefordert: *Handel ist besser als Hilfe*, die ja teilweise zurückgezahlt werden muß! Hilfe zur Selbsthilfe muß durch Handel ermöglicht werden, um die Würde des Partners zu wahren. Ein freier Welthandel hat nach dem Zweiten Weltkrieg einen gewaltigen Anstieg der Weltwohlfahrt mit herbeigeführt; wieso werden diese Erfahrungen vergessen? [...]

Unser Protektionismus ist mit den Prinzipien der Sozialen Marktwirtschaft nicht vereinbar und schadet den Entwicklungsländern in ihrem Entwicklungsprozeß. Es gehört zur Aufrichtigkeit deutscher Politik, nicht nur in den Entwicklungsländern eine Hinwendung zu marktwirtschaftlichen Regeln vorzuschlagen, sondern hier selber endlich einmal glaubwürdige Akzente zu setzen!

Werner Lachmann: Überwindung der Not in der Dritten Welt durch marktwirtschaftliche Ordnung?, in: Aus Politik und Zeitgeschichte, B 8/1987, S. 22 f.

Modernisierung und Elend – Die Realität Lateinamerikas

82 Ein moderner Gulliver könnte das typische unterentwickelte Land so beschreiben: „Welch merkwürdiger Widerspruch von bitterer Armut und Reichtum! Von zehntausend Menschen wohnt einer in einem Palast mit hohen Mauern und Gärten und einem Cadillac in der Auffahrt. Ein paar Häuserblocks entfernt schlafen Hunderte auf den Straßen, die sie mit Bettlern, Kaugummihändlern, Prostituierten und Schuhputzerjungen teilen. Eine Ecke weiter sind Zehntausende in Hütten ohne Elektrizität und sanitäre Einrichtungen gepfercht. Außerhalb der Stadt vegetiert der größte Teil der Bevölkerung von den Erträgen kleiner Felder, von denen die meisten den

wenigen Reichen hinter den hohen Mauern gehören. Selbst dort, wo der Boden fruchtbar und das Klima günstig ist, gehen die meisten Menschen hungrig zu Bett. Die Börse gedeiht, aber die Babies sterben, und überall laufen Kinder mit aufgetriebenen Bäuchen und spindeldürren Beinen herum. Es gibt luxuriöse Restaurants und stinkende offene Kloaken. Die Hauptstadt hat die neuesten Computer und wird jeden Tag von Jumbo-Jets angeflogen, aber über die Hälfte der Bevölkerung kann nicht lesen. Regierungsbehörden sind wichtige Arbeitgeber für die Menschen, die lesen können, aber die wurmstichige Bürokratie ist für alle Leute ein Witz, außer für die Schlange von Bittstellern, die medizinische Hilfe oder einen Arbeitsplatz suchen. (Bei Bittstellern mit Geld für Bestechungen verkürzt sich die Schlange.)

Nationalistische Losungen ertönen überall, aber die Grundstoffindustrie ist in der Hand von Ausländern. Die Häuser hinter den Mauern sind voller importierter Kameras, Fernsehapparate, Tonbandgeräte und schöner Möbel aus den USA oder Europa, aber die wichtigste Investition der Familie ist wahrscheinlich ein Schweizer Bankkonto. Man kann in dem Land drei soziale Schichten nach dem Konsum unterscheiden. Eine winzige Gruppe lebt in einem Stil, der einen Rockefeller vor Neid erblassen ließe. Eine zweite, immer noch relativ kleine Gruppe lebt ungefähr so wie die wohlhabende amerikanische Mittelschicht – die gleichen Autos, der gleiche schottische Whisky, die gleichen Haushaltsgeräte. Die überwiegende Mehrheit ißt malerische Nationalgerichte wie schwarze Bohnen, Reis und Linsensuppe – aber in sehr kleinen Portionen. Die beiden ersten Gruppen glauben fest an individuelles Höherkommen, was sie und ihre Familie betrifft, aber für die immer größere Not der dritten Gruppe sehen sie keine Lösung. Also haben sie Angst vor ihr und stocken ihre Mauern auf. Für die dritte Gruppe sind Krankheit, Schmutz und plötzlicher Tod ständige Begleiter, aber sie scheint sich in ihr Schicksal zu ergeben. Das Leben war schon immer voller Leid und Ungewißheit und wird es auch immer sein. Das einzige Fortkommen, das sie sehen, ist die immer gleiche Reise von der Wiege bis ins frühe Grab, die schon ihre Väter und Großväter zurücklegten."

Richard J. Barnet/Ronald E. Müller: Die Krisenmacher. Die Multinationalen und die Verwandlung des Kapitalismus, Rowohlt Taschenbuch Verlag, Reinbek bei Hamburg 1975, S. 116 f.

83 Die brasilianische Großstadt Rio de Janeiro

Fotoarchiv Christoph & Mayer, Essen

Die Begrenztheit der Ressourcen

84 In der [an den westlichen Industrieländern orientierten] Entwicklungstheorie werden weder die sozialen noch die ökologischen Dimensionen des Fortschritts angemessen berücksichtigt. Das heutige Entwicklungsniveau der Vereinigten Staaten basiert unter anderem darauf, daß fünf Prozent der Weltbevölkerung vierzig Prozent der weltweit geförderten Rohstoffe und 25 Prozent der Weltenergieproduktion verbrauchen [...]. Angesichts der Begrenztheit der Ressourcen liegt auf der Hand: Für alle Länder der Erde kommt ein derartiger Verbrauch nicht in Frage. Ein weltweiter Pro-Kopf-Verbrauch an Holz in der Größenordnung, wie er heute in den Vereinigten Staaten festzustellen ist, würde die weltweiten Waldreserven in kürzester Zeit vernichten. Eine Pro-Kopf-Motorisierung wie in Nordamerika wäre in einer Stadt wie Mexiko physisch gar nicht möglich [→ 11], und die globalen Umweltprobleme, die sich aus einem solchen weltweiten Fortschritt ergeben würden, sind kaum vorstellbar.

Manfred Wöhlcke: Die selbstverschuldete Krankheit, in:
Die Zeit Nr. 20 vom 13. 5. 1988

Michael Francis Dei-Anang (Ghana): Wohin?

85 Zurück?
Zu den Tagen der Trommeln
und festlichen Gesänge im Schatten
sonnengeküßter Palmen –
Zurück?
Zu den ungebildeten Tagen
da die Mädchen immer keusch waren
und die Burschen schlechte Wege verabscheuten
aus Angst vor alten Göttern –
Zurück?
Zu dunklen strohgedeckten Hütten
wo Güte herrschte und Trost wohnte –
Zurück zum Aberglauben?
Oder vorwärts?
Vorwärts! Wohin?

In die Slums wo Mensch auf Mensch gepfercht ist
wo Armut und Elend ihre Buden aufschlugen
und alles dunkel ist und traurig?
Vorwärts! Wohin?

In die Fabrik
um harte Stunden zu zermahlen
in unmenschlicher Mühle
in einer einzigen endlosen Schicht?

Aus: Schwarzer Orpheus. Moderne Dichtung afrikanischer Völker beider Hemisphären, ausgewählt und übertragen von Janheinz Jahn, Carl Hanser Verlag, München 1964, S. 48

„Autozentrierte Entwicklung“ – eine entwicklungspolitische Alternative?

86 Die Dritte Welt hat langfristig nur eine Chance, eigenständige und lebensfähige Ökonomien und Gesellschaften aufzubauen, wenn sie sich von der gegebenen internationalen Ökonomie *auf Zeit abkoppelt.* [...]

Eine solche Selbstbezogenheit mit dem Ziel einer intensiven Entfaltung von Wirtschaftskraft mit *eigenen* Ressourcen für die *eigenen* Bedürfnisse ist nicht ohne weiteres gleichzusetzen mit Autarkie. Auch wenn eine solche „dissoziative“ Politik verfolgt wird, ist ein Austausch mit produktiveren Ökonomien möglich. Doch ist dieser Austausch Mittel einer *nach innen* gerichteten Entwicklungsdynamik und also nur zweckdienlich für die *Binnen*markterschließung. Er ist selektiv zu handhaben und soll nur dort stattfinden, wo er dem Aufbau einer lebensfähigen Binnenstruktur in den Ländern der südlichen Kontinente zugute kommt. [...]

Für die Mehrzahl der Länder der Dritten Welt hieße, allgemein formuliert, Dissoziation heute insbesondere: Bruch mit der überkommenen exportorientierten Ökonomie und dafür eine Mobilisierung von eigenen Ressourcen mit dem Ziel ihrer Nutzbarmachung für eigene Zwecke. Im einzelnen hieße dies: die Einbindung von Landwirtschaft und Rohstoffproduktion in die Binnenmarkterschließung; Bruch mit einer exportorientierten Industrialisierung; Bruch mit der falsch angelegten, auf den Binnenmarkt bezogenen Industrialisierung, die bekanntlich – wo sie verfolgt wurde – vor allem die Nachfrage einkommensstarker Schichten befriedigt und zur Binnenmarktenge beigetragen hat und die nicht auf die potentielle Nachfrage der Masse der verarmten Menschen ausgerichtet ist. [...]

Eine solche – *autozentrierte – Entwicklung* ist ohne die organische Verbindung folgender Aktivitäten kaum denkbar:
- erneute Sichtung der lokal verfügbaren Ressourcen;
- Aufbau eines industriellen Sektors für die Produktion von Produktionsmitteln und Zwischengütern;
- Erfindung und Wiedererfindung passender Technologie sowie Weiterentwicklung und Anpassung bestehender Technologie an lokale Bedürfnisse;
- breit angelegte Leistungssteigerung in der Landwirtschaft;
- industrielle Produktion von Massenkonsumgütern, die zur Befriedigung der Grundbedürfnisse der Masse der Menschen geeignet sind;
- Aufbau einer in die Breite wirkenden Infrastruktur.

Nur das Zusammenwirken dieser Tätigkeiten erlaubte eine schrittweise *Erschließung des eigenen Binnenmarktes,* durch die die Masse der Bevölkerung produktiv in die Wirtschaft eingegliedert wird. Dadurch kann Kaufkraft erworben und die Nachfrage nach agrarischen und industriellen Ausrüstungs- und Massenkonsumgütern sowie nach privaten und öffentlichen Dienstleistungen angeregt werden. In fortschreitendem Maße wird die Entfaltung der Wirtschaftskraft an der *Befriedigung der eigenen lokalen Bedürfnisse* ausgerichtet. [...]

Ein weiterer [...] entwicklungspolitischer Imperativ richtet sich auf die Herausbildung neuer Formen von Arbeitsteilung zwischen den Ökonomien der Dritten Welt selbst. Begrifflich wird dieser Imperativ heute als „collective self-reliance" (kollektives Selbstvertrauen) umschrieben. Eine internationale Arbeitsteilung im subregionalen, regionalen und kontinentalen Umkreis, und natürlich auch zwischen den drei südlichen Kontinenten, wird wenig erfolgreich sein ohne die Abkopplung der dortigen Ökonomien von den die internationale Ökonomie beherrschenden Industriegesellschaften. [...]

Abgekoppelt vom Weltmarkt hätten die Peripherien demgegenüber die Chance, ihre eigenen Ökonomien aufeinander bezogen zu entwickeln. Dabei käme es nicht nur auf eine Arbeitsteilung im rein ökonomischen Sinne an, sondern auch auf den *Aufbau subregionaler, regionaler und kontinentaler Infrastrukturen* hinsichtlich gemeinsamer Verkehrs- und Kommunikationssysteme, Transportmedien, Versicherungsgesellschaften, Nachrichtenagenturen usf. Dies könnte dazu beitragen, daß die heute extrem hierarchisch aufgebaute internationale Gesellschaft allmählich umstrukturiert würde – und die Dritte Welt auf solcher Grundlage wirkliche Gegengewichte gegen die heute beherrschenden Industriegesellschaften entwickeln könnte.

Dieter Senghaas: Gibt es eine entwicklungspolitische Alternative für die Dritte Welt?, in: Aus Politik und Zeitgeschichte, B 7/1978, S. 9 ff.

Kritik der Abkopplungsthese

87 Für die meisten Entwicklungsländer ist die Abkopplung jedoch kein Ausweg, sondern eine Sackgasse. Zu sehr sind sie auf den Export ihrer Erzeugnisse in die Industrieländer und auf den Import von Maschinen und Ausrüstungen aus diesen Ländern angewiesen. Ohne internationale Wirtschaftsbeziehungen hätten die Entwicklungsländer auch nicht die Möglichkeit, Kredite aufzunehmen, Entwicklungshilfe zu erhalten und Direktinvestoren ins Land zu holen, mit dem Ziel, ihre wirtschaftliche Entwicklung zu beschleuni-

gen. Abkopplung vom Weltmarkt bedeutet, daß die benötigten Güter im Inland produziert werden müssen. Die Binnenmärkte der meisten Entwicklungsländer sind jedoch viel zu klein, um dort eine rentable Produktion für alle erforderlichen Güter zu ermöglichen. Auch fehlt vielfach die notwendige Ressourcenausstattung an Rohstoffen, ausgebildeten Arbeitskräften und technischem und unternehmerischem Wissen.

So haben denn auch in der Vergangenheit nur wenige Entwicklungsländer eine solche Strategie der autozentrierten Entwicklung und eine Abkopplung vom Weltmarkt verfolgt. Ein häufig genanntes Beispiel ist die VR China, die über fast drei Jahrzehnte hinweg weitgehend auf Wirtschaftsbeziehungen zu den westlichen Industriestaaten verzichtet hatte. In den fünfziger und sechziger Jahren pflegte sie aber intensive Kontakte zur UdSSR, von wo sie umfangreiche Entwicklungshilfe erhielt. China verfügt außerdem über einen riesigen Binnenmarkt und reiche natürliche Ressourcen. Schließlich zeigte sich auch in China, daß ohne internationale Wirtschaftsbeziehungen eine leistungsfähige Wirtschaftsstruktur nicht aufgebaut werden kann und daß die Entwicklungsfortschritte hinter den Zielvorstellungen der Bevölkerung und der Politiker zurückbleiben. So hat China seit einigen Jahren seine Abkopplung aufgegeben und bemüht sich um eine intensive Eingliederung in die internationalen Wirtschaftsbeziehungen.

Im Gegensatz dazu konnten gerade einige Entwicklungsländer, die besonders intensiv in den Weltmarkt eingebunden sind und umfangreiche Direktinvestitionsbestände aus dem Ausland aufweisen, ihre wirtschaftliche Entwicklung in den letzten Jahren beträchtlich forcieren. Manche sogar soweit, daß sie nun zu jenen Ländern zählen, die an der Schwelle stehen, selbst ein Industrieland zu werden, zum Beispiel Südkorea, Hongkong, Singapur, Taiwan, Brasilien. [→ 44-46]

Martin Kaiser/Norbert Wagner: Entwicklungspolitik, a. a. O., S. 121 f.

88 Die Vor- und Nachteile exportorientierter Agrarproduktion

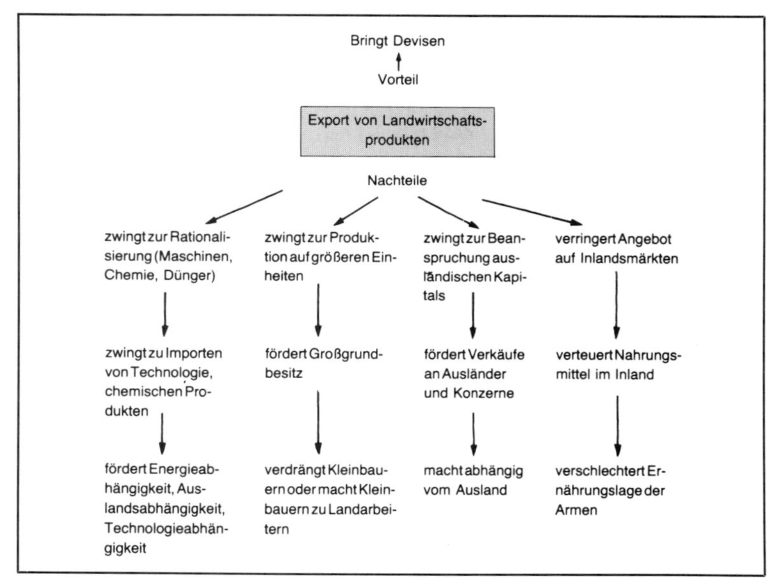

J. Dennhardt/S. Pater (Hg.): Entwicklung muß von unten kommen, Rowohlt Taschenbuch Verlag, Reinbek bei Hamburg 1980, S. 63

Auseinandersetzung mit den Befürwortern der Exportorientierung

89 Die Argumente, mit denen die Gefährlichkeit einer betonten Exportorientierung der Landwirtschaft der Dritten Welt heruntergespielt wird, sind zahlreich und sollen im folgenden diskutiert werden:

– *„Global betrachtet, nehmen die Exportkulturen in der Dritten Welt nicht mehr als 5% der gesamten landwirtschaftlichen Fläche ein.“*

Rein statistisch ist das richtig, nur darf man das Problem nicht „global“ betrachten. In vielen Ländern, besonders in solchen, in denen die ehemaligen kolonialen Machtstrukturen von lokalen Oligarchien übernommen wurden, beanspruchen die Exportkulturen wichtiges und fruchtbares Land, das somit der Ernährung der breiten Bevölkerung nicht mehr zur Verfügung steht. Ein Beispiel: Die Tatsache, daß in Mittelamerika die Kleinbauern in die unwegsamen Berge verdrängt wurden, ist vor allen Dingen der Besetzung der fruchtbaren Ländereien durch die Exportmarktprodukte zu verdanken (Bananenrepubliken).

– *„Die Flächen, deren Produktion für den Export bestimmt sind, kommen wenigstens zum Teil aus Standortgründen nicht für die Erzeugung von Grundnahrungsmitteln in Frage.“*

Eine solche Behauptung ist wahr und falsch zugleich. Sie ist wahr, weil ein großer Teil der Exportkultur-Standorte nicht geeignet ist für die Erzeugung von Grundnahrungsmitteln mit modernen Methoden. Das heißt, auf diesen Standorten kann man meist aus topographischen Gründen kein Getreide oder andere Grundnahrungsmittel in vollmechanisierten Betrieben produzieren. Die erwähnte Aussage ist gleichzeitig aber auch falsch, weil es nicht darum geht, in großen, mechanisierten Betrieben Grundnahrungsmittel zu erzeugen, um diese dann an die arme Bevölkerung zu verteilen. Es geht vielmehr darum, die verarmte und hungernde Bevölkerung im Kleinbetrieb wieder am Produktionsprozeß teilnehmen zu lassen. Alle Produktionsgebiete der Welt mit landwirtschaftlich nutzbaren Flächen sind zur Erzeugung von Grundnahrungsmitteln geeignet. Dies ist schon daraus zu ersehen, daß es längst, bevor man von Exportfrüchten sprach, in allen Teilen der Welt Menschen gab, die sich ihre Grundnahrungsmittel selbst erzeugten. Diese Produktionen wurden aber gerade durch die Beanspruchung von Land für Exportprodukte der Kolonialmächte zerstört. [...]

– *„Ökologische Gründe sprechen vielfach für Dauerkulturen, wie Tee oder Kaffee, weil sie den Boden besser gegen Wind- und Wassererosion schützen als einjährige Ackerfrüchte.“*

Auch dies ist nur dann zutreffend, wenn man Plantagenkulturen mit den großen, vollmechanisierten Getreidebetrieben vergleichen will. Ein solcher Vergleich ist in diesem Zusammenhang jedoch sinnlos. Gerade in der kleinbäuerlichen Landwirtschaft wurden und werden nämlich Techniken entwickelt, die einen wesentlich besseren Bodenschutz erlauben als die Plantagen. Die Behauptung ist jedoch geradezu falsch, wenn man bedenkt, daß es sich bei den Exportkulturen fast ausschließlich um Monokulturen handelt, die nachweislich schon riesige Flächen der Dritten Welt entweder verkarstet oder in Wüsten verwandelt haben. [...]

– *„Manche Exportkulturen, wie z. B. Kokospalmen, liefern wichtige Nebenprodukte für die Dritte Welt, wie Brennmaterial, Fasern oder Ölkuchen."*

Dies ist aber nur dann von Wert, wenn die Endverarbeitung der tropischen Produkte auch im Erzeugerland vor sich geht. Das kommt aber nur in den wenigsten Fällen vor. Außerdem leben die verarmten ländlichen Massen, also die, die von Hunger betroffen sind, nicht von Fasern und auch nicht von Ölkuchen. [...]

– *„Die Aussage, daß sich die Exporterlöse von Agrarprodukten auf wenige Personen im Land konzentrieren und damit der Hunger zunehme, trifft nicht zu."*

Entwicklungsländer werden bei dieser Betrachtungsweise als makro-ökonomische Organismen angesehen. Das sind sie auch. Die Not in den Entwicklungsländern ist aber vor allem auch mikro-ökonomischen Ursprungs.

Alle Exportgeschäfte hinterlassen Vorteile, aber fast ausschließlich bei bestimmten städtischen Gruppen der Entwicklungsländer, die die wirtschaftlichen Machtpositionen und damit auch die politische Macht innehaben. Es wird dann darauf hingewiesen, daß in vielen Ländern der Export verstaatlicht ist. Dies sei ein Beweis dafür, daß der Exporterlös in diesen Ländern der Mehrheit der Menschen zur Verfügung stehe. Dabei wird allerdings übersehen, daß gerade bei verstaatlichten Wirtschaften staatstragende und nutznießende Eliten fast identisch sind.

Hermann Pössinger/Wolfgang Schoop: Der Kampf gegen den Hunger, Misereor-Vertriebsgesellschaft, Aachen 1984, S. 47 ff.

90 Exportproduktion erhöht Abhängigkeit von Nahrungsmittelimporten

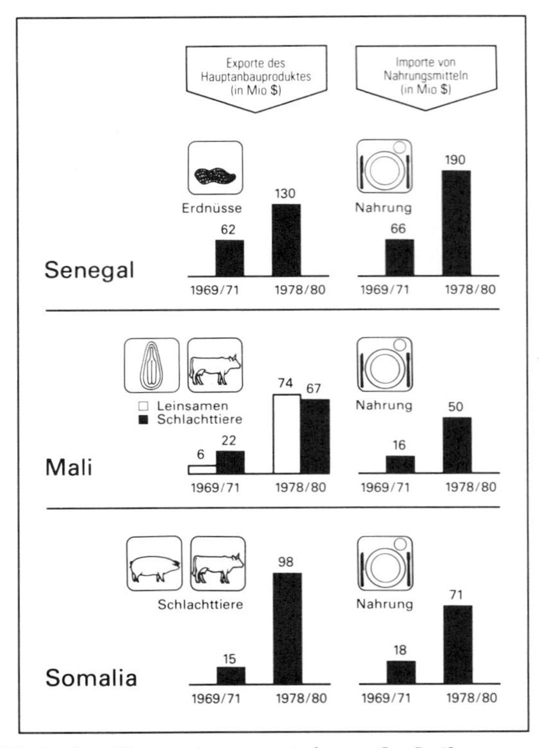

Rudolf H. Strahm: Warum sie so arm sind, a. a. O., S. 42

Was sind „Multinationale Konzerne"?

91 Multi- oder transnationale Konzerne sind Unternehmen, die in drei oder mehr Ländern Produktionsanlagen besitzen und eine weltweite Strategie betreiben. Exakter kann eine Unternehmung als „multinational corporation" bzw. „entreprise internationale" definiert werden, wenn ihr Auslandsanteil („foreign content"), gemessen an der Umsatz-, Investitions- oder Beschäftigtenzahl des gesamten Konzerns, mehr als 25% beträgt. Multinationale Unternehmen sind typischerweise kapitalkräftige Konzerne mit hohem Finanz- und Technologiepotential, die einen wesentlichen Teil ihres Umsatzes aus der *Produktion* (also nicht aus dem Export) ausländischer Tochtergesellschaften erzielen [...].

Als oberstes Ziel multinationaler Konzernaktivitäten kann die langfristige Maximierung eines – vom Management, den Aktionären und den Kreditbanken – als befriedigend betrachteten Gesamtgewinns angesehen werden. Die Maximierung des Konzerngewinns gilt als notwendige, aber nicht hinreichende Bedingung für die Aufnahme der Auslandsproduktion. Weitere Motive wie z. B. Umsatzwachstum, die Verteidigung oder Vergrößerung von Marktanteilen, Risikostreuung, Rohstoffsicherung, Exportförderung, die Umgehung von Importzöllen oder Umweltschutzbestimmungen sowie die Senkung der globalen Produktionskosten (Lohn-, Zins- und Materialkosten, Steuern und staatliche Abgaben) ergeben einen präziseren Aufschluß über das Auslandsengagement von Großkonzernen.

Das legitime Interesse transnationaler Konzerne an angemessenen Gewinnen und sicheren Investitionen kann – muß aber nicht zwangsläufig – mit dem mindestens ebenso legitimen Interesse der Dritten Welt an wirtschaftlicher Unabhängigkeit und eigenständiger Entwicklung kollidieren. Verschärft wird diese Interessenkollision durch die Asymmetrie in den ökonomisch-technologischen Potentialen und durch die Fähigkeit der „Multis“ zu einer weltweiten Strategie.

Der Welt größte und kapitalstärkste Unternehmen sind ausnahmslos multinationale Unternehmen. Ganz gleich, ob man Umsatzsumme, Gewinne, Beschäftigtenzahlen, Anlage- oder Umlaufvermögen, Größe der Forschungsabteilungen, Zahl der angemeldeten Patente und Lizenzen nimmt, stets rangieren multinationale Konzerne an der Spitze. Zahlreiche Multis erzielen Umsätze, die höher sind als das Bruttosozialprodukt der Entwicklungsländer, in denen sie operieren.

Gerald Braun: Nord-Süd-Konflikt und Entwicklungspolitik, a. a. O., S. 163 f.

92a Deutsche Direktinvestitionen im Ausland (in Mio. DM)

Jahr	Gesamt	in EL	EL-%
1977	5 094	1 515	29,7
1978	6 050	1 257	20,8
1979	7 809	1 083	13,9
1980	8 160	1 109	13,6
1981	9 824	2 289	23,3
1982	9 762	2 195	22,5
1983	7 837	2 331	29,8
1984	9 266	1 389	15,0
1985	13 643	358	2,6
1986	11 207	683	6,1
1987	12 769	1 324	10,4
1988	15 350	458	2,7
Gesamt	**116 771**	**15 941**	**16,7**

Bundesministerium für wirtschaftliche Zusammenarbeit (BMZ): Journalisten-Handbuch Entwicklungspolitik 1989/90, S. 203

92 b

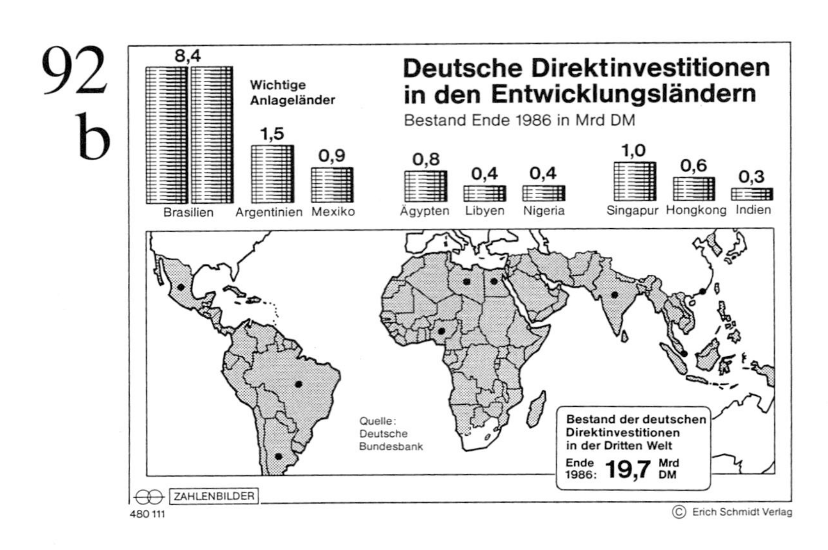

93 Volkswagen – ein Multi stellt sich vor

Wir sind multinational.

Darüber freuen sich Millionen.

VW ist mehr als Autos.

Wo man Volkswagen baut, geht es den Menschen besser.

Nicht nur hier im Land. Die VW-Mitarbeiter in Brasilien, Mexico und Südafrika sind seit vielen Jahren Zeugen dafür. So unterschiedlich auch Lebensgewohnheiten und Gesetze dort sein mögen – wer bei VW arbeitet, verdient gut, kann sich mehr als den gewöhnlichen Lebensunterhalt leisten, ist bei Krankheit versichert und im Alter.

Wenn heute in vielen Ländern Volkswagenwerke stehen, hatte das seinen Ursprung im Wunsch, besonders gute Autos besonders billig zu bauen. Um das zu erreichen, muß man möglichst viele auf einmal herstellen. Und das Material dafür muß man dort einkaufen, wo es am günstigsten zu bekommen ist.

Die Folgen: VW treibt seit vielen Jahren mit aller Welt Handel, liefert Volkswagen in 140 Länder und errichtet überall Kundendienst-Stationen.

Das hatte wieder Folgen: Mancherorts wuchs der Bedarf an Automobilen so kräftig, daß es sich gelohnt hat, dort eigene VW-Werke zu bauen. Diese brauchen Teile und Zubehör – und wieder wurden Fabriken gegründet, die uns damit versorgen. Kaufleute, Handwerker und Dienstleistungsbetriebe erhielten mehr Aufträge und brauchten mehr Mitarbeiter.

Mehr Menschen konnten besser leben. Mehr Menschen konnten ihr eigenes Auto fahren. VW konnte noch mehr Autos bauen.

Durch seine internationale Ausbreitung hat VW Zehntausende von Arbeitsplätzen geschaffen und Millionen Menschen in vielen Ländern nicht nur beweglicher gemacht, sondern auch zufriedener, wohlhabender und unabhängiger.

Anzeige aus Frankfurter Rundschau vom 10. 5. 1977

Positive und negative Wirkungen multinationaler Konzerne

94 Die Regierungen der meisten Entwicklungsländer haben ein breites Instrumentarium entwickelt, das ausländisches Kapital zu Investitionen anregen soll. Sie suchen diese Investitionen von Unternehmen aus den Industrieländern, weil diese Kapital und technisch-organisatorisches Know-how ins Land bringen, das für die Ausbildung von Fachkräften, die Schulung von Managementpersonal und das Demonstrieren ertragreicher Produktionsmethoden wichtig ist. Die Regierungen von Entwicklungsländern rechnen auch damit, daß

TNU [= Transnationale Unternehmen] Arbeitsplätze schaffen, mittelständische Zulieferbetriebe entstehen lassen und über Steuern und Entwicklung der Infrastruktur Industrialisierungsimpulse geben.

Auch daß TNU in ihren Gastländern Beiträge zum Aufbau der nationalen Versorgung mit Gütern des täglichen Bedarfs leisten können, macht TNU für die Regierungen von Entwicklungsländern zu interessanten Partnern. [...]

Doch die Entwicklungsländer können sich in der Regel nicht der Tatsache entziehen,

- daß mit der Zulassung von Investitionen durch TNU Teilbereiche der Wirtschaft dem Einfluß fremder Entscheidungszentralen im Ausland ausgesetzt werden, die umso stärker sind, je schwächer die eigenen wirtschaftspolitischen Möglichkeiten sind;
- daß die Investitionen der TNU zwar Arbeitsplätze schaffen, doch da gegenüber den Fertigungsmethoden der TNU die traditionelle Wirtschaft des Gastlandes oft konkurrenzunfähig ist, gehen manchmal zumindest vorübergehend mehr Arbeitsplätze verloren, als neue geschaffen werden, wie Beispiele aus der Schuh- und der Bekleidungsindustrie zeigen;
- daß sich im Umkreis der von den TNU geschaffenen Wohlstandsinseln häufig Konsummuster herausbilden, die den Strukturen der Wohlstandsgesellschaften sehr ähnlich sind und die ohnehin gefährliche soziale Polarisierung zwischen den Eliten und den Armen vergrößern. [...]
- Die TNU haben einen Ruf zu verlieren und vermeiden deshalb weitgehend, umweltpolitisch negativ aufzufallen. Doch sind sie durch Auslagerung umweltbedenklicher Produktion oder durch den Absatz ökologisch schädlicher, in den Industrieländern bereits restriktiv gehandhabter Produkte (z. B. Pestizide) für eine Reihe ökologischer Probleme mitverantwortlich;
- sie tragen mit ihrer Rationalisierung wesentlich zum Wachstum des Bruttosozialprodukts bei. Andererseits können sie durch ihre kapitalintensiven Produktionsmethoden zunehmend Arbeitsplätze im traditionellen Handwerk und in der Kleinindustrie der Entwicklungsländer gefährden.
- Viele von ihnen setzen in den Gastländern Normen für fortschrittliche, innerbetriebliche Sozialleistungen. Es gab und gibt aber auch solche, für deren Investition vor allem das niedrige Lohnniveau wesentliches Investitionsmotiv ist.

– Die TNU verstehen sich als Repräsentanten einer freien Wirtschaft. Doch ist zu beobachten, daß sie die politische Nähe zu autoritär verfestigten Regierungen nicht scheuen, wenn ihnen kurzfristig „stabile“ Rahmenbedingungen wichtiger sind als politische Demokratien, die langfristig mehr Stabilität verheißen.

Kammer der Evangelischen Kirche in Deutschland (EKD) für kirchlichen Entwicklungsdienst: Transnationale Unternehmen als Thema der Entwicklungspolitik, epd-Dokumentation, Nr. 43a/1985, S. 5 ff.

Die Rolle der Multis aus der Sicht eines Entwicklungslandes

95 Man pflegt uns eine Reihe von Heilmitteln zu empfehlen. Erstens sollen wir private Investitionen fördern, indem wir ein geeignetes Wirtschaftsklima für sie schaffen. Unausgesprochen wird davon ausgegangen, daß es sich hierbei nur um Privatinvestitionen aus dem Ausland handeln kann. In einem Land wie Tansania gibt es keine Bürger mit privatem Vermögen, das zu mehr als der Einrichtung eines von der Familie betriebenen Einzelhandels ausreichte.

Das Motiv für Privatinvestitionen ist der Profit. Wer beispielsweise eine Fabrik bauen will, fordert vier Dinge: zuverlässige, ausreichende und billige Strom- und Wasserversorgung; ein Angebot disziplinierter Arbeitskräfte mit ausreichenden Vorkenntnissen; das Vorhandensein eines funktionierenden und leicht zugänglichen Marktes; und viertens wirtschaftliche und politische Stabilität unter besonderer Berücksichtigung eines niedrigen Steuersatzes, des Gewinntransfers sowie eines angemessenen Konsumgüter- und Dienstleistungsangebots als Anreiz für Angebote des gehobenen Managements.

Das Unglück will es, daß wir all dies in den armen Staaten nicht haben. Sonst wären wir ja auch nicht arm! Wir haben keine Energieversorgung; wir müssen zur Schaffung derselben vielmehr erst noch das Geld aufbringen. Wir haben keine ausgebildete Arbeiterschaft. Auch dafür müssen wir Geld aufbringen, um Lehrer auszubilden und Bildungseinrichtungen zu schaffen. Unser Markt ist zwar groß im Sinne einer großen Zahl von Menschen, die einfache Konsumgüter benötigen. Doch ist der Markt klein hinsichtlich der Anzahl von Leuten mit nennenswerter Kaufkraft. Überdies muß angesichts unserer Armut unser Steuersatz sehr hoch sein, wenn es überhaupt irgendeine Verwaltungs- oder Sozialstruktur geben soll. [...]

Es gehört deshalb zur Natur ausländischen Kapitals, daß es arme Staaten nur in jenen Bereichen attraktiv findet, in denen sofortige und sehr hohe Gewinne zu realisieren sind. Dies sind in der Regel nicht die nützlichsten Investitionen. Alle sonstigen ausländischen Investitionen erfordern Anreize wie ein Versprechen von Steuerbefreiungen sowie eine Vorzugsstellung, sogar noch vor den unerläßlichsten sozialen Dienstleistungen für unsere Bevölkerung.

Einige arme Staaten haben sich trotz allem dazu entschlossen, auf das private Unternehmertum als Grundlage ihrer Entwicklungsstrategie zu setzen. Sie haben die geforderten Steuerbefreiungen gewährt, Gewinntransfers garantiert und den Aufbau von Gewerkschaften, die für die Arbeitnehmer in solchen Firmen würdige und ordentliche Arbeitsbedingungen gefordert hätten, zu behindern versucht. Und doch bleiben dies arme Nationen. Eine kleine Gruppe ihrer Bürger mag reich werden, doch das Volk als Ganzes bleibt unentwickelt. Zu all den übrigen Problemen ist jetzt noch ein weiteres gekommen: eine krasse innere Ungleichheit, mit der – früher oder später – unausbleiblichen Konsequenz politischer Instabilität.

Julius K. Nyerere [ehem. Staatspräsident Tansanias]: Die Dritte Welt und die Struktur der Weltwirtschaft, a. a. O., S. III

96 a

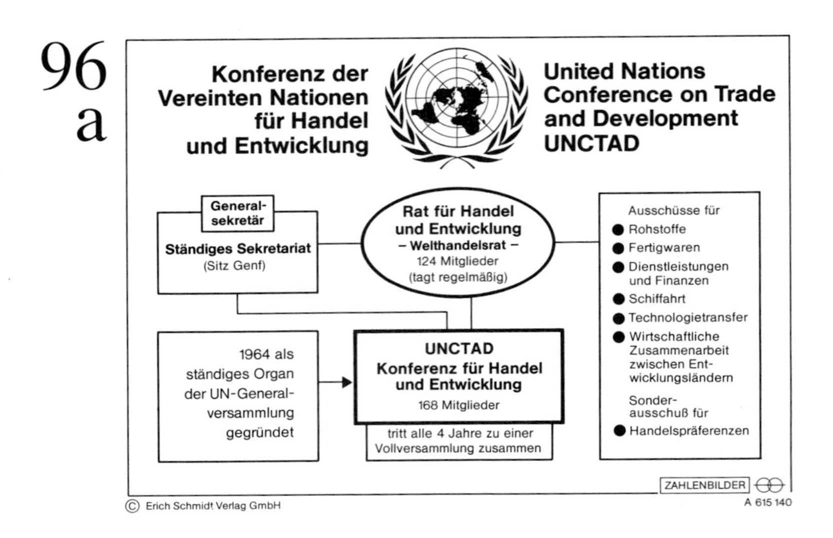

96 b

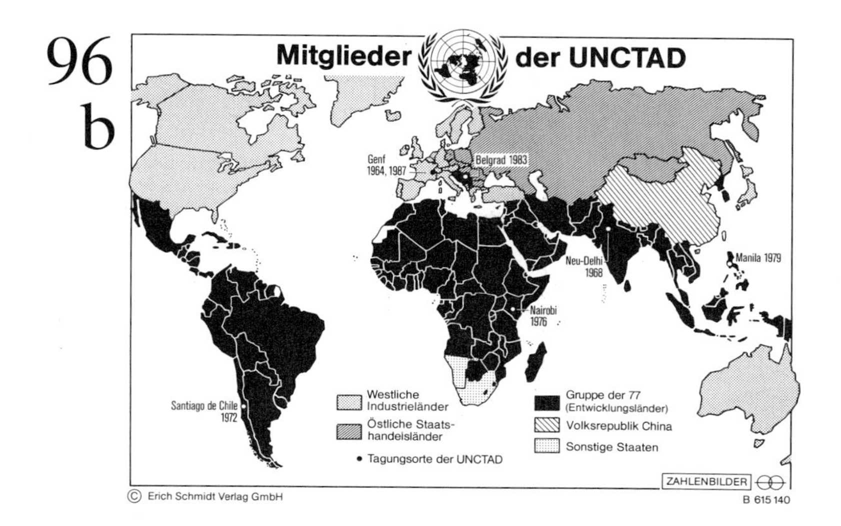

Elemente einer „Neuen Weltwirtschaftsordnung"

97 Im folgenden werden stichwortartig die hauptsächlichen Forderungen der EL [Entwicklungsländer] zur Neuordnung der Weltwirtschaft aufgelistet, die seit 1974 auf internationalen Konferenzen gestellt wurden:

a) *Internationale Handelspolitik:* Erleichterung des Marktzugangs für Waren aus EL durch Abbau der Zölle und anderer Handelshemmnisse [→ 65-67], durch Verbesserung der bisher gewährten Zollpräferenzen, durch den Abbau des Protektionismus in Industrieländern [Stop weiterer Subventionen an strukturschwache Industrien].

b) *Rohstoffe:* Volle Souveränität der EL über ihre natürlichen Reichtümer; Recht zum Zusammenschluß zu Rohstoffkartellen; Aufbau von internationalen Rohstofflagern zur Preisstabilisierung bei Rohstoffen unter dem Dach eines gemeinsamen Fonds [→ 99-101]; Herstellung eines gerechten Preisverhältnisses zwischen Rohstoffen und Fertigwaren (Indexierung); Förderung der Weiterverarbeitung von Rohstoffen in den EL und Erhöhung des Anteils dieser Länder am Transport und der Vermarktung von Rohstoffen; Beschränkung neuer Investitionen in die Produktion von Synthetika, die mit Rohstoffen konkurrieren.

c) *Ressourcentransfer:* Substantielle Erhöhung der Entwicklungshilfe [→ 117] und Verbesserung ihrer Konditionen; Erleichterung der Schuldenlast der EL [→ 25] durch Umschuldungsvereinbarungen und Schuldenerlaß [→ 31,32]; Erleichterung des Zugangs von EL zu den internationalen Kapitalmärkten; Verbesserung der Finanzierung von Exportausfällen der EL durch den IWF [→ S. 184].

d) *Multinationale Konzerne:* Regulierung und Überwachung der MNK [→ 91] durch einen internationalen Verhaltenskodex, damit diese besser den Entwicklungsbedürfnissen der Dritten Welt Rechnung tragen und sich restriktiver Geschäftspraktiken enthalten; Möglichkeiten der Entschädigung bei Verstaatlichung von MNK nach nationalem Recht.

e) *Technologietransfer:* Stärkung der technologischen Kapazität der EL durch Ausbau ihrer technologischen Infrastruktur; Verbesserung und Verbilligung des Zugangs dieser Länder zu modernen Technologien; Ausarbeitung eines Verhaltenskodex, der die kommerziellen Praktiken der Technologieübertragung von Mißbräuchen befreit; Anpassung der Übereinkünfte über Patente und Warenzeichen an die Bedürfnisse der EL.

f) *Industrialisierung:* Steigerung des Anteils der EL an der Weltindustrieproduktion auf 25% im Jahre 2000; sukzessive Verlagerung von arbeits-, rohstoff- und energieintensiven Industriesektoren in die EL, unterstützt durch eine entsprechende aktive Strukturpolitik in den reichen Ländern.

g) *Weltwährungssystem:* Rückkehr zu festen Wechselkursen und Eindämmung der weltweiten Inflation; Erhaltung des Realwertes der Währungsreserven der EL; Abbau der Rolle des Goldes im internationalen Währungssystem zugunsten der Sonderziehungsrechte (SZR) [→ 139]; teilweise Verwendung der neu geschaffenen SZR zur Entwicklungsfinanzierung („link").

h) *Internationale Entscheidungsstrukturen:* Gerechterer Anteil der EL am Entscheidungsprozeß der Weltbank und des IMF [→ 138]; Kompetenzstärkung der den EL nahestehenden internationalen Organisationen (UNIDO, UNCTAD [→ 96 a+b], UN-System generell) bei der Verhandlung globaler Wirtschafts- und Sozialfragen.

Joachim Betz: Von der alten zu einer neuen Weltwirtschaftsordnung,
in: Sozialwissenschaftliche Informationen für Unterricht und Studium 4/1980,
S. 164 f.

98

„Ist dir klar, daß ich dich in der Hand habe?"
Karikatur: Haitzinger

Das Integrierte Rohstoffprogramm

99 Die Forderung der Entwicklungsländer nach einem Integrierten Rohstoffprogramm (IR) ist eine der wichtigsten und war auf den internationalen Konferenzen besonders umstritten. Frühere Rohstoffabkommen waren jeweils nur für einzelne Rohstoffe abgeschlossen worden. Als Instrument zur Preisstabilisierung dienten meist Exportquoten der Produzentenländer oder Liefer- und Abnahmeverpflichtungen der Produzenten und Konsumenten. Beim IR sollten nun mehrere Instrumente zur Preis- und Erlösstabilisierung zusammengefaßt und eine große Zahl von Rohstoffen, die für die Entwicklungsländer von Bedeutung sind, einbezogen werden. Ziel des IR war ein „gerechtes" und „stabiles" Rohstoffpreisniveau, die Verbesserung des Marktzugangs für Rohstoffe, Versorgungssicherheit, die

Verbesserung der Wettbewerbsfähigkeit der Rohstoffe gegenüber Ersatzrohstoffen und ein höherer Anteil der Entwicklungsländer an der Weiterverarbeitung von Rohstoffen.

Als Maßnahmen zur Realisierung dieser Ziele waren vorgesehen:
- Internationale Marktausgleichslager (Bufferstocks),
- ein Gemeinsamer Fonds zur Finanzierung der Marktausgleichslager,
- multilaterale Liefer- und Abnahmeverpflichtungen,
- Förderung der Weiterverarbeitung von Rohstoffen und Abbau des Protektionismus der Industrieländer bei Agrargütern und Rohstoffen.

Für zehn sogenannte Kernrohstoffe, bei denen die Entwicklungsländer einen relativ hohen Anteil am Weltexport besitzen (etwa 75 Prozent), sollten Marktausgleichslager eingerichtet werden, mit dem Ziel, Preisschwankungen aufzufangen. Droht der Preis eines Rohstoffs unter einen bestimmten Mindestpreis zu fallen, tritt der Bufferstock als zusätzlicher Nachfrager auf dem Markt auf. Durch diese zusätzliche Nachfrage soll der Marktpreis über dem Mindestpreis gehalten werden. Steigt der Preis über eine bestimmte Schwelle, werden Lagerbestände verkauft mit dem Ziel, den Marktpreis unter den Höchstpreis zu drücken. [→101] Zur Finanzierung der mit den Marktausgleichslagern verbundenen Kosten (Anschaffungs-, Gebäude-, Zins- und Verwaltungskosten) sollte ein Gemeinsamer Fonds (für alle Rohstoffe, finanziert durch Beiträge von Produzenten und Konsumenten) eingerichtet werden.

Liefer- und Abnahmeverpflichtungen sind vorgesehen für acht weitere Rohstoffe. Bei einem solchen Abkommen erklären sich einerseits die Produzenten eines Rohstoffs bereit, eine bestimmte Menge dieses Rohstoffs zu einem festgelegten Höchstpreis zu liefern, auch wenn der Weltmarktpreis höher liegt. Andererseits verpflichten sich die Konsumenten, eine bestimmte Menge zu einem festgelegten Mindestpreis abzunehmen, auch dann, wenn der Weltmarktpreis niedriger liegt. In Fällen, in denen Marktausgleichslager oder Liefer- und Abnahmeverpflichtungen nicht die gewünschte Preisstabilisierung erreichen, sollen Kompensationszahlungen die Erlösausfälle ausgleichen.

Martin Kaiser/Norbert Wagner: Entwicklungspolitik, a. a. O., S. 372 f.

100

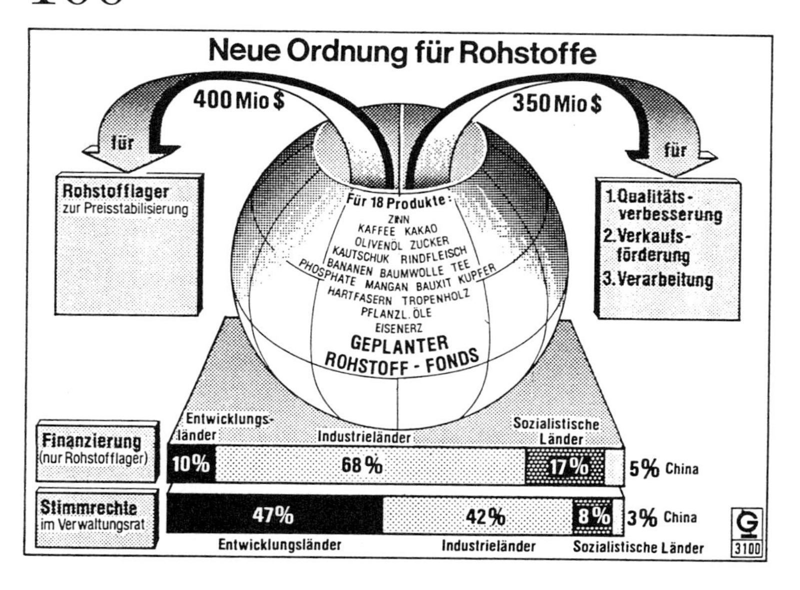

101 Wie der Rohstoff-Fonds funktionieren soll

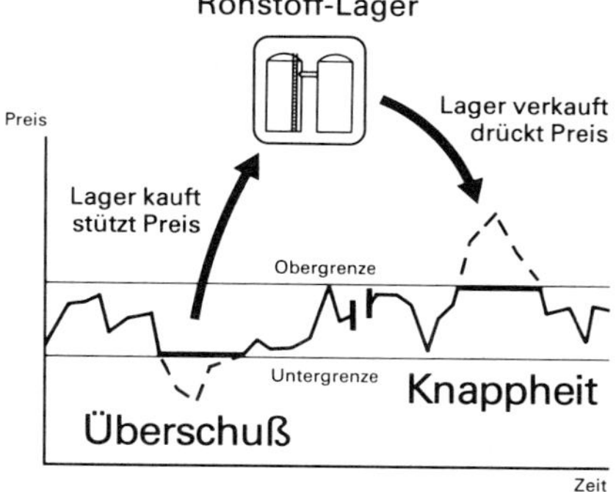

Rudolf H. Strahm: Warum sie so arm sind, a. a. O., S. 132

Internationales Kaffee-Abkommen ist geplatzt

102 *rb FRANKFURT A. M.* Das Internationale Kaffee-Abkommen ist geplatzt. Nach monatelangen Verhandlungen konnten sich die 50 Produzenten- und 24 Verbraucherländer nicht auf neue Exportquoten einigen. Alle Ausfuhrbeschränkungen auf dem Kaffeemarkt wurden sofort ausgesetzt. Das am 30. September [1989] offiziell auslaufende Abkommen soll formal zwar um zwei Jahre verlängert werden, um Zeit für neue Verhandlungen zu gewinnen. Bis zu einer Einigung wird es allerdings ohne praktische Bedeutung bleiben.

Die Nachricht von der sofortigen Freigabe des Angebots hat die internationalen Rohstoff-Märkte offenbar überrascht, die eher mit einer Liberalisierung zum 1. Oktober hin gerechnet hatten. Als Folge davon fielen die Rohkaffeepreise am Dienstag in London zeitweise um fast zehn Prozent, obwohl im Vorgriff auf die jetzt eingetretene Situation die „braunen Bohnen" (im Rohzustand sind sie eher grün) seit Jahresanfang bereits um rund ein Viertel billiger geworden sind.

Für die Verbraucher in der Bundesrepublik bedeutet dies, daß das Täßchen Kaffee „wohl zu Weihnachten billiger wird". Dies glaubt zumindest ein Sprecher des Hamburger Großrösters Tchibo. In nächster Zeit sei dagegen keine Änderung zu erwarten, da die meisten Firmen noch über volle Läger verfügten. Er begrüßt vor allem, daß nun „wieder der freie Zugriff auf Qualitäts-Kaffees möglich ist". Ähnlich sieht es auch Frieder Rotzoll, Geschäftsführer des Deutschen Kaffee-Verbandes. Er rechnet zwar mit einem deutlich steigenden Angebot der hierzulande bevorzugten Arabica-Sorten am Weltmarkt, gleichzeitig aber auch mit zunehmender Nachfrage, da sich die meisten Verarbeiter aufgrund der unsicheren Lage in jüngster Zeit zurückgehalten hätten. Kurzfristig werde sich deshalb wenig beim Endverbraucherpreis ändern. Derzeit liegt das Pfund Röstkaffee im Schnitt zwischen acht und knapp zehn Mark.

Für die Entwicklungsländer dürfte die Freigabe der Quoten erhebliche Auswirkungen haben, handelt es sich bei Kaffee doch um ihr zweitwichtigstes Exportprodukt nach Erdöl (Gesamteinnahmen rund 15 Milliarden Dollar jährlich). Angesichts der unterschiedlichen Weltmarktlage für die beiden Hauptsorten – Überangebot bei Robusta und Knappheit bei Arabica – hatten sich bei den Verhandlungen über ein neues Abkommen zwei Lager gebildet: Die EG mit dem

Robusta-Importeur Frankreich an der Spitze wollte zusammen mit dem zweitgrößten Exporteur Kolumbien das Abkommen retten und plädierte für eine stufenweise Umverteilung der Exportquoten. Die USA als Arabica-Importeur und die mittelamerikanischen Ausfuhrländer dieser Sorte setzten dagegen auf eine Freigabe. So hat beispielsweise Costa Rica im vergangenen Jahr 2,6 Millionen Sack Kaffee (zu je 60 Kilo) produziert, durfte jedoch aufgrund seiner Quote nur die Hälfte davon exportieren. Ob die größere Ausfuhrmenge für diese Staaten bei sinkenden Preisen letztendlich von Vorteil ist, bezweifelt zumindest Jorge Cárdenas, Leiter der kolumbianischen Delegation: Er beklagt die „wenig flexible Haltung einiger Lieferländer" und fügt hinzu, „ich hoffe nur, daß sie es nicht irgendwann einmal bedauern werden, wenn unsere völlig verschuldete und schwache Wirtschaft den Realitäten eines freien Marktes ins Auge sehen muß".

In der Bundesrepublik dürften im laufenden Jahr rund acht Kilo Rohkaffee pro Kopf konsumiert werden. Etwa 30 Prozent davon stammt aus Kolumbien, zehn bis 15 Prozent aus Brasilien und etwa acht Prozent aus El Salvador. Von den gut 100 Millionen Sack Weltproduktion werden 70 bis 75 Millionen exportiert, 90 Prozent davon in die Verbraucherländer des Abkommens. Hauptabnehmer sind die USA mit einem Anteil von rund 25 Prozent und die EG mit etwa 40 Prozent. Die Amerikaner hatte stets besonders geärgert, daß die übrigen zehn Prozent des Welt-Exports, die vor allem in den Ostblock gehen, zu Dumpingpreisen weit unter denen des Abkommens verkauft wurden.

Weitaus wichtigster Produzent ist Brasilien, das sich bei den Verhandlungen mit Hinweis auf seinen hohen Schuldendienst [→27, 28] geweigert hatte, etwas von seiner globalen Quote in Höhe von rund 30 Prozent abzugeben. Sollte es bei der gegenwärtigen Kälteperiode in Brasilien zu erneuten Frostschäden an den Kaffeepflanzen kommen, dürfte dies die Weltmarktpreise zumindest stabilisieren.

Frankfurter Rundschau vom 5. 7. 1989

Zur Problematik des Integrierten Rohstoffprogramms

103 Die Problematik einer Neuen Weltwirtschaftsordnung läßt sich exemplarisch am Fall des Integrierten Rohstoffprogramms demonstrieren:

Zur Funktionsfähigkeit:

Der vorgesehene Interventionsmechanismus der Bufferstocks kann langfristig nur funktionieren, wenn er ziemlich exakt dem Marktpreis (= Ausgleich von Angebot und Nachfrage) entspricht. Liegt der Interventionspreis höher (wie von den Entwicklungsländern gefordert), so entsteht ein Angebotsüberhang. Er zwingt die Bufferstock-Verwaltung zum permanenten Aufkauf von Überschüssen zu wachsenden Interventionskosten. Langfristig – und dieser Effekt ist noch kritischer zu beurteilen – stimulieren hohe Preise die Entwicklungsländer zum weiteren Ausbau ihrer Rohstoffproduktion – und verewigen ihre Monostrukturen.

Zu den Verteilungseffekten:

Der gewünschte (Um-)Verteilungseffekt von Industrie- zu Entwicklungsländern durch Rohstoffprogramme ist nur zu erreichen, wenn alle Entwicklungsländer die vorgesehenen 18 Rohstoffe exportierten und gleichzeitig alle Industrieländer nur als Importeure dieser Rohstoffe aufträten. Dies ist aber in der Realität nicht der Fall.

- Einige *Industrieländer* würden von höheren Rohstoffpreisen erheblich profitieren. So sind beispielsweise die USA der größte Baumwollexporteur der Welt, Frankreich und Australien der dritt- bzw. viertgrößte Zuckerexporteur, Kanada der viertgrößte Exporteur von Kupfer. Auch Australien, die UdSSR und Südafrika würden von dem Rohstoffprogramm profitieren.
- Umgekehrt würden die *rohstoffarmen Entwicklungsländer* der IV. Welt, die auf Rohstoffeinfuhren angewiesen sind, von höheren Rohstoffpreisen besonders hart getroffen; m. a. W., der gewünschte Umverteilungs-Effekt von reichen Industrienationen zu armen Entwicklungsländern findet nicht oder nur in sehr begrenztem Maße statt.
- Ein weiterer – *interner* – *Verteilungseffekt* kommt hinzu: Die Tatsache, daß Rohstoffprogramme (auch) armen Entwicklungsländern zugute kommen, *heißt keineswegs, daß sie auch den Armen in diesen Ländern zugute kommen:* Mehr Ressourcen sind keine Garantie dafür, „daß die Ressourcen auch tatsächlich zur Befriedigung

der Grundbedürfnisse der Massen eingesetzt werden – sie können auch dazu benutzt werden, die ganz und gar nicht grundlegenden Bedürfnisse der lokalen Eliten zu befriedigen, oder sie können auf nationale Prestigeobjekte verschwendet werden, einschließlich der Militarisierung der Gesellschaft." [Johan Galtung]

Man kann daher bestenfalls argumentieren, daß die Neue Weltwirtschaftsordnung eine notwendige, aber keinesfalls hinreichende Bedingung für eine Umverteilung des Weltsozialprodukts zugunsten der Armen darstellt. Eine entsprechende *interne Grundbedürfnisstrategie* innerhalb der Dritten Welt muß hinzukommen.

Gerald Braun: Nord-Süd-Konflikt und Entwicklungspolitik, a. a. O., S. 155 ff.

Rauschgift ist das einzige gut bezahlte Produkt

104 Zunehmender Drogenkonsum bedroht immer mehr Jugendliche in den Industrieländern. Jetzt holen die Regierungen zum großen Schlag aus. Die USA rüsten die Polizei von Kolumbien mit einer 60-Millionen-Dollar-Spritze auf. Die europäischen Regierungen unterstützen die USA in ihrem „Krieg gegen die Drogenhändler". Trotz aller Anstrengungen sind die Erfolgsaussichten im Kampf gegen den Drogenhandel jedoch so lange gering, wie die weltwirtschaftlichen Ursachen des wachsenden Drogenexportes aus Lateinamerika nicht angegangen werden: Die Preise für die nützlichen Rohstoffe Kaffee, Zinn, Mais oder Bananen sind in den vergangenen Jahren rapide gefallen [→ 60], während die Preise für den bedrohlichen Rohstoff Rauschgift ständig weiter steigen. Der Drogenanbau sichert Hunderttausenden von Landbewohnern in Lateinamerika den Lebensunterhalt.

„Was soll ich denn machen, ich habe doch nur die Wahl zwischen Kokapflanzen und Krepieren", sagt der peruanische Kokapflücker Roberto einer Schweizer Zeitschrift und geizt auch nicht mit Zahlen. Tagelöhner wie er verdienen für Arbeiten auf den Kokafeldern 40 000 peruanische Inti pro Tag, für das Pflücken von Bananen oder Kakao erhalten sie gerade 10 000. Noch drastischer ist der Unterschied für die Händler in Peru. Verkaufen sie ein Kilo Mais an den Staat, dann erhalten sie 250 Inti. Kolumbianische Drogenhändler bezahlen für ein Kilo Kokapaste dagegen 1,2 Millionen Inti. Aus diesem Grund leben derzeit über 250 000 Peruaner vom Drogenanbau.

In den anderen lateinamerikanischen Drogenhochburgen Kolumbien und Bolivien ist die Situation genau gleich. Allein 1989 sank der Weltmarktpreis für Kaffee – nach Drogen das wichtigste Exportprodukt Kolumbiens – von 1,3 US-Dollar pro Pfund Anfang des Jahres auf heute 75 Cents. Bolivien erlebt die gleiche Entwicklung in seinen Zinnminen. Die Weltmarktpreise für Zinn haben sich in den vergangenen fünf Jahren halbiert. 20 000 Minenarbeiter wurden seitdem entlassen und gehen nun dem Anbau und Verkauf von Drogen nach. „Man muß sich einfach vor Augen halten, daß das einzige Produkt, das in Lateinamerika gut bezahlt wird, das Rauschgift ist", erklärte der honduranische Weihbischof Oscar Rodriguez Maradiagga im deutschen Rundfunk die Drogenflut aus seinem Kontinent. Ohne den Drogenhandel in irgendeiner Weise zu rechtfertigen, muß man den Regierungen der Industrieländer eine Mitverantwortung für die Drogenexporte anlasten. Auf allen weltwirtschaftlichen Konferenzen lehnten sie die Forderungen der Entwicklungsländer nach einer Erhöhung und Stabilisierung der Rohstoffpreise rigoros ab, da sie darin einen Eingriff in das freie Spiel der Marktkräfte sahen. Jetzt belohnt das freie Spiel der Marktkräfte die Drogenhändler und bestraft alle Bauern in der Dritten Welt, die auf Kaffee, Kakao, Mais oder Bananen setzen.

Die konsequente Verfolgung der Drogenhändler ist deshalb eine notwendige, aber unzureichende Strategie gegen die Drogenflut. Nur wenn sich die Industrieländer den Wünschen der Dritten Welt nach höheren und stabileren Rohstoffpreisen oder zumindest nach stabileren Rohstofferlösen nicht weiter verschließen, werden sie auch die weltwirtschaftlichen Ursachen des Drogenhandels in den Griff bekommen. Eingriffe in den „freien" Weltmarkt mögen dazu erforderlich sein, doch sie sind auch in den Industrieländern notwendig, um soziale Probleme zu lösen.

Wolfgang Kessler, in: Die Rheinpfalz vom 26. 10. 1989

Was gehört zu den menschlichen „Grundbedürfnissen"?

105 Die Erfüllung der Grundbedürfnisse bedeutet die Deckung des privaten Mindestbedarfs einer Familie an Ernährung, Unterkunft, Bekleidung. Sie umfaßt ferner die Inanspruchnahme lebenswichtiger Dienste, wie die Bereitstellung von gesundem

Trinkwasser, sanitären Einrichtungen, Transportmitteln, Gesundheits- und Bildungseinrichtungen, und das Erfordernis, daß für jede arbeitsfähige und arbeitswillige Person eine angemessen entlohnte Arbeit zur Verfügung steht. Schließlich sollte sie auch die Erfüllung mehr qualitativer Bedürfnisse umfassen: Eine gesunde, humane und befriedigende Umwelt sowie eine Beteiligung des Volkes an Entscheidungen, die sein Leben und seinen Lebensunterhalt sowie seine individuellen Freiheiten betreffen.

International Labour Office (ILO), zit. nach: Martin Kaiser/Norbert Wagner: Entwicklungspolitik, a. a. O., S. 131

106 Indikatormodell für vier Grundbedürfnisbereiche

z_1 = Einwohner je Arzt
z_2 = Einwohner je Beschäftigtem in der Krankenpflege
z_3 = Bruttosozialprodukt pro Kopf

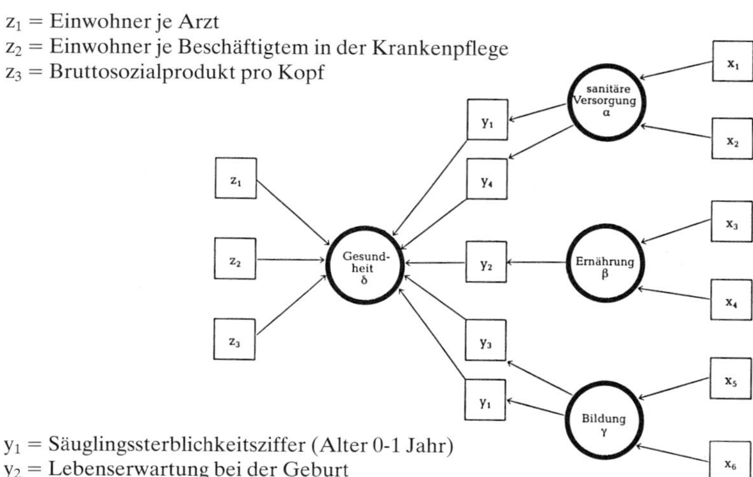

y_1 = Säuglingssterblichkeitsziffer (Alter 0-1 Jahr)
y_2 = Lebenserwartung bei der Geburt
y_3 = Alphabetenquote für Erwachsene
y_4 = Kindersterbeziffer (Alter 1-4 Jahre)
X_1 = Städtische Bevölkerung in % der Gesamtbevölkerung
X_2 = Anteil der Bevölkerung mit Zugang zu einwandfreiem Wasser
X_3 = Index der Nahrungsmittelproduktion pro Kopf
X_4 = Kalorienangebot pro Tag und Kopf in % des Bedarfs
X_5 = Einschulungsquote Jungen (Grundschule)
X_6 = Einschulungsquote Mädchen (Grundschule)

Hartmut Sangmeister: Wirtschaftswachstum und Grundbedürfnisbefriedigung in Lateinamerika, in: Aus Politik und Zeitgeschichte, B 13/1984, S. 7

„Grüne Revolution“ – ökonomischer Erfolg und sozialer Preis

107 Nachdem der Traum einer raschen Industrialisierung der Dritten Welt verhältnismäßig schnell zerstoben war, begann man zu erkennen, daß die Entwicklung der Landwirtschaft primäre Bedeutung hat. Im Bereich der Landwirtschaft wurde schon in den 60er Jahren die „Grüne Revolution“ eingeleitet, die man zusammenfassend als gigantischen Transfer von Kapital und technischem Wissen bezeichnen kann. [...]

Grüne Revolution, d. h.

- intensive Forschung zur Erarbeitung immer besserer und produktiverer Sorten der wichtigen landwirtschaftlichen Kulturen;
- gezielter Transfer von Technologie, technischem Können und modernen betriebswirtschaftlichen Kenntnissen aus den Industrieländern in die Dritte Welt;
- Transfer von Kapital in Form von Fremdinvestitionen und von begünstigten Krediten;
- Schulung von Fachkräften der Dritten Welt in der Verwendung immer besserer Betriebsmittel zur Intensivierung der Nutzung und zur Verbreitung ertragreicherer Kulturen;
- Grüne Revolution, d. h. auch Angebote der Industrieländer an die Dritte Welt, bevorzugt deren Agrarerzeugnisse zu kaufen;
- aber Grüne Revolution heißt auch, und zwar vor allem, höherer Devisenbedarf der Länder der Dritten Welt zum Import von Betriebsmitteln und technischem Wissen und daher noch stärkere Fixierung der Entwicklungsländer auf den Außenhandel. [...]

Es kann kein Zweifel daran bestehen, daß die Grüne Revolution in den Ländern der Dritten Welt starke Anstöße zu einer Modernisierung der Landwirtschaft gegeben hat. Sie hat in vielen Entwicklungsländern bereits vor Jahren zu starken Steigerungen der Nahrungsmittelproduktion beigetragen. Man könnte dies an vielen einzelnen Beispielen aufzeigen. So konnte Indien seine Produktion an Reis und Weizen stark erhöhen, so daß es nun diese landwirtschaftlichen Güter exportiert. Lateinamerikanische Länder bauten moderne Landwirtschaften auf (z. B. Brasilien), und in Afrika konnten selbst Sahel-Länder zum Export landwirtschaftlicher Produkte übergehen. [...]

Immer wieder wird dabei betont, daß die Entwicklungsländer Agrarländer sind, daß also zunächst das bereits bestehende Potential gefördert werden muß, wenn man helfen will. Entwicklungsländer sind aber nicht deshalb Agrarländer, weil sie von Natur aus ganz besonders günstige Bedingungen für die Landwirtschaft haben, sondern ganz das Gegenteil ist der Fall. (In unseren Breiten sind die Bedingungen zur Agrarproduktion wesentlich besser.) Sie sind Agrarländer wegen ihrer dörflichen und kleinbäuerlichen Produktionsstrukturen. Das sind Merkmale einer vorindustriellen, fast nicht arbeitsteiligen Gesellschaft. Es sind also eigentlich eher sozio-strukturelle Gegebenheiten, die sie zu Agrarländern machen. Und gerade diese Sozialstrukturen werden von der Grünen Revolution zerstört, oder wie wir oben sagten, die Menschen werden dem Produktionsprozeß entzogen. [...]

Mit anderen Worten: Der soziale Preis für diesen volkswirtschaftlichen Erfolg war ungeheuer groß. In Indien sterben Menschen an Hunger oder Unterernährung, obwohl Reis und Weizen exportiert werden. Die Entwicklung des Anbaus von Sojabohnen mit modernsten Mitteln in Brasilien ist sicherlich volkswirtschaftlich ein großer Erfolg für dieses Land, für viele Kleinbauern und Landarbeiter bedeutet diese Entwicklung den Verlust ihres Landes und Arbeitslosigkeit. Das Hauptproblem dabei ist es ja nicht einmal, daß diese Sojabohne, die als Viehfutter in der modernen Landwirtschaft Brasiliens und der Industrieländer Verwendung findet [→131, 132], lebenswichtiges Land der Nahrungsmittelproduktion entzieht, (das ist auch ein Problem, aber nicht das wichtigste!), sondern, daß durch die moderne Anbauweise Menschen aus dem Produktionsbereich verdrängt und damit in die Marginalisierung geraten [→ 56]. In diesem Punkt bedroht die westliche Technologie den Menschen in der Dritten Welt. Und die Befürworter dieser Technologie werden mitverantwortlich für Fehlentwicklungen mit großen sozialen und ökologischen Folgewirkungen.

Hermann Pössinger/Wolfgang Schoop: Der Kampf gegen den Hunger, a. a. O., S. 40 ff.

Standortgerechter Landbau in Indonesien – ein Beispiel für integrierte ländliche Entwicklung

108 Auf der Insel Flores (Indonesien), zu der das Maumere-Gebiet gehört, sind etwa 90% der Bevölkerung im landwirtschaftlichen Sektor tätig. Bis vor kurzem wurde überall noch der Wanderfeldbau mit Brandrodung praktiziert und auf den degradierten Flächen extensive Weidewirtschaft betrieben. Doch hat die zunehmende Bevölkerungsdichte (von mittlerweile 50 E/km^2) zu einer beträchtlichen Reduzierung der Brachezeiten von ursprünglich 20-25 Jahren auf 7-10 Jahre geführt. Primärwald ist nur noch auf 7% der Flächen auf Flores zu finden. Als Folge läßt sich überall eine verstärkte Bodenabtragung beobachten, die nicht zuletzt auch eine Abnahme der Produktivität in der Landwirtschaft mit verursacht hat. Da verminderte Erträge immer größere Anbauflächen erforderlich machen, wird die zerstörende Wirkung auf die Böden noch verstärkt.

Die klimatischen Bedingungen im Maumere-Gebiet sind – bei einer in der Regel kurzen Regenzeit – ausgesprochen labil. Die fortschreitende Entwaldung verschlechtert vor allem die kleinklimatische Lage. Die Ernteerträge sind großen Schwankungen unterworfen. Alle zwei bis drei Jahre muß mittlerweile mit einer Mißernte gerechnet werden. Immer häufiger auftretende Hungersnöte in dieser Region sind ein alarmierendes Zeichen für die zunehmende Verschlechterung der Lebensbedingungen. [...]

Mit dem Ziel, die Lebensbedingungen der Bevölkerung zu verbessern und vor allem die Hungersnöte zu überwinden, kristallisierten sich folgende Schwerpunkte der Entwicklungsarbeit heraus:

- Heranbildung und Betreuung örtlicher Beratungskräfte
- Erosionsschutz und Bodenverbesserung
- Ernährungserziehung

a) Heranbildung und Betreuung örtlicher Beratungskräfte:

In einer ersten Stufe wurden in Kursen von 1-3 Jahren mittlere Führungskräfte für die Dorfentwicklung ausgebildet, die als Berater in den dörflichen Gemeinschaften eingesetzt wurden. Für diese Ausbilder bedeutet die Zusammenarbeit mit der Bevölkerung einen ständigen Lernprozeß, da Erfahrungen gemacht werden, die über die ursprünglichen Intentionen hinausgehen. In regelmäßigen Auswertungstreffen werden diese Erfahrungen ausgetauscht, analysiert und gegebenenfalls in das Programm eingebaut.

b) Erosionsschutz und Bodenverbesserung:

Die Bekämpfung der Bodenerosion erscheint als vordringlichste Aufgabe in Mittelmaumere. Denn alle Bemühungen, die Entwicklung voranzutreiben, sind zum Scheitern verurteilt, wenn gleichzeitig das wichtigste Kapital der Bevölkerung, die ohnehin schon begrenzten Anbauflächen, durch unsachgemäße Behandlung oder Überbeanspruchung der Agrarflächen zerstört werden oder veröden.

Besonders bewährt hat sich die Aufforstung mit der Baum- und Strauchleguminose Lamtoro (Leucaena Leucocephala), welche als Hecke entlang den Konturlinien gepflanzt wird. Die dichten Heckenreihen werden in Abständen von 3-5 m angelegt. Dazwischen können dann Mais, Reis und andere Feldfrüchte angepflanzt werden. Die mittlerweile sechs- bis achtjährigen Erfahrungen zeigen, daß die Flächenerträge am Anfang leicht ansteigen und seitdem unvermindert hoch geblieben sind. Die Bauern brauchen nicht mehr neue Flächen zu roden oder aufwendige Brachezeiten einzuschieben, um günstige Erträge zu erzielen. Auf diese Weise ist es gelungen, die Bewirtschaftung weitflächig von extensivem Wanderfeldbau auf ständigen Anbau mit geregelter Rotation umzustellen. Die Bauernfamilien fühlen sich dadurch enger mit ihrer Anbaufläche verbunden und erreichen ständige Behausungen. Dadurch eröffnen sich für die schulische und medizinische Versorgung der Bevölkerung bessere Möglichkeiten.

Die Anlage der Lamtoro-Hecken entlang den Höhenlinien führt zu einer indirekten Terrassierung des hügeligen Geländes und bildet damit einen wirksamen Schutz gegen flächenhafte Abtragung. Die Wurzeln der Leguminosen reichern den Boden mit Stickstoff an, und durch die schattenspendenden Zweige wird eine erhöhte Bodenfeuchtigkeit erzielt. Ferner gestattet die sehr schnelle Blattentwicklung eine Gründüngung mit zarten Zweigen (Mulchen). Durch all dieses kommt man dem Ziel der „selbsterhaltenden Stoffkreisläufe" näher und ist nicht auf Kunstdünger angewiesen, der für die Bauern in Maumere ohnehin unerschwinglich ist. Einträgliche Handelsgewächse wie Gewürznelken und Kokospalmen erweitern die Produktvielfalt und führen neben der gesicherten Subsistenz zu einer ausgeprägten Mischkultur.

Blätter und Samen der Lamtoro-Pflanzen können als Viehfutter für Schweine oder Rinder verwendet werden. Das bedeutet eine „Integration von Baum-Feld-Futterbau-Tierhaltung", wie sie in den Arbeiten von *K. Egger* als wichtige Maßnahme gefordert wird, um für eine

Fläche dauerhafte Erträge und damit auch eine erhöhte Produktivität sicherzustellen. Nicht zuletzt wird aus den Lamtoro-Hecken auch Holz geschlagen, das als Baumaterial und Brennholz vielseitige Verwendung findet und damit die natürliche Vegetation entlastet. [...]

c) Ernährungserziehung:

Ein dritter Schwerpunkt der kirchlichen Entwicklungsarbeit in Mittelmaumere liegt in der Ernährungserziehung. Da die Blattspitzen der „Wunderpflanze" Lamtoro als Gemüse zubereitet werden können und damit das Nahrungsmittelangebot erweitert wird, sind Lamtoroanbau und Ernährungserziehung eng aufeinander abgestimmt. Die Erfahrungen der Motivationskurse der ersten Projektstufe haben zudem gezeigt, daß Ernährungserziehung ganz allgemein ein starker und wirksamer Motivator für die Erneuerung erstarrter Strukturen und Gewohnheiten sein kann.

Erst wenn den betroffenen Menschen der Zusammenhang zwischen schlechtem Ernährungszustand und körperlicher Schwäche bzw. Anfälligkeit für lebensbedrohende Infektionskrankheiten klar geworden ist, sind sie bereit, zusätzliche Anstrengungen auf sich zu nehmen und ökonomische Umstellungen ins Auge zu fassen. Kinderliebe und Verantwortungsbewußtsein der Eltern müssen angesprochen werden, um zu erreichen, daß Fisch, Fleisch, Eier oder Gemüse als wichtige Nahrungsgüter empfunden werden. Dann wächst auch die Bereitschaft, mehr zu produzieren, um mit dem verkauften Überschuß lebensnotwendige Waren erstehen zu können. [...]

Doch sind tiefgreifende Veränderungen in den Lebensgewohnheiten nicht mit kurzen Motivationskursen zu erreichen. Da müssen intensivere Maßnahmen ergriffen werden. Diese bestehen in 4-monatigen Ernährungskursen in den Dörfern und in der Anlage von Ernährungszentren, zur Betreuung unterernährter Kinder. Ferner wird alle 2 Jahre in sämtlichen Dörfern des Maumere-Distrikts eine Prüfung des Ernährungszustandes durchgeführt. Somit stehen alle beteiligten Dörfer in ständigem Dialog mit der verantwortlichen Trägerorganisation.

Hermann Pössinger/Wolfgang Schoop: Der Kampf gegen den Hunger, a. a. O., S. 102 ff.

Alternative Richtungen der Frauenförderung

109 So sehr wir es uns auch wünschen – es gibt sie nicht, die überall gültigen Rezepte für Frauenförderung [...]. Zu verschieden sind die sozio-kulturellen, -ökonomischen und politischen Rahmenbedingungen [...]. Doch die Richtung ist wichtig. Der folgende Vergleich zweier [...] „frauenrelevanter" Programme veranschaulicht verschiedene Entwicklungsrichtungen.

In der östlichen Küstenregion Indiens, wo in den letzten Jahrzehnten massiv abgeholzt wurde, finanziert die indische Regierung Aufforstungsprogramme. Damit diese [...] von der betroffenen Bevölkerung selbst durchgeführt werden, haben sich Nicht-Regierungs-Organisationen zwischengeschaltet. Der Wald war früher die Grundlage für die Subsistenzökonomie, die Frauen waren und sind die Haupternährerinnen der Familien.

Im Ost-Godavari-Distrikt in Andhra Pradesh pflanzen nun Kleinbauern auf ihrem Land die von der Regierung gelieferten Setzlinge. Genauer: Wer pflanzt was? Als Nutznießer sind überwiegend Männer, die Landbesitzer, registriert. Das Gros der Aufbereitungs-, Pflanz- und Pflegetätigkeiten leisten jedoch die Frauen. 80% der Anpflanzung bestehen aus Cashew- und Mangobäumen, der Rest aus Feuerholz- und Futterbäumen. Vier Jahre lang wird das Programm von der Regierung mit Subventionen der Weltbank [→ S. 184] finanziert (100 Rupies pro Monat). Danach sollen die Nutznießer ein Einkommen aus der Pflanzung erzielen können.

Hinter dem ökologischen Ziel der Wiederaufforstung und dem ökonomischen, ein Einkommen für die Bevölkerung zu schaffen, verbirgt sich die Einführung von cash-crop-Produktion [Agrarproduktion für den Weltmarkt], und zwar von Cashew-Nüssen für den Export (Auflage der Weltbank) und Mangoholz für die indische Sperrholzindustrie.

Das Einkommen ist zum zentralen Konfliktstoff in den Familien geworden. Die Männer versuchen, es zu kontrollieren und für ihre Bedürfnisse auszugeben. Als die Nicht-Regierungs-Organisation zum ersten Mal ein Frauentreffen organisierte, war das größte Anliegen der Frauen, eine Widerstandstaktik zu entwickeln: Sie wollten versuchen, selbst das Geld ausgezahlt zu bekommen, und davon sofort Lebensmittel kaufen, um den häuslichen Verteilungskampf zu umschiffen.

In einem vergleichbaren Projektgebiet in Südorissa hat eine Nicht-Regierungs-Organisation aus der Beobachtung, daß die Frauen 70-80% der Aufforstungsarbeit leisten, die Konsequenz gezogen, 1986 erstmalig ein reines Frauenprogramm durchzuführen. Da es dort von der Regierungsseite keine Auflagen über die zu pflanzenden Spezies gab, haben die Frauen selbst Samen und Ableger gesammelt und genau die Setzlinge gezogen und angepflanzt, die ihren Bedürfnissen entsprechen. 80% der Anpflanzung besteht aus Feuerholz- und Futterbäumen, der Rest sind Obst- und Nußbäume, das umgekehrte Verhältnis wie im ersten Projekt. In der ca. zweieinhalbmonatigen Landbereitungs- und Pflanzphase erhalten die Frauen einen Tageslohn von 10 Rupies, wovon 1 Rupie in einen Gemeinschaftsfond der Frauen für Gesundheitsversorgung, Kindergarten und individuelle Notfälle wandert und 1 Rupie für jede Frau individuell gespart wird.

Die Nicht-Regierungs-Organisation veranstaltete kürzlich ein Seminar, auf dem die Frauen eine Perspektive für ihr Aufforstungsprojekt entwickelten. Sie wollen die Anpflanzung nicht in individuelle Stücke aufteilen, weil sie Streit über unterschiedlich guten Boden und unterschiedliches Gedeihen der Bäume ebenso fürchten wie die Gefahr, daß einzelne Frauen ihr Stück verpfänden würden. Deshalb sprachen sie sich zunächst dafür aus, den Ertrag in gleiche Teile aufzuteilen, zunächst den Eigenbedarf zu decken und nur den Überschuß zu verkaufen. Eventuell sind jedoch Konflikte mit den Männern zu erwarten, die mehr Einkommen anstreben.

Die Frauen haben auch ein Interesse an elementarer Bildung entwickelt, weil sie nicht einmal in der Lage sind, die angepflanzten Bäume zu zählen, und einen Mann im Dorf bitten mußten, für sie Buch zu führen.

Es bleibt abzuwarten, ob der Plan der Frauen, ihr Subsistenzpotential teilweise wiederzugewinnen, durchsetzbar ist. Der Vergleich der beiden Aufforstungsprogramme zeigt jedoch sehr deutlich, welchen Unterschied es für den Verlauf der Maßnahmen und die Initiative der Frauen macht, ob ihnen eine Chance geboten wird, ein Programm selbstverantwortlich und selbstbestimmt durchzuführen.

Christa Wichterich: Frauen auf dem Integrationskarussell. Von alten und neuen Wegen der Frauenförderung, in: Deutscher Entwicklungsdienst (Hg.): DED-Brief 1/87: Frauen in der Dritten Welt

110 Oberste Ziele einer „Neuen Entwicklung“

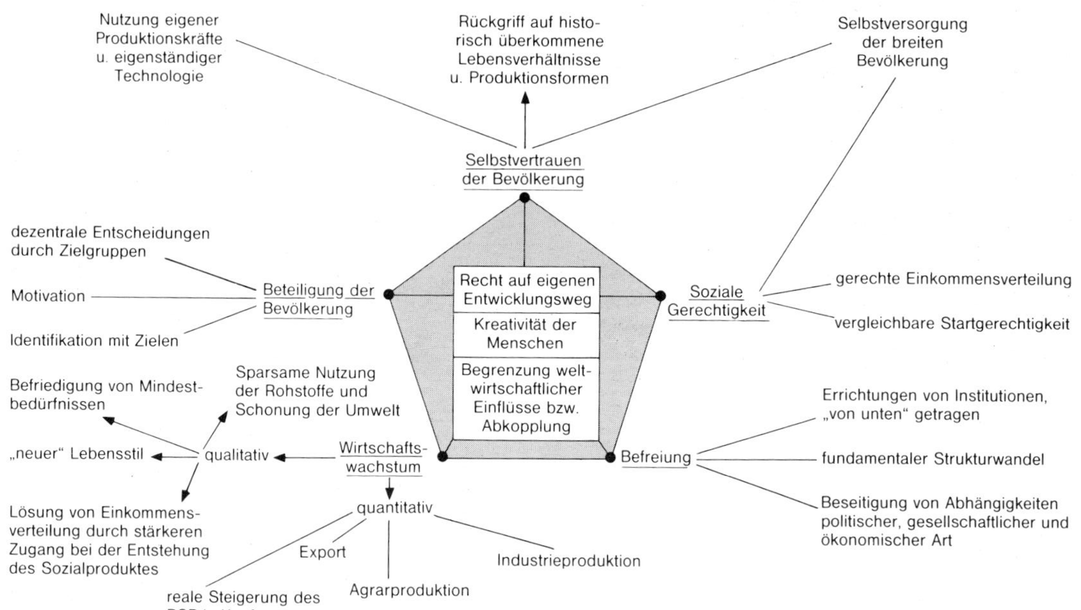

Theodor Dams: Integrierte ländliche Entwicklung, Verlag Kaiser/Grünewald, München und Mainz 1980, S. 13

Arbeitsvorschläge (80-110):

1. Mit welchen Argumenten spricht sich Donges für die Schaffung marktwirtschaftlicher Ordnungsprinzipien in Entwicklungsländern aus? (80)
   Welches Verständnis von „Entwicklung“ liegt der Argumentation zugrunde?
   Der Autor nennt auch den „Preis“, der für die Hinwendung zu marktwirtschaftlichen Prinzipien zu zahlen ist. Nehmen Sie dazu Stellung.
2. Welche Erfahrungen und Überlegungen sprechen gegen eine forcierte Wachstumspolitik in Entwicklungsländern? (82-84)
   Interpretieren Sie das Gedicht „Wohin?“ von Michael Francis Dei-Anang (85).
3. Arbeiten Sie aus dem Text von Senghaas die Kernpunkte einer „autozentrierten Entwicklung“ heraus (86).
   Diskutieren Sie die Einwände, die gegen dieses Konzept vorgebracht werden (87).
4. Untersuchen Sie die Problematik des von vielen Entwicklungsländern betriebenen Exports von Agrarprodukten (88-90, →14, 131, 132).
5. Informieren Sie sich über die Motive und Interessen multinationaler Konzerne (91).
   Untersuchen Sie den Umfang und die regionalen Schwerpunkte deutscher Direktinvestitionen in Entwicklungsländern (92 a + b). Ziehen Sie daraus Schlußfolgerungen im Hinblick auf die Motive solcher Investitionen.
6. Konfrontieren Sie die Selbstdarstellung des VW-Konzerns (93) mit der Einschätzung multinationaler Konzerne durch die EKD (94).
   Untersuchen Sie, wie der ehemalige Staatspräsident Tansanias, Julius K. Nyerere, die Rolle der Multis bewertet. Welches Dilemma wird in seiner Rede deutlich? (95)
7. Erläutern Sie die Elemente der von den Entwicklungsländern geforderten „Neuen Weltwirtschaftsordnung“ (97).
   Leiten Sie aus dem Forderungskatalog die gegenwärtigen Interessen- und Machtverhältnisse in der Weltwirtschaft ab.
   Interpretieren Sie die Karikatur zur wirtschaftlichen Auseinandersetzung zwischen Nord und Süd (98).

8. Versuchen Sie zu erklären, warum die Rohstoffpolitik den zentralen Streitpunkt in der Auseinandersetzung um eine Neuordnung der Weltwirtschaft bildet.
   Untersuchen Sie Zielsetzung, Aufbau und Funktionsweise des Integrierten Rohstoffprogramms (99-101).
9. Warum ist das internationale Kaffee-Abkommen 1989 gescheitert? Untersuchen Sie die in der Zeitungsmeldung genannten Gründe, und diskutieren Sie, ob es „Gewinner“ und „Verlierer“ gibt (102, →60, 104).
10. Welche Überlegungen und Erfahrungen sprechen gegen, welche sprechen für eine Erhöhung und Stabilisierung der Rohstoffpreise zugunsten der Entwicklungsländer? (103, 104, →59, 60)
11. Prüfen und beurteilen Sie die Kriterien für eine an den „Grundbedürfnissen“ orientierte Entwicklungspolitik (105, 106).
12. Erörtern Sie die Problematik einer Steigerung der landwirtschaftlichen Produktivität durch Methoden der „Grünen Revolution“ (107).
13. Untersuchen Sie die vom katholischen Hilfswerk Misereor geförderte Entwicklungsarbeit in Indonesien (108). In welcher Hinsicht findet hier eine „Integration“ in der ländlichen Entwicklung statt?
14. Vergleichen Sie die Ansatzpunkte und die bisherigen Ergebnisse verschiedener Projekte zur Frauenförderung in Indien (109).
15. Prüfen Sie den Zielkatalog für eine „Neue Entwicklung“ in der Dritten Welt (110). Stellen Sie fest, welche Elemente aus den verschiedenen strategischen Ansätzen hier berücksichtigt werden. Welche Änderungen oder Ergänzungen würden Sie vornehmen?

5 Träger, Ziele und Formen der Entwicklungspolitik

Begriffliche Grundlagen

Unter „Entwicklungspolitik“ sind alle strategischen Zielsetzungen und Maßnahmen zu verstehen, die von Entwicklungs- und Industrieländern ergriffen werden, um die wirtschaftliche und soziale Entwicklung in der Dritten Welt zu fördern. Der Begriff „Entwicklungshilfe“ ist dagegen enger gefaßt; er bezieht sich auf alle Lieferungen und Leistungen an die Dritte Welt, die eine echte Vergünstigung (z. B. bei der Kreditvergabe) enthalten, also ein „Opfer“ der Geber erkennen lassen. Entwicklungs*hilfe* kann somit als ein Mittel oder Instrument der Entwicklungs*politik* gesehen werden.

Wie schon der Begriff „Entwicklungsländer“ (→36) sind auch die Begriffe „Entwicklungspolitik“ und „Entwicklungshilfe“ nicht unproblematisch, da sie z. B. Überlegenheitsgefühle beim Geber und Abhängigkeitsgefühle beim Empfänger auslösen können. Im offiziellen Sprachgebrauch werden deshalb neutralere Bezeichnungen bevorzugt, wie z. B. „wirtschaftliche Zusammenarbeit“.

Entwicklungspolitik und -hilfe kann auf zwei Ebenen durchgeführt werden: zwischen einzelnen Industrie- und Entwicklungsländern (*bilaterale Hilfe*) oder über internationale Organisationen wie der EG oder den Einrichtungen der UNO (*multilaterale Hilfe*). Die bilaterale Hilfe ermöglicht es den Industrieländern, als Geber deutlicher in Erscheinung zu treten und auch eigene Interessen zur Geltung zu bringen. Von seiten der Entwicklungsländer wird deshalb häufig die multilaterale Hilfe bevorzugt, um einer einseitigen Abhängigkeit besser entgehen zu können.

Die Entwicklungspolitik der Bundesrepublik

Entwicklungspolitik ist stets von unterschiedlichen Motiven beeinflußt; neben humanitären Erwägungen spielen immer auch außenpolitische und wirtschaftliche Interessen eine Rolle. So hat es auch in der

Bundesrepublik – nicht zuletzt als Reaktion auf nationale und internationale Veränderungen – einen mehrfachen Wandel der entwicklungspolitischen Konzeption gegeben (111-113). Zuletzt hat die Bundesregierung im März 1986 neue „Grundlinien der Entwicklungspolitik" beschlossen (114).

Die Entwicklungspolitik der Bundesrepublik wird in der Hauptsache von dem 1961 gebildeten „Bundesministerium für wirtschaftliche Zusammenarbeit" (BMZ) getragen. Die beiden wichtigsten Formen der bilateralen Hilfe sind die *Finanzielle Zusammenarbeit* (auch: Kapitalhilfe) und die *Technische Zusammenarbeit* (115); daneben gibt es noch die Katastrophen- und die Nahrungsmittelhilfe.

Die öffentliche Entwicklungshilfe der Bundesrepublik betrug 1989 insgesamt 9,3 Milliarden DM (116). Dieser Betrag macht allerdings nur 0,41 Prozent des BSP aus, womit die Bundesrepublik – wie die meisten anderen Industrieländer – die 1970 von der UNO festgelegte Zielgröße (0,7%) immer noch deutlich verfehlt (117). Die regionalen Schwerpunkte bilden seit längerem die afrikanischen und asiatischen Länder, unter denen sich besonders viele LDC's befinden (118, →42).

Der größte Teil der finanziellen Mittel wird für im einzelnen genau bestimmte Projekte vergeben, zum Beispiel für den Aufbau einer Technikerschule. Der Ablauf eines solchen Projekts ist ein komplexes System von ineinandergreifenden Prüfungs-, Abstimmungs- und Entscheidungsschritten (119). Mit der Durchführung der Maßnahmen sind verschiedene Bundesanstalten und Organisationen beauftragt, deren Tätigkeit ganz oder teilweise aus dem BMZ-Haushalt finanziert wird (120).

Neben der *öffentlichen* Entwicklungshilfe gibt es in der Bundesrepublik eine Vielzahl *privater* Träger, wie z. B. die kirchlichen Hilfswerke „Brot für die Welt" und „Misereor". Auch wenn die öffentliche Hilfe einen weitaus größeren finanziellen Umfang besitzt, sind die Leistungen privater Organisationen nicht zu unterschätzen. Für ihre Tätigkeit spricht vor allem, daß sie durch Kontakte mit verwandten Gruppen in den betreffenden Ländern die örtlichen Gegebenheiten besser einschätzen können und mit ihrer Hilfe oft näher an die wirklich Bedürftigen herankommen (→108).

Entwicklungshilfe – „tödliche Hilfe?“

Trotz aller Entwicklungshilfe ist die Kluft zwischen Nord und Süd eher größer als kleiner geworden. Trotz aller Bemühungen ist es auch nur unzureichend gelungen, die Lebensbedingungen der ärmsten Schichten zu verbessern.

Angesichts dieser enttäuschenden Bilanz erscheint Entwicklungshilfe – jedenfalls in der bisher betriebenen Form – zunehmend fragwürdig. Ein grundsätzliches Problem liegt zunächst darin, daß öffentliche Hilfeleistungen zwischen Regierungen vereinbart werden und damit aufwendige Bürokratien entstehen lassen. Auf seiten der Geber wächst so häufig ein Expertenstab ohne ausreichenden Bezug zu den realen Verhältnissen, auf seiten der Empfänger vielfach eine ineffiziente und korrupte Verwaltung heran. Ferner ist nicht zu übersehen, daß der Mitteleinsatz häufig von den Eigeninteressen der Geberländer bestimmt wird, dadurch an den Bedürfnissen der Menschen vorbeigeht und deren eigenes Leistungsvermögen untergräbt (121).

In der Bundesrepublik ist der Streit um die Entwicklungshilfe durch die Fundamentalkritik einer ehemaligen Mitarbeiterin des BMZ, Brigitte Erler, neu entfacht worden. In ihrem Buch „Tödliche Hilfe“ versucht sie zu belegen, daß staatliche Hilfe letztlich nur den Reichen und Mächtigen in den Entwicklungsländern zugute komme und deshalb sofort einzustellen sei (122). Ihre Thesen und vor allem ihre radikale Schlußfolgerung haben allerdings auch heftigen Widerspruch ausgelöst (123, 124).

Die Bevölkerung in der Bundesrepublik begegnet der staatlichen Entwicklungshilfe ebenfalls mit Vorbehalten. Wie Meinungsumfragen zeigen, wird „Entwicklungshilfe“ von der Mehrheit der Bundesbürger allgemein bejaht; in der Beurteilung der bisherigen Politik gehen die Ansichten jedoch auseinander (125). Im Hinblick auf das Wohlstandsgefälle und die Notwendigkeit eines Ausgleichs zwischen Nord und Süd (→Kapitel 1) ist aufschlußreich, welche Zielvorstellungen die Bevölkerung mit „Entwicklungshilfe“ überhaupt verbindet (126).

Trotz der Schwierigkeiten und Mißerfolge lassen sich aber auch positive Beispiele für Entwicklungshilfe anführen (127, 128). Nach den Erfahrungen der Vergangenheit kommt es – neben der richtigen Einschätzung der politischen und soziokulturellen Bedingungen –

entscheidend darauf an, daß die jeweilige Zielgruppe sich mit den angestrebten Maßnahmen zu identifizieren vermag und selbsttätig in die Projektarbeit einbezogen wird (129).

Das Verhältnis der EG zur Dritten Welt

Aufgrund der besonderen Beziehungen einiger Mitgliedsländer (z. B. Frankreich) zu ehemaligen Kolonien hat sich die Europäische Gemeinschaft seit ihrer Gründung im Jahre 1957 auch mit entwicklungspolitischen Fragen beschäftigt. Heute gehört die EG zu den wichtigsten Trägern multilateraler Entwicklungspolitik.

Einen ersten Schwerpunkt bilden Aktionen der EG auf weltweiter Ebene, wie z. B. Handels- und Kooperationsverträge, finanzielle und technische Hilfeleistungen und die *Nahrungsmittelhilfe*. So lieferte die EG aus ihren Agrarüberschüssen 1987 rund 1,2 Mio. Tonnen Getreide und 94.000 Tonnen Milchpulver an Entwicklungsländer, entweder kostenlos oder zu ermäßigten Preisen. Diese Form der Nahrungsmittelhilfe ist seit längerem sehr umstritten (130).

Die Auswirkungen der EG-Agrarpolitik erscheinen noch in anderer Hinsicht problematisch für die Entwicklungsländer. Die Kritik richtet sich gegen

- die umfangreichen *Futtermittelimporte* aus der Dritten Welt, durch die ausgerechnet in den Ländern, in denen Menschen Hunger leiden, wertvolle Flächen für den Anbau von Grundnahrungsmitteln verlorengehen (131, 132);
- den Verkauf überschüssiger Agrarprodukte auf dem Weltmarkt zu *subventionierten Preisen*, mit denen die Produzenten in den Entwicklungsländern nicht konkurrieren können (133 a + b);
- die *protektionistische* Beschränkung von Agrarimporten, sofern die betreffenden Produkte in der Gemeinschaft selbst hergestellt werden. Im Hinblick auf die für 1993 angestrebte Verwirklichung des EG-Binnenmarktes ist zu befürchten, daß der durch den freien Austausch aller Güter und Dienstleistungen wachsende Konkurrenzdruck innerhalb der Gemeinschaft zu einer noch stärkeren Abschottung nach außen führen wird, was wiederum die Entwicklungsländer besonders treffen müßte (134, →65-67)

Den zweiten entwicklungspolitischen Schwerpunkt der EG bilden Abkommen mit vertraglich festgelegten Vorzugsregelungen für bestimmte Entwicklungsländer. Hier sind vor allem die seit 1975 für jeweils fünf Jahre geschlossenen *Lomé-Abkommen* mit Staaten in Afrika, der Karibik und im Pazifik (= AKP-Staaten) zu nennen (135, 136). Die Zusammenarbeit der EG mit den mittlerweile 69 AKP-Staaten wird vielfach als Modell für ein partnerschaftliches Nord-Süd-Verhältnis betrachtet, doch sind auch hier bestimmte Konfliktpunkte nicht zu übersehen, wie die Verhandlungen über das 1990 in Kraft getretene 4. Abkommen (Laufzeit erstmals 10 Jahre) gezeigt haben (137).

Die Rolle von Weltbank und IWF

Im Zusammenhang mit der Schuldenkrise der Entwicklungsländer (→S. 11) haben zwei internationale Organisationen eine erhebliche Bedeutung für das Nord-Süd-Verhältnis gewonnen: die Internationale Bank für Wiederaufbau und Entwicklung („Weltbank") und der Internationale Währungsfonds (IWF). Beide Institutionen wurden 1944 in Bretton Woods (USA) mit sich ergänzenden Zielsetzungen gegründet und besitzen eine ähnliche Organisationsstruktur (138).

Der Weltbank und dem IWF haben sich gegenwärtig 151 Staaten angeschlossen, darunter 131 Entwicklungsländer. In den Beschlußorganen jedoch haben die westlichen Industrieländer aufgrund ihrer höheren „Quoten" (= Bemessungsgrundlage für die Höhe der Beiträge und die Inanspruchnahme von Krediten) ein Übergewicht (138).

Satzungsgemäße Aufgabe der *Weltbank* ist die Förderung von Entwicklungsprojekten durch die Gewährung langfristiger Darlehen, wobei streng auf die Rückzahlungsfähigkeit geachtet wird. Den ärmsten Entwicklungsländern, denen die Kreditwürdigkeit fehlt, hilft die Weltbank durch ihre Tochterorganisation IDA (= International Development Association) mit besonders günstigen Krediten (geringe Zinsen, lange Laufzeiten). Die Mittel dafür werden von den westlichen Industrieländern und OPEC-Ländern aufgebracht.

Das Ziel des *Währungsfonds* ist die Förderung der Stabilität und der freien Austauschbarkeit der Währungen. Zu diesem Zweck überprüft der IWF die Wirtschafts- und Finanzpolitik seiner Mitgliedsländer und leistet Hilfe bei Zahlungsbilanzschwierigkeiten. Angesichts der Schuldenkrise der Dritten Welt hat sich für den Währungsfonds ein neuer Aufgabenschwerpunkt ergeben: Durch die Vermittlung von Umschuldungsaktionen mit den Gläubigerbanken und die Vergabe von Überbrückungskrediten versucht der IWF, die betroffenen Entwicklungsländer zu entlasten und einen Zusammenbruch des internationalen Währungssystems zu verhindern (→28).

Die aktive Rolle von Weltbank und Währungsfonds bei der Bewältigung der Schuldenkrise wird weithin akzeptiert. Heftig umstritten sind jedoch die Versuche beider Institutionen, die finanzielle Hilfe mit der Auflage einer „Wirtschaftssanierung" zu verknüpfen. Insbesondere der IWF macht die Kreditvergabe von bestimmten wirtschafts- und finanzpolitischen Maßnahmen abhängig (z.B. Streichung von Subventionen für Grundnahrungsmittel), durch die vor allem die ärmeren Bevölkerungsschichten getroffen werden. So ist es denn auch in zahlreichen Entwicklungsländern, in denen die Regierungen den vorgeschriebenen Sanierungsplan durchzuführen versuchten, zu einer Verarmung breiter Bevölkerungsschichten und auch zu schweren sozialen Unruhen gekommen. (139)

Was wir selbst tun können

Die Tätigkeit nationaler und internationaler Organisationen in der Entwicklungspolitik läßt allzu leicht vergessen, daß jeder einzelne in die Zusammenhänge der Weltwirtschaft mit einbezogen ist und damit auch ein Stück Verantwortung trägt. Ob wir eine Tasse Tee oder Kaffee genießen oder ein T-Shirt aus Baumwolle kaufen – immer wieder sind es Produkte aus der Dritten Welt, die wir selbstverständlich konsumieren. Wir freuen uns über eine Senkung der Kaffeepreise, während die Kleinbauern und Pflücker in den Erzeugerländern dafür einen Einkommensverlust hinnehmen müssen (→ 60, 104).

Angesichts der Komplexität der Probleme erscheint es dem einzelnen oft unmöglich, an der Armut in den Dritte-Welt-Ländern und den ungerechten Handelsstrukturen etwas zu ändern. Und doch kann jeder durch sein Verhalten Zeichen setzen, die andere mit auffordern und einen allgemeinen Wandel fördern können, der schließlich auch politische Reaktionen erzwingt. Eine solche Möglichkeit, Zeichen der Solidarität und Verantwortlichkeit zu setzen, ist die Änderung unseres Ernährungs- und Konsumverhaltens. Jeder kann sich z. B. fragen,

- ob er durch eine Einschränkung des Fleischkonsums sich nicht nur gesünder ernähren, sondern auch dazu beitragen könnte, daß die Nachfrage nach Futtermitteln zurückgeht und damit in Entwicklungsländern Anbauflächen für die Erzeugung landesüblicher Nahrungsmittel freiwerden (→131, 132);
- ob er durch den konsequenten Verzicht auf Produkte aus Tropenhölzern (z. B. Möbel, Fenster und Türen, Regale) den Raubbau an den Regenwäldern beenden hilft (→21);
- ob er durch den Kauf von „Solidaritätskaffee" und anderen über Dritte-Welt-Läden vertriebenen Produkten dazu beiträgt, daß bäuerliche Selbsthilfegruppen und Genossenschaften unterstützt, ökologische Anbau- und Produktionsmethoden gefördert und den Produzenten gerechtere Preise gezahlt werden (→60, 102, 104).

Die Änderung unseres Ernährungs- und Konsumverhaltens allein wird die Hunger- und Armutsprobleme nicht lösen und den Entwicklungsländern noch keine bessere Position im Welthandel verschaffen. Es ist z. B. nicht auszuschließen, daß entstehende Nachfragelücken bzw. Exportstaus von den betreffenden Produktions- und Handelsunternehmen durch den Aufbau neuer Märkte oder neuer Verwendungsweisen für die Produkte ausgeglichen werden. Zudem müßte eine Änderung des Konsumverhaltens auf längere Sicht durch entsprechende wirtschaftliche und politische Maßnahmen gestützt werden (z. B. Schuldenerlaß und Handelserleichterungen seitens der Industrieländer, Bodenreformen in den Entwicklungsländern). Gerade deshalb aber kommt der politischen Signalwirkung, die durch Verhaltensänderungen erzielt werden kann, eine besondere Bedeutung zu. (140)

Deutsche Entwicklungspolitik im Wandel (111-114)

Systemkonkurrenz mit dem Osten

111 Entwicklungspolitik ist ein ungemein vielschichtiger Sachverhalt. Sie berührt alle Daseinsfragen, die für die Entwicklung von Völkern und für das Zusammenleben von Nationen von Belang sind. Sie liegt im Spannungsfeld zwischen Außenpolitik, Wirtschaftspolitik und Kulturpolitik. Das besagt: Entwicklungspolitik muß als wesentlicher Bestandteil der deutschen Gesamtpolitik verstanden werden. Die entscheidende Frage ist, wie sich die entwicklungspolitischen Methoden in die Gesamtpolitik einordnen.

Die Frage, ob sich die Entwicklungsländer, die Dritte Welt, an Peking oder Moskau oder an westlichen Vorstellungen ausrichten, ist und bleibt von unermeßlicher Bedeutung. Die Entscheidung aber, wie sie sich orientieren, ob östlich oder westlich, kann nicht durch militärische Macht, sondern nur durch wirksame Beteiligung an der Überwindung der wirtschaftlichen und sozialen Schwierigkeiten dieser Länder entschieden werden.

Den Entwicklungsländern, die in letzter Zeit zunehmend ihre Ziele gemeinsam verfolgen und dabei, wie z. B. auf der Welthandelskonferenz in Genf, als Einheit auftreten, kommt erhebliches weltpolitisches Gewicht zu. Von den 117 Mitgliedern der Vereinten Nationen sind 86 Entwicklungsländer. In ihnen leben rund zwei Drittel der Menschheit.

Wir können von den Entwicklungsländern Unterstützung in der Frage der Wiedervereinigung nur erwarten, wenn wir auf ihr eigenes, vordringliches Interesse – die Förderung ihres wirtschaftlichen Aufstiegs – in dem gebotenen Maße eingehen. Durch Verständnis für die Sorgen der Entwicklungsländer müssen wir um Verständnis für unsere eigenen Probleme werben.[...] Der Ostblock und nicht zuletzt die sowjetische Besatzungszone haben diese Zusammenhänge erkannt und konkurrieren mit uns um Sympathie und politisches Verständnis der Entwicklungsländer.

Walter Scheel: Neue Wege deutscher Entwicklungspolitik, Sonderdruck im Auftrage des BMZ, Bonn 1966, S. 4 ff.

Wirtschaftliche Partnerschaft

112 Die Bundesregierung strebt im Einklang mit dem Strategiedokument der Vereinten Nationen (UN) als Ziel für die Zweite Entwicklungsdekade [1971-80] die Förderung des wirtschaftlichen und sozialen Fortschritts der Entwicklungsländer in einem System weltweiter Partnerschaft an, um die Lebensbedingungen der Bevölkerung in diesen Ländern zu verbessern. Dies liegt auch im Interesse der Bundesrepublik Deutschland. Wirtschaftlich werden dadurch Voraussetzungen für den erweiterten Austausch von Gütern und Dienstleistungen im beiderseitigen Interesse geschaffen. Wirksame Entwicklungspolitik festigt die internationale Stellung der Bundesrepublik Deutschland. Sie vergrößert langfristig die Chancen der Friedenssicherung.

Entwicklungspolitik fügt sich damit in die Gesamtpolitik der Bundesrepublik Deutschland und in das Geflecht ihrer auswärtigen Beziehungen ein. Erfolg kann nur eine Entwicklungspolitik haben, die in Zusammenarbeit mit den Entwicklungsländern, den anderen Geberländern sowie internationalen Institutionen und Organisationen den ständigen Ausgleich der Interessen aller Beteiligten erstrebt. Sie taugt nicht als Instrument kurzfristiger außenpolitischer Erwägungen.

Die Bundesregierung versucht nicht, den Partnerländern politische sowie gesellschafts- und wirtschaftspolitische Vorstellungen aufzudrängen. Sie entscheidet in enger Kooperation mit dem jeweiligen Entwicklungsland und anderen Partnern, welche Maßnahmen sie entsprechend ihren Möglichkeiten, ihren Vorstellungen und ihrem Instrumentarium unterstützen will.

BMZ: Die entwicklungspolitische Konzeption der Bundesrepublik Deutschland und die Internationale Strategie für die Zweite Entwicklungsdekade, Bonn 1971, S. 11 f.

Wiedereinführung der Lieferbindung

113 Die Bundesregierung hat die Lieferbindung, also die Bindung deutscher Entwicklungshilfe an Lieferungen aus der Bundesrepublik, indirekt wieder eingeführt. Darüber berichten die „entwicklungspolitischen informationen“ (epi) in ihrer jüngsten Ausgabe auf der Grundlage eines Papiers aus dem Bonner Entwicklungsministerium. Offenbar auf Veranlassung von Entwicklungsminister Rainer Offergeld sind darin verschiedene Sprachregelungen aufgeführt, die bei Regierungsverhandlungen mit einem Entwicklungsland verwendet werden sollten.

So könnte es zum Beispiel im Anschluß an die Erklärung über die Bereitstellung eines bestimmten Betrages für ein vereinbartes Projekt heißen: „Die Seite . . . erklärte die Absicht ihrer Regierung, daß für die Durchführung dieses Vorhabens (aus Rationalisierungsgründen, aus Gründen der Standardisierung) deutsche Technologie gewünscht werde. Die deutsche Seite nahm dies zur Kenntnis.“

Eine zweite Möglichkeit, die gar nicht erst den Versuch einer Begründung enthält, ist heute in Regierungsverhandlungen ebenso gang und gäbe: „Die Seite . . . erklärte die Absicht ihrer Regierung, diese Mittel bei der Finanzierung von Importen für deutsche Lieferungen und Leistungen verwenden zu wollen. Die deutsche Seite nahm diese Erklärung zur Kenntnis."

Den Verhandlungsleitern wird in dem Vermerk der Rat mit auf den Weg gegeben, daß „grundsätzlich" solche Erklärungen schriftlich im Verhandlungsprotokoll fixiert werden sollten, und zwar „möglichst in Form einer einseitigen Erklärung der anderen Delegation". Denkbar jedoch sei auch die Fixierung in einem ergänzenden Schriftwechsel (sideletter) oder ähnliches. „Mündliche Absprachen sollten nur in besonderen Fällen an die Stelle schriftlicher Festlegungen treten", heißt es. In den vorausgehenden verbalen Verhandlungen sollten allerdings Hinweise auf die bisher gute Zusammenarbeit nicht fehlen. Ebenso könnte erwähnt werden, daß die Hilfe vielleicht höher ausfallen könnte, wenn die entsprechenden Aufträge in die Bundesrepublik flössen. Für die Steuerung der Aufträge in Richtung heimische Industrie enthält das Papier einen wichtigen Rat: „Die von uns gewünschten Ergebnisse sollten ausschließlich über die Auswahl der Projekte erreicht werden."

Die Bundesregierung verläßt damit angesichts der zunehmenden wirtschaftlichen Schwierigkeiten den Anfang der siebziger Jahre eingeschlagenen Weg, Hilfe bevorzugt ohne Lieferbindung zu gewähren.

Die Welt vom 14. 8. 1982

Orientierung an „Marktwirtschaft" und „Beschäftigungswirksamkeit"

114 Entwicklung kann nur durch die Entfaltung der schöpferischen Kräfte der Menschen in den Entwicklungsländern erfolgen. Entwicklungshilfe ist deshalb Hilfe zur Selbsthilfe. Diese Hilfe wird auf drei Feldern geleistet:
- bei der Sicherung der elementaren Lebensvoraussetzungen, also Kampf gegen Hunger und Armut; diese Hilfe geht an die ärmsten Bevölkerungsschichten;
- beim Aufbau leistungsfähiger Wirtschaften und gesellschaftlicher Vielfalt als Voraussetzung für eine Entwicklung aus eigener Kraft;
- bei der regionalen Zusammenarbeit von Entwicklungsländern und bei ihrer Integration in die Weltwirtschaft.

Diese Hilfe kann nur wirksam werden, wenn die Entwicklungsländer als Rahmenbedingungen Wirtschafts- und Gesellschaftsordnungen schaffen, die den Menschen die Möglichkeit geben, ihre Fähigkeiten zu entfalten. Die Erfahrung zeigt, daß diese Voraussetzungen am ehesten in einer stabilen rechtlichen und institutionellen Ordnung mit marktwirtschaftlichen Elementen und Leistungsanreizen gegeben sind. [...]

Das vorrangige Ziel, zur Entwicklung der Länder der Dritten Welt beizutragen, steht nicht im Widerspruch zur Außenpolitik und zur Wirtschaftspolitik. Die Wahrung deutscher Interessen braucht keineswegs im Gegensatz zu den Interessen der Entwicklungsländer zu stehen. In allen entwicklungspolitisch geeigneten Fällen, in denen Lieferungen aus Industrieländern erforderlich sind, achtet die Bundesregierung auf Beschäftigungswirksamkeit für unsere Wirtschaft und unsere Arbeitnehmer. Es gehört zu unseren legitimen eigenen Interessen, daß mit den Mitteln unserer Steuerzahler nicht über Entwicklungshilfe Wettbewerber aus anderen Industrieländern begünstigt werden.

BMZ: Grundlinien der Entwicklungspolitik der Bundesregierung, Vorwort, Bonn 1986, S. 5 ff.

Finanzielle und Technische Zusammenarbeit

115 Die Finanzielle Zusammenarbeit (FZ) ist ein je nach dem Entwicklungsstand des Landes konditionierter Kredit zur Finanzierung von Sachgütern und Anlageinvestitionen, von Vorhaben zur Verbesserung der Infrastruktur und zur Steigerung der Produktion. Um der unterschiedlichen wirtschaftlichen Leistungskraft der Empfängerländer Rechnung zu tragen, vergibt die Bundesregierung ihre FZ-Mittel zu vier verschiedenen Konditionen:

1. Seit 1978 erhalten alle LLDC (least developed countries) [→42] keine Kredite mehr, sondern nur noch, so die amtliche Bezeichnung, nicht-rückzahlbare Zuschüsse (also Schenkungen).

2. Die MSAC (most seriously affected countries) [von den Ölpreiserhöhungen besonders betroffene Länder] erhalten günstige Kredite entsprechend der Kreditvergabe der Weltbanktochter IDA [→S. 184], die auch IDA-Konditionen genannt werden:
Zinsen 0,75 Prozent, Laufzeit 50 Jahre, davon 10 Jahre tilgungsfrei.

3. Die Schwellenländer [→44] erhalten ihrer Leistungskraft entsprechend härtere Konditionen:
Zinsen 4,5 Prozent, Laufzeit 20 Jahre, davon 5 Jahre tilgungsfrei.

4. Für alle übrigen Entwicklungsländer gelten die Standardkonditionen:
Zinsen 2 Prozent, Laufzeit 30 Jahre, davon 10 Jahre tilgungsfrei.

In jüngster Zeit setzt die Bundesregierung bei der FZ verstärkt ein weiteres Instrument ein, die sog. Mischfinanzierung. Mischfinanzierung ist der kombinierte Einsatz von FZ-Mitteln (Entwicklungshilfe) und eigenen Mitteln der Kreditanstalt für Wiederaufbau (normaler Bankkredit). Auf diese Weise ist es möglich, die begrenzten Mittel der FZ zu strecken und förderungswürdige Projekte in Entwicklungsländern zu verwirklichen. Der seit 1983 sprunghaft ansteigenden Mischfinanzierung wird jedoch vorgeworfen, eine elegante Form der Exportförderung zu sein, da der kommerzielle Kreditanteil eine Lieferbindung an Waren und Dienstleistungen aus der Bundesrepublik enthält. [...]

Die Technische Zusammenarbeit wird mit einer Ausnahme (TZ gegen Entgelt) als reiner Zuschuß gegeben. Sie soll das Leistungsvermögen von Menschen und Organisationen in Entwicklungsländern erhöhen, wobei technische, wirtschaftliche und organisatorische Kenntnisse und Fähigkeiten vermittelt werden. Die TZ setzt in der Regel die Bereitschaft des Partnerlandes voraus, bestimmte Eigenleistungen zu erbringen. Dies soll die Motivation an einer Projektbeteiligung fördern und die Übergabe des Projektes (Nationalisierung) erleichtern. Als Eigenleistungen werden vor allem die Bezahlung einheimischer Projektmitarbeiter (counterparts), Betriebskosten, Gelände usw. betrachtet. Im Rahmen der TZ werden folgende Aufgaben wahrgenommen:

- Entsendung oder Finanzierung von Beratern, Ausbildern, Sachverständigen, Gutachtern und sonstigen Fachkräften;
- Lieferung oder Finanzierung von Ausrüstung und Material für die Ausstattung der geförderten Einrichtungen und entsandten Fachkräfte sowie von Produktionsmitteln. (Die Lieferung von Ausrüstung, Material und Produktionsmitteln ist nicht an die Entsendung von Fachkräften gebunden.) [...]
- Aus- und Fortbildung einheimischer Fach- und Führungskräfte im Entwicklungsland selbst, in anderen Entwicklungsländern, in der Bundesrepublik Deutschland oder in anderen Industrieländern;

- Zuschüsse zu den Kosten für Ausbildungsmaßnahmen, die von den Unternehmen in Entwicklungsländern durchgeführt werden;
- Finanzierungsbeiträge zu Projekten und Programmen leistungsfähiger Träger in den Entwicklungsländern.

Martin Kaiser/Norbert Wagner: Entwicklungspolitik, a. a. O., S. 220 ff.

116 Öffentliche Entwicklungshilfe (Nettoleistung) der Bundesrepublik Deutschland

Jahr	insgesamt	davon bilateral: Zuschüsse[1]) zusammen	bilateral: Zuschüsse darunter Techn. Zusammenarbeit[2])	bilateral: Kredite und sonstige Kapitalleistungen	multilateral: zusammen	multilateral davon: Zuschüsse[3])	multilateral davon: Kapitalanteile/ Subscriptionen[4])	multilateral davon: Kredite
1973	2 941,1	1 079,7	798,7	1 032,6	828,8	442,7	348,5	37,6
1974	3 715,2	1 211,2	985,6	1 417,3	1 086,7	623,5	440,9	22,3
1975	4 165,2	1 369,4	1 156,3	1 489,9	1 305,9	787,6	512,1	6,2
1976	4 008,4	1 288,4	1 113,3	1 340,0	1 380,0	708,0	614,7	57,3
1977	3 985,4	1 378,1	1 208,5	1 021,1	1 586,2	767,5	804,6	14,1
1978	4 714,5	1 575,9	1 371,1	1 558,5	1 580,1	628,4	941,9	9,8
1979	6 219,2	2 469,9	1 533,6	1 569,5	2 179,8	1 138,0	1 029,1	12,7
1980	6 476,1	4 098,3[5])	1 798,9	120,7[5])	2 257,1	1 164,0	1 079,7	13,4
1981	7 192,6	3 050,0	1 986,3	2 023,8	2 118,8	1 321,1	792,2	5,5
1982	7 654,1	3 226,4	2 113,4	2 275,2	2 152,5	1 362,5	792,9	– 2,9
1983	8 116,3	3 252,6	2 129,9	2 115,8	2 747,9	1 403,3	1 355,3	– 10,7
1984	7 916,5	3 569,2	2 496,6	1 746,5	2 600,8	1 663,3	946,9	– 9,4
1985	8 656,7	4 197,7	2 576,3	1 628,4	2 830,6	1 608,0	1 235,3	– 12,7
1986	8 317,5	3 904,9	2 670,5	1 831,3	2 581,3	1 471,0	1 123,9	– 13,6
1987	7 895,1	3 894,6	2 760,6	1 662,2	2 338,3	1 369,8	983,6	– 15,1
1988	8 318,7	4 053,2	2 803,1	1 524,5	2 741,0	1 771,0	985,9	– 15,9
1989	9 317,8	4 392,2	3 052,0	1 636,0	3 282,4	*)	*)	*)
1950–1989	137 411,3	58 535,9	38 245,6	38 107,7	40 767,5	–	–	–

[1]) Insbesondere für TZ sowie Zuschüsse im Rahmen der FZ, für Nahrungsmittelhilfe, Verwaltungskosten und humanitäre Hilfe
[2]) Ab 1984 einschl. Studienplatzkosten für Studenten aus Entwicklungsländern
[3]) An VN-Stellen und -Fonds, EWG und sonstige Einrichtungen
[4]) Weltbankgruppe und regionale Entwicklungsbanken
[5]) Infolge Schuldenerlaß an LLDC's Umbuchung früher gewährter Kredite und Zuschüsse und Gegenbuchung bei Krediten als Rückzahlungen in Höhe von rd. 1,5 Mrd. DM
*) Zahlen für 1989 lagen noch nicht vor.

Bundesministerium für Wirtschaft: Leistung in Zahlen '89, S. 86

117 / 118

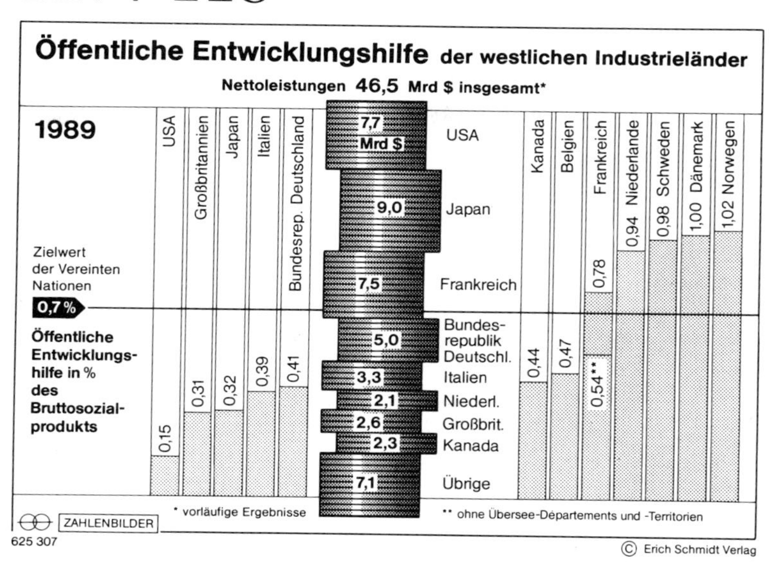

Öffentliche Entwicklungshilfe der westlichen Industrieländer
Nettoleistungen 46,5 Mrd $ insgesamt*
1989
USA
Großbritannien
Japan
Italien
Bundesrep. Deutschland
7,7 Mrd $
USA
9,0
Japan
7,5
Frankreich
5,0
Bundesrepublik Deutschl.
3,3
Italien
2,1
Niederl.
2,6
Großbrit.
2,3
Kanada
7,1
Übrige
Kanada
Belgien
Frankreich
Niederlande
Schweden
Dänemark
Norwegen
Zielwert der Vereinten Nationen
0,7 %
Öffentliche Entwicklungshilfe in % des Bruttosozialprodukts
0,15
0,31
0,32
0,39
0,41
0,44
0,47
0,54**
0,78
0,94
0,98
1,00
1,02
* vorläufige Ergebnisse
** ohne Übersee-Départements und -Territorien
ZAHLENBILDER
625 307
© Erich Schmidt Verlag

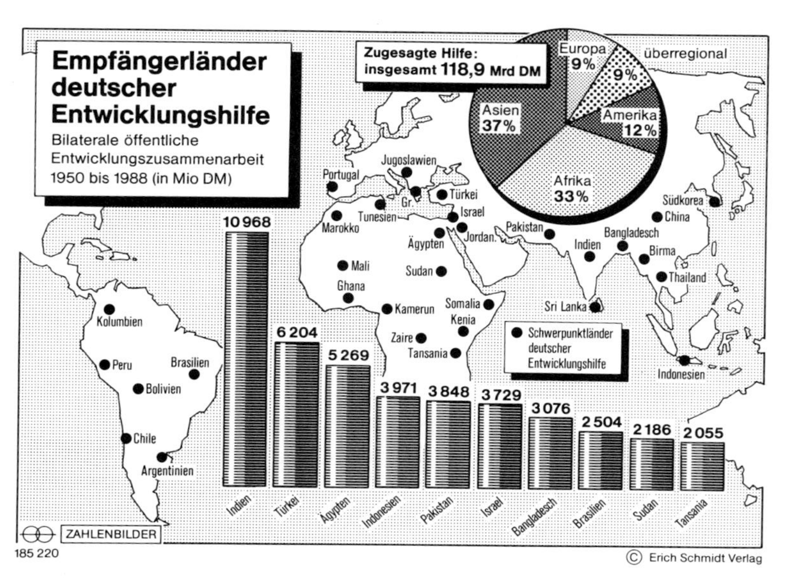

Empfängerländer deutscher Entwicklungshilfe
Bilaterale öffentliche Entwicklungszusammenarbeit 1950 bis 1988 (in Mio DM)
Zugesagte Hilfe: insgesamt 118,9 Mrd DM
Europa 9%
überregional 9%
Amerika 12%
Afrika 33%
Asien 37%
Schwerpunktländer deutscher Entwicklungshilfe
Portugal
Jugoslawien
Gr.
Türkei
Israel
Jordan.
Tunesien
Marokko
Ägypten
Mali
Sudan
Ghana
Kamerun
Somalia
Kenia
Zaire
Tansania
Pakistan
Indien
Bangladesch
Birma
Thailand
Sri Lanka
China
Südkorea
Indonesien
Kolumbien
Peru
Brasilien
Bolivien
Chile
Argentinien
10 968
6 204
5 269
3 971
3 848
3 729
3 076
2 504
2 186
2 055
Indien
Türkei
Ägypten
Indonesien
Pakistan
Israel
Bangladesch
Brasilien
Sudan
Tansania
ZAHLENBILDER
185 220
© Erich Schmidt Verlag

So wird ein Entwicklungsprojekt der staatlichen Zusammenarbeit vorbereitet und durchgeführt

119 Dieses vereinfachte Schema zeigt die wichtigsten Schritte von der Formulierung einer Projektidee bis zur Durchführung und der Prüfung des Erfolgs.

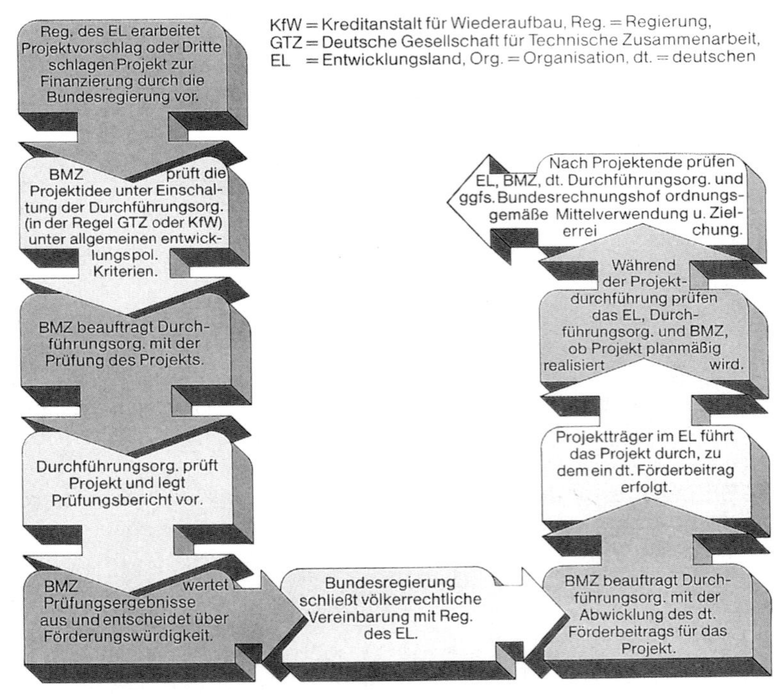

BMZ: Politik der Partner, 8. Aufl., Bonn 1987, S. 68

Die wichtigsten staatlichen Organisationen

120 Die Kreditanstalt für Wiederaufbau (KfW) mit Sitz in Frankfurt ist Besitz des Bundes und der Länder (80 : 20 Prozent). Sie wurde 1948 – wie der Name bereits sagt – zur Mitwirkung am Wiederaufbau des kriegszerstörten Deutschlands gegründet. Neben ihrem Tätigkeitsbereich, der die Förderung der deutschen

Wirtschaft (auch Exportfinanzierung) beinhaltet, obliegt ihr seit 1961 als Entwicklungsbank des Bundes die Prüfung und bankmäßige Abwicklung aller im Rahmen der FZ anfallenden Darlehensgewährungen, im Falle der LLDCs die Zuschußgewährung sowie die Betreuung und Kontrolle der Projektdurchführung. Die Mittelvergabe erfolgt für:

- Investitionsvorhaben im Bereich der Landwirtschaft, der wirtschaftlichen und sozialen Infrastruktur sowie der gewerblichen Wirtschaft;
- Refinanzierungskredite an lokale und regionale Entwicklungsbanken;
- nicht projektgebundene Kredite in Form der Allgemeinen Warenhilfe für den Bezug von Waren und Dienstleistungen;
- personelle Unterstützung des Projektträgers;
- Aus- und Fortbildung einheimischen Personals.

Die Gesellschaft für Technische Zusammenarbeit (GTZ) ist für die Durchführung der Maßnahmen im TZ-Bereich im Auftrag der Bundesregierung tätig, arbeitet aber auch im Auftrag von Entwicklungsländern gegen Entgelt (TZ gegen Entgelt). Erwirtschaftete Gewinne werden nicht an die Gesellschafter ausgeschüttet, sondern ausnahmslos für entwicklungspolitische Zwecke verwendet. Für die GTZ sind die wesentlichen Aufgaben:

- Projekte und Programme der TZ mit Partnern in Entwicklungsländern fachlich zu planen, durchzuführen bzw. zu steuern und zu überwachen [→127, 128];
- andere Stellen, die ebenfalls Entwicklungsmaßnahmen durchführen, zu beraten;
- Fachkräfte zu suchen, auszuwählen, vorzubereiten, zu entsenden und während ihres Einsatzes fachlich und personell zu betreuen;
- die Sachausrüstung der Projekte technisch zu planen, einzukaufen und in die Entwicklungsländer zu versenden;
- alle Voraussetzungen für die Gewährung von nichtrückzahlbaren Finanzierungsbeiträgen aus Mitteln der TZ zu prüfen, nach Projektfortschritt zu zahlen und ihre Verwendung kontrollieren.

Neben der GTZ befassen sich noch weitere Institutionen mit der Durchführung der TZ. Die Deutsche Stiftung für Internationale Entwicklung (DSE) beschäftigt sich vorwiegend mit Aus- und Fortbildungsprogrammen für Fach- und Führungskräfte aus Entwicklungsländern und bereitet die deutschen Fachkräfte auf ihren Aufenthalt in

Entwicklungsländern vor. Die deutschen Entwicklungshelfer werden vom Deutschen Entwicklungsdienst (DED) ausgewählt, entsandt und betreut [→128]. Fortbildungsprogramme für Stipendiaten aus Entwicklungsländern und die Qualifizierung deutscher Nachwuchskräfte der Wirtschaft im Ausland werden von der Carl-Duisberg-Gesellschaft (CDG), einer von der Wirtschaft, Bund und Ländern getragenen Institution, gefördert.

Martin Kaiser/Norbert Wagner: Entwicklungspolitik, a. a. O., S. 228 f.

Entwicklung kann nur selbst erarbeitet werden – Erfahrungen mit Entwicklungshilfe im Niger

121 Wer sehen will, welche Wirkungen die bisherige Entwicklungszusammenarbeit gehabt hat, braucht nur über Land zu fahren, wo 85 Prozent der Nigrer leben. Sie wohnen in Hütten und Lehmhäusern, ernähren sich von einfachsten Gerichten und kennen den Hunger. Die Kindersterblichkeit ist hoch, die meisten Menschen sind Analphabeten. Erkennbare Entwicklungsfortschritte sind allenfalls ein moderner Brunnen im Dorf und eine Krankenstation in der Nähe. Angesichts solcher Eindrücke fragt man sich, wohin in den letzten Jahrzehnten die Millionenbeträge internationaler Entwicklungshilfe geflossen sind, da die ländliche Bevölkerung davon offensichtlich kaum profitiert hat. [...]

Ein seit vielen Jahren in Entwicklungsländern tätiger UNO-Experte für Wirtschaftsfragen schätzt, daß sechzig Prozent der Entwicklungshilfegelder für Waren und Dienstleistungen direkt ins Ausland zurückfließen und daß von den restlichen vierzig Prozent der weit überwiegende Teil indirekt denselben Weg nimmt, zum Beispiel über ausländische Firmen in Entwicklungsländern. Dabei wird auf einheimische Strukturen wenig Rücksicht genommen. Für ein ländliches Großprojekt schickten die Italiener Fiat-Autos, auf deren Reparatur nigrische Mechaniker nicht eingestellt sind, weil Autos dieser Marke bisher nicht gefahren werden und deshalb auch keine Ersatzteile vorhanden sind. Ähnliches gilt für die Lieferung japanischer Spritzgeräte, mit denen der nigrische Pflanzenschutzdienst bedacht wurde.

Wenn in den Straßen von Niamey Laubhäufchen beseitigt wurden, kamen Mercedes-LKW angefahren, auf die mit einem schweren

Caterpillar-Vorderlader Reisig und Blätter geschaufelt wurden. Trotz eines gesetzlichen monatlichen Mindestlohns von umgerechnet nur 120 DM und einer schreienden Arbeitslosigkeit verbanden sich durch den Einsatz der Maschinen die Interessen von Gebern und Nehmern gegen die der Arbeitsuchenden. Für die städtische Müllabfuhr war es zwar ökonomisch unsinnig, aber bequemer und vor allem „moderner", Maschinen zu verwenden, die in den Industrieländern Beschäftigung bewirken, dem Wirtschaftskreislauf in den Entwicklungsländern aber Geld und den Menschen Arbeit entziehen: den Straßenkehrern und den Herstellern von Eselskarren, auf denen Laub und Müll abtransportiert werden könnten.

Im Frühjahr 1985 führte der Niger-Fluß nur noch so wenig Wasser, daß die Versorgung Niameys gefährdet schien, wenn nicht ein kleiner Rückhaltedamm durch den Fluß gebaut würde, um das spärliche Restwasser zu stauen. Diese Notwendigkeit war Monate vorher bekannt. Der Damm wurde schließlich durch eine europäische Baufirma in drei Tagen errichtet, mit einer ausländischen Finanzierung, deren Volumen den Monatslöhnen von 2 500 Arbeitern entsprach. Statt von nigrischer Hand erarbeitete Entwicklungshilfe in den heimischen Markt zu lenken, schleuste man sie auch hier über die Baufirma wieder nach Europa zurück. [...]

Wo die großen ausländischen Geber auftreten, fließt das Geld, kann nicht bescheiden gedacht werden, gibt es große, maschinelle Lösungen. Die Menschen stehen daneben und sehen zu, wie ihnen fertige „Entwicklungsergebnisse" serviert werden, mit denen sie nichts zu tun, die sie nicht selber erarbeitet haben, und die sie deswegen häufig nicht annehmen und unterhalten wollen.

Je größer der ausländische Produktionsanteil bei Entwicklungsprojekten ist, desto geringer bleibt die Mitwirkung der einheimischen Partner. Das Ausland liefert zugunsten der Beschäftigungswirksamkeit auf dem eigenen Markt eher fertige Produkte und Leistungen ab, als daß es im geförderten Land Prozesse zur Eigenproduktion in Gang brächte. Entwicklung ist aber kein Ergebnis, sondern ein Prozeß. In demselben Maße, in dem wir zugunsten der Beschäftigungswirksamkeit in Industriestaaten Produkte für Länder der Dritten Welt – hier oder dort – selber herstellen, verhindern wir in diesen Ländern solche Prozesse. Die Diskussion über Beschäftigungswirksamkeit betrifft in Wirklichkeit die Frage, inwieweit wir gewillt sind, in Ländern des Südens selbstgeschaffene Entwicklung zuzulassen.

Besonders Neueingereiste im Niger zeigen sich erschüttert über das – gemessen am niedrigen wirtschaftlichen Niveau des Landes – enorme Ausmaß an sichtbarer Verschwendung und Wertverlusten: kaputte Autos auf Behördenhöfen, Maschinen und Einrichtungen, die nach kurzer Zeit ersetzt werden müssen, weil sie nicht unterhalten werden. Die große Zahl heruntergekommener, von der Bevölkerung nicht angenommener Projekte legt den Schluß nahe, daß der Mensch, sollen die ihm zur Verfügung stehenden Güter vernünftig behandelt werden, diese erarbeitet haben muß, direkt oder indirekt über den Kauf mit von ihm verdientem Geld. Wo dieser Zusammenhang fehlt, wird verschwendet. [. . .]

Im Niger wickelt der Staat fast sämtliche Hilfe aus dem Ausland ab. Ein Leistungsgefühl der Bevölkerung gegenüber den abgelieferten Hilfsgütern entsteht nicht. Das wirkt sich auf das allgemeine Bewußtsein aus: Weil die Menschen von der Erarbeitung der Entwicklung weitgehend ausgeschlossen sind, geht ihnen das Gefühl für das Verhältnis von Aufwand und Ertrag verloren. Vom Wunsch führt der Weg direkt zum Ergebnis, ohne den Umweg über den mühevollen Akt der Herstellung. Wenn Wünsche geäußert werden, ist das immer wieder zu spüren: Statt Hilfe für eine Schule möchte man den kompletten Bau, einen fertigen Brunnen, eine komplette Büroeinrichtung. Ein älterer nigrischer Arzt: „Früher konnten die Leute selber Brunnen bauen. Heute schauen sie zu, wie ihnen ein Brunnen ins Dorf geliefert wird."

Bedenkt man, daß in vielen der ärmsten Entwicklungsländer fast alle öffentlichen Investitionen unter solchen Umständen von außen finanziert werden, wird die Gefahr deutlich, die damit für das staatliche Wirtschaften verbunden ist. Ein bescheidener Aufwand führt zu relativ großem Erfolg, weil der größere Teil der Leistung von außen kommt. Da das seit Jahren eingeübt wird, darf man sich über den bei vielen Menschen inzwischen eingetretenen Realitätsverlust nicht wundern. Er spiegelt sich in der verständlichen, aber naiven Erwartung wider, man könne den Fortschritt aus den Industrieländern importieren. Da er sich dort ereignet habe, müsse man ihn auch von dort herholen – statt sich der Mühe zu unterziehen, Entwicklung selber zu erarbeiten.

Kurt Gerhardt: „In den Händen des Volkes". Erfahrungen mit Entwicklungshilfe im Niger, in: Aus Politik und Zeitgeschichte, B 33-34/1987, S. 3 ff.

„Tödliche Hilfe" – das Beispiel Bangladesch

122 Mein Entschluß, der Entwicklungshilfe den Rücken zu kehren, war das Ergebnis jahrelanger Erfahrungen in der Entwicklungspolitik und zahlreicher Diskussionen innerhalb und außerhalb des BMZ. Den Anlaß bildeten die Erlebnisse auf meiner letzten Dienstreise nach Bangladesch. Dort wurde mir die einzige noch verbliebene Illusion geraubt, daß wenigstens „meine" Projekte zur Beseitigung von Elend und Hunger beitrügen. Ich erfuhr im Gegenteil, wie jede einzelne Komponente der unter meiner Verantwortung durchgeführten Projekte die Reichen reicher und die Armen ärmer machte. In Bangladesch bedeutet das in vielen Fällen den Unterschied zwischen Leben und Tod. Ich konnte die Einsicht nicht mehr verdrängen: Entwicklungshilfe schadet allen, denen sie angeblich nützen soll, ganzen Ländern wie einzelnen Betroffenen. Sie muß deshalb sofort beendet werden. Ohne Entwicklungshilfe ginge es den Menschen in den Ländern der Dritten Welt besser. [. . .]

Auf den Besuch des Projekts „Förderung der ländlichen Entwicklung im District Tangail" hatte ich mich am meisten gefreut. Es war ein echtes Grundbedürfnisprojekt [→S. 136 f.], sollte die gesamte ländliche Entwicklung in einem Gebiet voranbringen und bestand aus verschiedenen Teilen, die sich gegenseitig ergänzen sollten:

- Förderung der Bewässerung durch Lieferung von Pumpen verschiedener Größe, die von Kleinbauerngenossenschaften betrieben werden sollten,
- Förderung von kleinen privaten Pumpenreparaturbetrieben,
- Förderung von Landlosen, die sonst bei landwirtschaftlichen Programmen meist nicht beachtet werden,
- Förderung integrierter Landwirtschaft, um den ökologischen Erfordernissen gerecht zu werden,
- Kreditbeschaffung für Kleinbauern, um sie aus ihrer Abhängigkeit von den Geldverleihern zu befreien. [. . .]

Die Pumpen, die wir installieren, kommen keineswegs den kleinbäuerlichen Genossenschaftsmitgliedern zugute. In Wirklichkeit machen einige wenige große Bauern damit riesige Geschäfte. Diese „*local influentials*" (örtlich Einflußreiche) sind nicht in unserem Sinne oder gar im Sinne lateinamerikanischer Latifundienbesitzer reich. Ihre Häuser hoben sich in meinen Augen nicht wesentlich von denen der Kleinbauern ab. Ihr Landbesitz beträgt häufig nur 20-30 acre

[1 acre = 4047 m^2]. Aber sie verfügen über ein eng geknüpftes Netz von Beziehungen zu allen Mächtigen der Gegend und besitzen das Geld, um sich notfalls durch Bestechung bis hin zum gedungenen Mord Vorrechte zu erkaufen. Gleichzeitig betätigen sie sich häufig als ausbeuterische Geldverleiher und gehören dann meist zu den bestgehaßten Leuten im Dorf.

Die Geschäfte mit den Pumpen laufen folgendermaßen: Einer oder mehrere Reiche zahlen das Einstiegskapital für die Pumpe. Dann bestechen sie den Vertreter der *Bangladesh Agricultural Development Corporation (BADC)*, der eigentlich nach technischen Kriterien den Standort für die Pumpe aussuchen soll, teilweise mit für Bangladesch riesigen Summen. Es war von bis zu 40 000 Taka [10 Taka = 1 DM] die Rede. So erreichen sie, daß die Pumpe auf ihrem Land installiert wird. Damit können die übrigen Bauern nichts mehr dagegen tun, daß der gesamte Gewinn aus der Pumpe an den neuen Besitzer fließt. Alle müssen ihm für das Wasser aus dem Brunnen ein Viertel ihrer Ernte abliefern. Der Reiche besitzt jetzt nicht nur die Verfügungsgewalt über die jeweilige Menge Wasser, die jeder bekommt, sondern es kommt sogar vor, daß der Pumpenbesitzer das Entgelt für die Bewässerung willkürlich auf ein Drittel der Ernte erhöht. Anfangs muß die Pumpe zwar noch abbezahlt werden – die Regierung verkauft die Pumpen, die sie von den Gebern kostenlos erhält, allerdings zu relativ niedrigen Preisen an die Bauern –, aber wenn sie abbezahlt ist, beginnt das große Geschäft. Ein Viertel der Ernte des gesamten, mit Hilfe der Pumpe bewässerten Landes bei nur sehr geringen Unterhaltskosten. So schaffen wir in großer Geschwindigkeit neue „*water lords*".

Brigitte Erler: Tödliche Hilfe. Bericht von meiner letzten Dienstreise in Sachen Entwicklungshilfe, Dreisam-Verlag, Freiburg i. Br. 1985, S. 8 ff.

Eine Erwiderung aus dem Ministerium

123 Gespräche mit den Verantwortlichen im Entwicklungsministerium und den Fachleuten der GTZ [→120] machten deutlich, daß man sich die Entscheidung für größere Wasserpumpen und unter Inkaufnahme der örtlichen Machtgegebenheiten nicht leichtgemacht hat. Die Möglichkeiten der Bewässerungen können bei der vorherrschenden Landverteilung und Flurzersplitterung nur kol-

lektiv genutzt werden. Der Staat hat daher Genossenschaften angeordnet, die von den deutschen Experten beraten werden, möglichst viel Ertrag aus den Investitionen in Pumpensysteme einschließlich der dadurch möglichen Bewässerungssysteme herauszuwirtschaften.

Viele Bauern verdanken diesem Paket von Maßnahmen die einzig wirklich sichere Ernte im Jahr überall in Bangladesh. Überschwemmungen durch den Monsun und Abfolgen von Trockenheit schädigen vor allem die Kleinbauern. Die Wasserförderungsmaßnahmen bringen höhere Erträge mit geringem Risiko und werden daher offensichtlich von der Bevölkerung akzeptiert. Tatsächlich konnte ein ganz erheblicher Teil des Landes, der sonst wegen der üblichen Trockenzeit von November bis März brachlag, unter Bewirtschaftung genommen werden. Handpumpen sind bestenfalls im Gemüseanbau und anderen Intensivkulturen brauchbar. Niemand bestreitet, daß die größeren Bauern den größeren Profit haben, sich in den sogenannten Genossenschaften durchsetzen, ja auch ihre höheren Einkünfte dazu nutzen, den Ärmeren das Land wegzukaufen und mit der Zuteilung der Wasserregulierung Herrschaft auszuüben. Das Projekt bemüht sich aber auch, mehr und mehr Kredite für Kleinbauern bei Banken zu besorgen oder zumindest einige Hemmnisse aus dem Weg zu räumen, um auch die Kleinbauern nach und nach von den Geldverleihern unabhängiger zu machen. [...]

Seit einigen Jahren konzentrieren wir unsere Anstrengungen auf die ärmsten Länder, die armen Schichten [...]. Wir müssen uns aber eingestehen, daß die Möglichkeiten der zwischenstaatlichen Hilfe für Menschen in den Slums und Dörfern, ihnen Chancen zur Eigenentwicklung leichter erreichbar werden zu lassen, äußerst begrenzt sind.

Ohne Selbstorganisation keine Entwicklung von unten. Mit Selbstorganisation aber kommen berechtigte Ansprüche, Widerstände, Ungeduld: es wird politisch und gibt Konflikte [...].

Zwischenstaatliche Hilfepolitik kann aber vor allem technische Rahmenbedingungen für Selbsthilfe besser oder schlechter gestalten und auf sozialorientierten Begleitvorhaben bestehen. So war ursprünglich bei den vorgenannten Tiefwasserpumpen ein solches Begleitprogramm für Landlose und Frauen vorgesehen, wurde aber nicht in Angriff genommen.

Winfried Böll [ehem. Abteilungsleiter im BMZ]: Sind alle Komplizen einer raffinierten Vernichtungsmaschine?,
in: Frankfurter Allgemeine Zeitung vom 9. 7. 1985

Für eine konsequente Reform der Entwicklungshilfe

124 Man braucht Brigitte Erlers Empfehlungen z. B. nur auf Nicaragua zu übertragen (keine Entwicklungshilfe, weil sie schadet; helft euch selbst, zahlt mehr Steuern – Hilfe würde Korruption nur vergrößern, die Reichen noch reicher machen usw.), um zu sehen, daß eine pauschale Befolgung dieser Empfehlungen in die Irre führen würde. Gerade jetzt braucht und wünscht Nicaragua Hilfe. Aus solidarischen und humanitären Gründen ist Entwicklungszusammenarbeit als Hilfe zum Überleben und als Beitrag zur politischen, wirtschaftlichen und sozial gerechten Entwicklung geboten. Auch aus wohlverstandenen gemeinsamen Interessen an Frieden und Ausgleich, Arbeit und Umwelterhaltung. Einzelne mögen aus der Entwicklungshilfe frustriert und resigniert aussteigen. Eine ganze Partei kann und darf dies nicht. Ein solcher Ausstieg wäre nicht nur unsolidarisch, er wäre auch politisch nicht durchzuhalten. Eine wirklich linke Kritik muß Widersprüche akzeptieren und darf an Rückschlägen nicht verzweifeln. Was bleibt also von der Kritik? Keinesfalls die Schlußfolgerung, die Entwicklungshilfe völlig abzuschaffen. Keinesfalls das Sicheinlassen auf die Hoffnung, ohne Entwicklungshilfe ginge es den Menschen in der Dritten Welt besser. Damit würde eine einfache Lösung vorgegaukelt, die einmal den Stellenwert von Auslandshilfe für den gesamten inneren Entwicklungsprozeß eines Landes enorm überschätzt und zum anderen an den neo-konservativen Zeitgeist nach dem Motto „Sozialleistungen kürzen und die Selbsthilfekräfte stärken" erinnert. Was ich empfehle, ist ein entwicklungspolitischer Durchbruch zu neuen Ufern [. . .]:

– Die entwicklungspolitische Zusammenarbeit muß konsequent auf die Bekämpfung der absoluten Armut ausgerichtet sein und nicht auf Cliquen- oder Exportförderung.

– Bevorzugt sind solche Länder und Kräfte zu unterstützen, die sich um die Verwirklichung von Menschenrechten und von sozialer Gerechtigkeit bemühen.

– Die Entwicklungspolitik muß die nötigen Eigenanstrengungen der Entwicklungsländer begleiten und insofern Hilfe zur Selbstentwicklung sein.

Bei diesen Zielen muß die offizielle Politik Standfestigkeit und Strenge – auch in Abstimmung mit anderen Gebern – beweisen. Gegebenenfalls muß die staatliche Entwicklungshilfe gegenüber einem Land abgebaut bzw. abgebrochen oder über nichtstaatliche Organisationen umgelenkt werden. Zu einem umfassenden Nord-Süd-Ausgleich gehört als Kernstück der Aufbau einer leistungsfähigen, gerechten und sozialen Weltwirtschaft.

Uwe Holtz (MdB-SPD), in: Sozialdemokratisches Magazin 5/1985, S. 14

125 **Meinungsumfragen über die Einstellung zur Entwicklungshilfe**

Frage: „Sie wissen sicherlich, daß Entwicklungshilfe an unterentwickelte Länder in Asien, Afrika usw. gegeben wird. Sind Sie ganz allgemein für oder gegen Entwicklungshilfe?" (Antworten in Prozent):

<table>
<tr><th></th><th>1975</th><th>1979</th><th>1983</th><th>1985</th><th>1987</th></tr>
<tr><td>eher dafür</td><td>58</td><td>71</td><td>74</td><td>73</td><td>74</td></tr>
<tr><td>eher dagegen</td><td>25</td><td>18</td><td>15</td><td>13</td><td>15</td></tr>
<tr><td>weiß nicht</td><td>17</td><td>11</td><td rowspan="2">11</td><td rowspan="2">15</td><td rowspan="2">11</td></tr>
<tr><td>keine Angaben</td><td>0</td><td>0</td></tr>
</table>

Frage: „Wie stark interessieren Sie sich eigentlich für Fragen der Entwicklungshilfe?" (Antworten in Prozent):

	1975	1979	1983	1985	1987
sehr stark/stark	15	18	19	16	18
mittel	40	51	48	48	49
weniger/gar nicht	40	31	34	35	33
keine Angabe	5	0	0	1	0

Frage: „Wie ist das mit der von der Bundesrepublik geleisteten Entwicklungshilfe: Würden Sie die, alles in allem, eher positiv oder negativ beurteilen?" (Antworten in Prozent):

<table>
<tr><th></th><th>1975</th><th>1979</th><th>1983</th><th>1985</th><th>1987</th></tr>
<tr><td>eher positiv</td><td>46</td><td>53</td><td>48</td><td>44</td><td>46</td></tr>
<tr><td>eher negativ</td><td>27</td><td>25</td><td>27</td><td>22</td><td>30</td></tr>
<tr><td>weiß nicht</td><td>27</td><td>21</td><td rowspan="2">25</td><td rowspan="2">34</td><td rowspan="2">24</td></tr>
<tr><td>keine Angaben</td><td>0</td><td>1</td></tr>
</table>

Quelle: Nach Angabe des BMZ.

Aus: Bundeszentrale für politische Bildung (Hg.): Informationen zur politischen Bildung, Heft 221: Entwicklungsländer, Bonn 1988, S. 38

126 Meinungsumfrage: Ziele der Entwicklungshilfe (1987, Antworten in Prozent)

	Bekämpfung der Armut		Hilfe, um auf eigenen Füßen zu stehen		Entwicklung zum echten wirtschaftlichen Partner	
	D	EG	D	EG	D	EG
eigenes Hauptziel	16	17	68	61	13	18
heutige Politik der Industrieländer	47	48	52	37	26	17
in Zukunft zu erwartendes Ergebnis	**52**	**55**	**50**	**49**	**26**	**27**

Bundeszentrale für politische Bildung (Hg.): Informationen zur politischen Bildung, Heft 221: Entwicklungsländer, a. a. O., S. 31

Gegen die Urwaldzerstörung – Projektarbeit in Ecuador

127 Rüdiger Euler wischt sich den Schweiß von der Stirn und schlägt seine Machete in einen Baumstumpf. Mücken schwirren über seinem Kopf. Vom Himmel brennt erbarmungslos die Äquatorsonne, die feuchte Luft macht das Atmen schwer. Zusammen mit seinen beiden jungen einheimischen Helfern will der 44jährige deutsche Forstwirt und Experte der GTZ (Gesellschaft für technische Zusammenarbeit) [→120] hier mitten im ecuadorianischen Amazonas-Urwald an einem 25 Hektar großen „Modell“ aufzeigen, wie der fortschreitenden Zerstörung der letzten großen „grünen Lunge“ unseres Planeten Einhalt geboten werden kann.

[...] In der Hauptstadt Quito erklärt GTZ-Projektleiter Nikolaus Henning Sinn und Zweck des Projekts im Dschungel: „Der weltweite Rückgang tropischer Waldgebiete hat längst katastrophale Ausmaße angenommen. Doch im Gegensatz zu anderen Ländern ist hier in Ecuador nicht in erster Linie der Edelholz-Raubbau dafür verantwortlich, sondern der ständig steigende Zustrom von Menschen in diese noch vor gut 15 Jahren praktisch unberührten Gebiete.“

Hochlandcampesinos verlassen ihre durch Bodenerosion unfruchtbar gewordenen Äcker in der Sierra. Sie folgen den zur Erschließung der im Amazonasbecken schlummernden Bodenschätze gebauten

Straßen ins Tiefland, roden dort ein Stück Wildnis. Doch schon nach wenigen Jahren hat sich die ehemalige undurchdringliche „grüne Hölle" in karge Steppe verwandelt. Das nächste Stück Urwald fällt Axt und Rodungsfeuer zum Opfer. „Wir müssen diesen Teufelskreis durchbrechen, indem wir die Campesinos dazu bringen, ihre Felder nachhaltig zu bewirtschaften. Das geht aber nur, wenn sie dadurch auch mehr verdienen. Schließlich kämpfen diese Menschen ums nackte Überleben. Wer da mit einer ökologischen Katastrophe in 20, 30 Jahren argumentiert, wird nicht ernst genommen."

Es ist ein ausgeklügeltes Konzept, das die deutschen Forstexperten zusammen mit ihren ecuadorianischen Partnern entwickelt haben: Bei der Rodung bleiben einige hochaufragende Bäume stehen. Unter ihrem Schutz werden in regelmäßigen Abständen verschiedene Kulturen angepflanzt: Mais und Yucca für die erste Ernteperiode, dazwischen – mit längerer Reifezeit – Kaffee, Bananen und Naranjillas, eine besonders zur Saftgewinnung begehrte Obstart. Das so entstehende mehrschichtige Laubdach beschattet den empfindlichen Boden gleichmäßig. Die wolkenbruchartigen Regenfälle schwemmen die dünne Humusschicht nicht mehr weg, und die Campesinos haben ein gesichertes Einkommen, weil sie nicht nur auf eine einzige Monokultur angewiesen sind. Gleichzeitig werden hochwertige Edelholz-Stecklinge gesetzt, die in zehn bis 15 Jahren ein zusätzliches Einkommen bringen.

Um all dies nicht bloß in der Theorie zu diskutieren, arbeitet Forst-Fachmann Rüdiger Euler bei den Urwaldbauern vor Ort. Und zwar im wahrsten Sinn des Wortes: „Ich biete den Campesinos an, ein paar Tage bei ihnen mitzuhelfen. Da bekommen sie erst mal große Augen. Denn ein Ingeniero, der selbst mit anpackt – das sind sie von den ecuadorianischen Landwirtschaftsberatern nicht gewohnt. Also bin ich denen schon mal einen Tagelöhner wert. Tja, und während der Plakkerei läßt man dann so seine Vorschläge einfließen. Die Leute kapieren recht schnell, um was es geht, die sind ja nicht dumm." Dabei geht es dem Experten vor allem darum, gemeinsam mit den Campesinos zu einer Lösung zu kommen, ihnen nichts Fertiges vorzusetzen. „Das können wir auch gar nicht: Sie sind schließlich auch noch hier, wenn das Projekt abgelaufen ist und wir wieder daheim sind."

Harald Gruber: Große Augen, in: Deutsches Allgemeines Sonntagsblatt vom 21. 6. 1987

Gegen die Trockenheit – Projektarbeit in Mali

128 *Bandiagar* (pdw). Das Dogonplateau, ein Projektgebiet in Mali, liegt südwestlich des „Nigerknies“ von Timbuktu. Es besteht aus einem nach Osten bis auf 575 Meter Höhe ansteigenden Sandsteinplateau, das sich mit der „Falaise“ von Bandiagara, einem steilen Felsabfall, bis dreihundert Meter tief zur Sèno-Ebene absenkt. Feind der Menschen ist – wie überall im Sahel – der große Wassermangel. [...]

Die Dogon – sie machen in diesem Teil Malis etwa neunzig Prozent der Bevölkerung aus – haben sich schon vor ewigen Zeiten an der Felswand festgesetzt. Ihre kleinen, kubischen Häuser bauten sie wie Nester an der Wand, um Platz für den Anbau von Hirse und Zwiebeln in der Ebene zu gewinnen. In der gesamten Region, in der auf achttausend Quadratkilometern etwa 160 000 Menschen leben, versikkern und verdunsten aufgrund der Bodenbeschaffenheit von der jährlichen Niederschlagsmenge von nur fünfhundert Millimetern etwa achtzig Prozent. Zuviel, als daß der Getreideanbau in der Regenzeit ausreichende Ernten abwerfen konnte. Auch der mit Kürbisschalen bewässerte Gartenanbau in der Trockenzeit brachte nur minimale Erträge, etwa bei der Dogonzwiebel, einer Schalottenart. Die Dogonzwiebeln werden an Händler verkauft und sind in ganz Westafrika bekannt. [...]

Den einzig wirksamen Weg aus der Trockenheit ging die Bonner Entwicklungshilfe gemeinsam mit der staatlichen malischen Wasserbehörde. Die Deutsche Gesellschaft für Technische Zusammenarbeit [→120] hat sechzehn Kleinstaudämme entlang verschiedener Flußläufe sowie Bewässerungsanlagen gebaut. Das in der kurzen, aber oft heftigen Regenzeit anfallende Wasser kann darin aufgefangen und für intensiveren Gemüseanbau genutzt werden. Die Einrichtungen entstanden unter großer Beteiligung der Bevölkerung. Das Geld aus dem Gemüseverkauf nutzen die Dogon jetzt zum Zukauf von Hirse und zum Bezahlen ihrer Steuern. Insgesamt sind im Dogonland bis heute 75 Dämme mit ausländischer Hilfe entstanden.

Die Fachleute erkannten jedoch schnell, daß es mit technischen Neuerungen allein nicht getan war. In mehreren Dörfern, die in der Nähe der Kleinstaudämme liegen, hat daher die Gesellschaft für Technische Zusammenarbeit 1985 – zunächst in einer Pilotphase – mit einer landwirtschaftlichen Beratung der Dogon begonnen. Sie sollen lernen, die neu erschlossenen Ressourcen sinnvoll und auf Dauer zu nutzen. In Zusammenarbeit mit dem malischen Landwirtschaftsministerium in Bandiagara hat man die Landwirte zunächst in der rationellen Verwendung des Wassers unterwiesen. Außerdem hat man ihnen gezeigt, wie sie die Gemüsekultur auf eine breitere Basis stellen können. Neben der Dogonzwiebel werden jetzt auch Paprika, Tomaten und Kartoffeln angebaut.

In einer jetzt neu vereinbarten dreijährigen Phase, die bis 1991 dauern soll, gehen die Berater daran, eine gewinnbringende Vermarktung sicherzustellen. Dazu gehört eine bessere Lagerhaltung mit Trockenvorrichtung und Verpackungsmaterialien ebenso wie der Aufbau eines Vermarktungssystems, das schnell auf Angebot und Nachfrage reagiert. Mitarbeiter der staatlichen Stellen werden entsprechend ausgebildet.

Auch der Deutsche Entwicklungsdienst [→120] hat Entwicklungshelfer in das Dogonland entsandt. Sie beraten eine im Aufbau befindliche bäuerliche Vermarktungskooperative und helfen mit, die Dämme „in Schuß" zu halten. Dazu haben sich die Bauern in sogenannte Wassernutzergemeinschaften zusammengetan, denn die Wasserspeicher halten nicht ewig. Sie bedürfen der Reparatur und Wartung, die die Dogon selbst vornehmen sollen. Ihnen steht ein Wasserbauingenieur des Entwicklungsdienstes mit Rat und Tat zur Seite. Auch der fortschreitenden Erosion arbeiten die Bewohner entgegen. Erdwälle sollen die Felder schützen, und eine Aufforstung mit Tausenden von Bäumen ist geplant. Einfaches Arbeitsgerät wie Schaufeln und Hacken finanziert die Bundesrepublik. Die ersten Obstbäume sind bereits gepflanzt.

Das gestaute Wasser wird von der Bevölkerung intensiv genutzt, auch zum Trinken, Baden und zur Körperreinigung. Als Folge haben sich einige Infektionskrankheiten, Spulwurmerkrankungen und die gefürchtete Malaria verstärkt. Jetzt rückt ein Basisgesundheitsdienst den unangenehmen Erregern zu Leibe. Dieser Dienst wird seit einigen Monaten ebenfalls mit deutscher Hilfe aufgebaut.

Deutsche Tagespost vom 17. 9. 1988

129 Alternative Modelle der Entwicklungshilfe

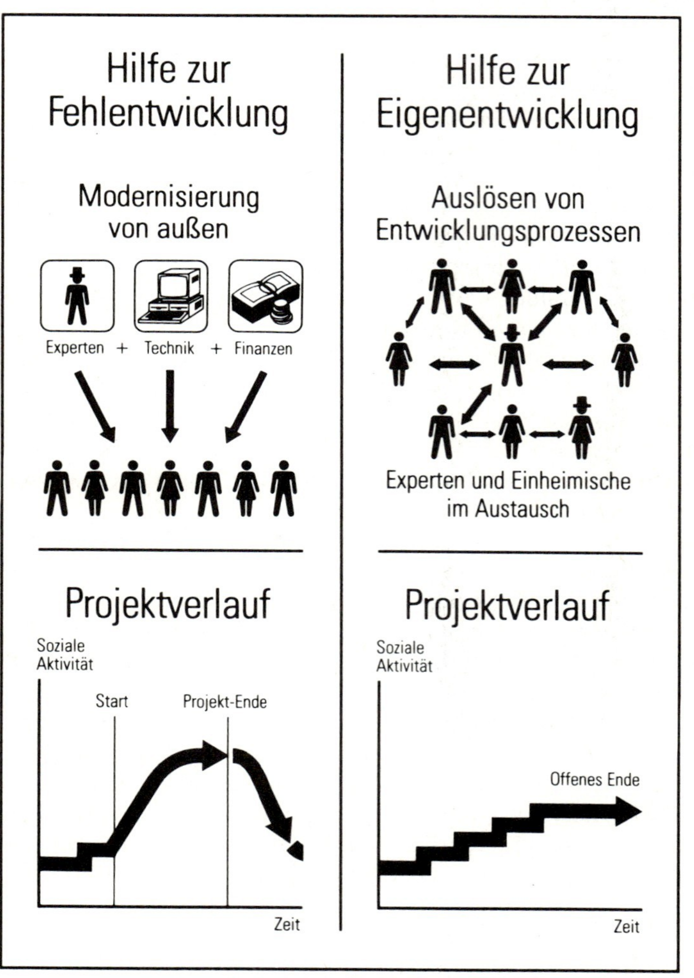

Rudolf H. Strahm: Warum sie so arm sind, a. a. O., S. 180

Zum Streit um die Nahrungsmittelhilfe

130 Lassen Sie mich zunächst zwei Thesen zur Nahrungsmittelhilfe stellen:

1. Nahrungsmittelhilfe in jeder Form ist schlecht. Sie ändert nichts an den Ursachen von Unter- und Fehlernährung. Statt dessen schafft sie neue Abhängigkeiten und vergrößert so auf lange Sicht die Probleme, die sie zu lösen vorgibt.

2. Wo Menschen hungern, besteht eine moralische Pflicht zur Hilfe. Dieser Pflicht dürfen wir uns nicht entziehen. Wegen des Bevölkerungswachstums wird die Nahrungsmittelhilfe in Zukunft zur zentralen Aufgabe der Entwicklungshilfe werden.

Mit diesen beiden Thesen lassen sich die beiden Extrempositionen kennzeichnen, zwischen denen sich das Spektrum der Ansichten zur Nahrungsmittelhilfe entfaltet. [...]

Für mich besteht kein Zweifel daran, daß wir [...] Hilfe leisten müssen. Der Einwand, die Nahrungsmittelhilfe von heute schaffe nur die Hungeropfer von morgen, ist moralisch nicht haltbar, politisch nicht vertretbar und sachlich nicht richtig. Es liegt in unserer Hand, ob Menschen, die wir heute vor dem Hungertod retten, morgen ein ihrer Würde gemäßes Leben führen können.

Nahrungsmittelhilfe ist deshalb eine moralische Pflicht und eine politische Aufgabe. Dies führt allerdings noch nicht dazu, daß jede Nahrungsmittelhilfe eine gute Hilfe ist [...]:

– Nahrungsmittelhilfe kann die Verzehrgewohnheiten der Bevölkerung ändern und so eine Ernährung aus eigener Kraft auf Dauer unmöglich machen.

– Die kostenlose oder subventionierte Verteilung von Nahrungsmittelhilfe beeinträchtigt die Konkurrenzfähigkeit der Landwirtschaft im Empfängerland.

– Langfristige Gewährung von Nahrungsmittelhilfe kann die Hungernden in die Rolle von Almosenempfängern drängen. Dies ist mit ihrer Würde und dem Ziel einer von eigenen Anstrengungen getragenen Entwicklung unvereinbar.

Nahrungsmittelhilfe ist, wie man sieht, ein zweischneidiges Unterfangen. Sie ist gleichzeitig nötig und gefährlich.

Volkmar Köhler [ehem. Parlamentarischer Staatssekretär im BMZ]: Von der Überlebenshilfe zur Sicherstellung der Ernährung aus eigener Kraft – hilft die Hilfe?, in: Hans-Seidel-Stiftung (Hg.): Entwicklungspolitik im Wandel, Stuttgart 1986, S. 69 f.

Der Skandal der Futtermittelimporte

131 „Mehr als 20 Millionen Tonnen Futtermittel importiert die EG jährlich aus Ländern der Dritten Welt, d. h. jedes zehnte Kotelett, jeder zehnte Liter Milch hat seinen Ursprung auf den Feldern von Ländern, in denen akute Krisen in der Nahrungsmittelversorgung herrschen." Eine düstere Berechnung, die der BUKO (Bundeskongreß entwicklungspolitischer Aktionsgruppen, Hamburg) seinem Aufruf zur „Aktionswoche gegen Futtermittelimporte vom 10.-16. Juni" [1985] voranstellt.

Die Dritte-Welt-Gruppen, die seit Jahren Kritik üben an Agrarimporten der Industrieländer aus Ländern der Dritten Welt, können sich bei ihrer bundesweiten Öffentlichkeitskampagne auf ein breites Bündnis stützen: Ökologiegruppen, Verbraucherzusammenschlüsse und Bauernvertreter, die in Opposition stehen zur offiziellen Agrarpolitik, beteiligen sich daran. Denn die in den letzten Jahren stark gestiegene Nachfrage der europäischen Landwirte nach billigen Getreidesubstituten und Eiweißfuttermitteln hat durchaus nicht nur in den Erzeugerländern in der Dritten Welt Spuren hinterlassen: Der Kraftfuttereinsatz machte eine enorme Produktivitätssteigerung in der EG-Landwirtschaft möglich.

Inzwischen wurde aus der durch Preis- und Absatzgarantien angeheizten Mehrproduktion eine Überschußproduktion, die nicht selten mit hohem Kostenaufwand vernichtet wird und schwere Umweltschäden verursacht. Der galoppierende Strukturwandel zwingt immer mehr Bauern zur Hofaufgabe und in die Arbeitslosigkeit. [. . .]

In der Bundesrepublik stammten 1981 etwa die Hälfte der Futtermittelimporte aus der Dritten Welt. Etwa elf Prozent der tierischen Produktion wurde mit Hilfe von Futtermitteln aus der Dritten Welt erzeugt, hinsichtlich des Eiweißgehalts sogar 18 Prozent, wie Diefenbacher von der Forschungsstätte der Evangelischen Studiengemeinschaft (FEST) errechnet hat. Von den gesamten Futtermittelimporten stammten 50 Prozent aus Lateinamerika, 9,3 Prozent aus Afrika – davon 2,5 Prozent aus der Sahelzone –, 40,7 Prozent aus Asien.

Zu Futterzwecken importiert die EG Hirse und Sorghum aus Ländern wie Sudan, Kenia und El Salvador, die aber gleichzeitig wiederum Empfängerländer des EG-Nahrungsmittelhilfe-Programms sind. Wichtigste Lieferanten sind Brasilien mit Soja und Thailand mit Tapioka.

Die Folgen der exportorientierten Agrarpolitik: 88 Prozent des Sojaanbaus erfolgten auf Flächen, die vorher Nahrungsmitteln vorbehalten waren. Da Soja industriell angebaut wird, blieb von früher acht bestehenden Arbeitsplätzen nun nur noch einer erhalten. Durch das Förderungsprogramm der Regierung für den Exportanbau wurden Grundnahrungsmittel vernachlässigt. 1983 stiegen deren Preise gegenüber den Löhnen um das Doppelte, und die Versorgungskrise in den Städten spitzte sich zu.

Mit der Ausweitung des Sojaanbaus in Brasilien geht zugleich eine massive ökologische Zerstörung einher. Die Rodungen riesiger Waldflächen, der Anbau in Monokultur und die großflächige, maschinenintensive Bearbeitung haben schwere Erosionsschäden zur Folge. Landschaftszerstörung durch krasse Eingriffe in das natürliche Gleichgewicht begleiteten auch in Thailand die sprunghafte Ausweitung der Anbaufläche für Tapioka zwischen 1970 und 1980. Hier ging und geht der Futtermittelanbau im wesentlichen auf Kosten der Wälder. „Tälerweise werden Waldflächen niedergebrannt, für einige Jahre ohne Rücksicht auf ökologische Notwendigkeiten mit Tapioka bebaut und dann zugunsten neu gerodeter Flächen preisgegeben", führt Ulrich Ratsch in der FEST-Studie aus.

Yvonne Mabille: Futter aus Afrika für deutsches Vieh, in: Frankfurter Rundschau vom 12. 6. 1985

132 Das Vieh der Reichen frißt das Brot der Armen

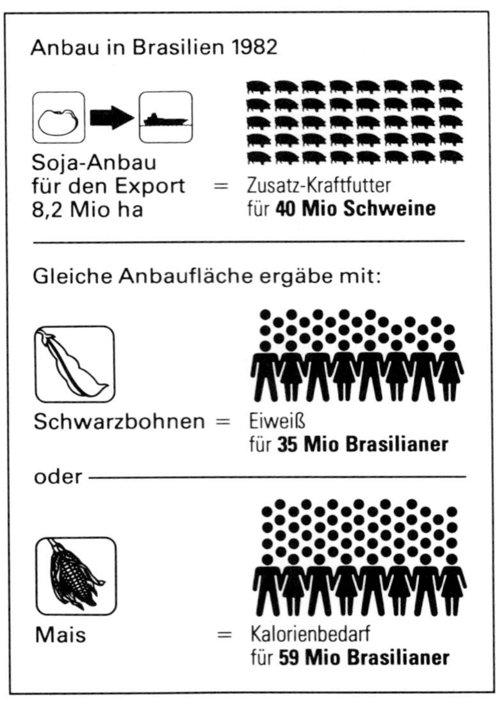

Rudolf H. Strahm: Warum sie so arm sind, a. a. O., S. 50

Auswirkungen der Preissubventionierung auf die Dritte Welt

133a Von besonderer Tragweite ist der *Agrarprotektionismus*, der die Einfuhr landwirtschaftlicher Güter aus Entwicklungsländern behindert. Europa ist durch seine hohen staatlichen Preis- und Absatzgarantien in den letzten zehn Jahren vom Importeur zum zweitgrößten Nahrungsmittelexporteur der Welt geworden. Die EG-Grenzen sind immer mehr für Drittweltlieferungen geschlossen, und die Exporte sind zunehmend mit Steuergeldern subventioniert worden. Durch öffentliche Subventionssysteme wurden die internationalen Agrarmärkte nachhaltig gestört. Die gehandelten Rohstoffe und Lebensmittel sind zur Hauptsache *Überschußprodukte*, deren Handelspreise mit den Gestehungskosten in keinem Zusammenhang mehr stehen.

Eine solche Politik *schädigt* die Länder der Dritten Welt *doppelt*. Erstens werden sie von den attraktivsten Märkten der Welt ausgesperrt; wichtige Devisenquellen bleiben damit unerschlossen. Zweitens wird ihre Wettbewerbsfähigkeit durch heruntersubventionierte EG-Exporte auf den übrigen Weltabsatzmärkten beeinträchtigt. *Brasilien* etwa kann heute kein *Fleisch* mehr verkaufen, weil die EG je Kilogramm einen Gegenwert von 3 $ aus Steuermitteln zuschießt, um zum Preis von 1 $ zu liefern. Die Produzenten in Brasilien brauchen aber einen Preis von $ 2.60, um kostendeckend exportieren zu können.

Ähnlich sieht es aus, wenn teurer *Weizen* aus der EG mit hohen Subventionen auf die Weltmärkte gelangt. Lieferfähige Länder Afrikas, Asiens und Südamerikas, die Getreide mit Gewinn weit billiger anbieten könnten, werden unterboten und verdrängt. So ist beispielsweise *Argentinien* als traditionelles Agrarland, das nicht über genügende Exportsubventionsmittel verfügt, aus dem Markt gefallen. Das gedrückte Weltmarktpreisniveau behindert in den Entwicklungsländern auch die Produktion für den Inlandmarkt. Nur durch Eigenproduktion und eine massive Entwicklung der Landwirtschaft kann aber die Dritte Welt ihr Hungerproblem dauerhaft lösen.

Hans Jöhr: Ist Hunger unvermeidlich?, in: Neue Zürcher Zeitung vom 11. 12. 1987

Zwei Beispiele

133b 1. Im Norden der Elfenbeinküste ist mit deutschen Entwicklungsgeldern und deutscher technischer Hilfe eine aus technischer Sicht äußerst leistungsfähige Rindermaststation aufgebaut worden. Der ökonomische Erfolg ist jedoch bis heute ausgeblieben. Die Produkte der Maststation müssen mit den subventionierten Fleischexporten der EG konkurrieren. Da deren Preise „Frei Abidjan" häufig nicht einmal die Transportkosten decken – von den Produktionskosten gar nicht zu reden –, ist eine rentable Produktion für das Entwicklungsprojekt nicht möglich, wenn die Elfenbeinküste ihre Grenzen für europäische Fleischimporte offenhält.

2. Im Norden Kameruns ist mit Weltbankhilfe ein großes Reisprojekt aufgebaut worden. Auch hier lassen Organisation und technische Produktivität dieses von Kleinbauern getragenen Projekts nichts zu wünschen übrig. Die Produktions- und Transportkosten des Reises übersteigen jedoch die subventionierten Weltmarktpreise, zu denen die in Küstennähe gelegenen Verbrauchszentren versorgt werden können. Im Projekt häufen sich riesige Überschüsse, weil der im Lande produzierte Reis mit importiertem Reis nicht konkurrieren kann.

Günther Weinschenck, in: Staat – Gesellschaft – Wirtschaft. Sonderheft Agrarpolitik, Stuttgart 1987, S. 8

Die Angst vor der „Festung Europa“

134 F. S. *Berlin* (Eigener Bericht) – *Voller Aufmerksamkeit betrachten die Entwicklungsländer die rasche Verwirklichung des EG-Binnenmarktes. Dabei zeichnet es sich ab, daß die Dynamik der Entwicklung für die Länder der Dritten Welt nicht nur Vorteile hat. Immerhin lieferten sie zuletzt Waren für rund 1,1 Billionen Dollar oder ein Viertel ihrer Exporte in die Länder der EG. Deshalb kann es für die Entwicklungsländer nicht gleichgültig sein, welche Veränderungen sich durch die Vereinheitlichung der nationalen Gesetzgebungen im Rahmen des EG-Binnenmarktes ergeben werden.*

Nach Meinung von Karl Wolfgang Menck vom HWWA Institut für Wirtschaftsforschung, Hamburg, zwingen die Konsequenzen des Binnenmarktes die Dritte Welt zu frühzeitigem Handeln. [. . .]

Die Aufhebung der zahlreichen Hemmnisse für den innergemeinschaftlichen Waren-, Dienstleistungs- und Kapitalverkehr führe dazu, daß Anbieter von draußen ihre Leistungsfähigkeit erhöhen und Kosten senken müßten, wenn sie nicht von Konkurrenten aus den anderen EG-Ländern, vor allen Dingen Ländern wie Portugal oder Griechenland, verdrängt werden sollen. Andererseits sieht das HWWA auch handfeste Vorteile für die Entwicklungsländer. Der Binnenmarkt werde zu einer Steigerung der internationalen Arbeitsteilung führen. Da Einkommen und Kaufkraft in der EG dadurch spürbar stimuliert werden sollen, könnte zusätzlich entstehende Nachfrage auch zu vermehrten Käufen in den Entwicklungsländern führen.

Befürchtungen hegten diese Länder allerdings, daß eine mehr protektionistische Außenhandelspolitik der EG diese Vorteile wieder in Nachteile verkehren würde. Dies wäre beispielsweise dann der Fall, wenn die bisher gültigen Kontingente in anderer Form weiter bestehen würden. Bereits heute seien ja mehrere hundert Produktionsgruppen nur beschränkt für den Import in die EG zugelassen. Es bestehe sogar die Gefahr, daß zum Schutz von wirtschaftlich weniger fortgeschrittenen Gemeinschaftsländern während des durch den Binnenmarkt ausgelösten Anpassungsprozesses es einen verstärkten Importschutz geben könne.

Süddeutsche Zeitung vom 22. 8. 1989

135

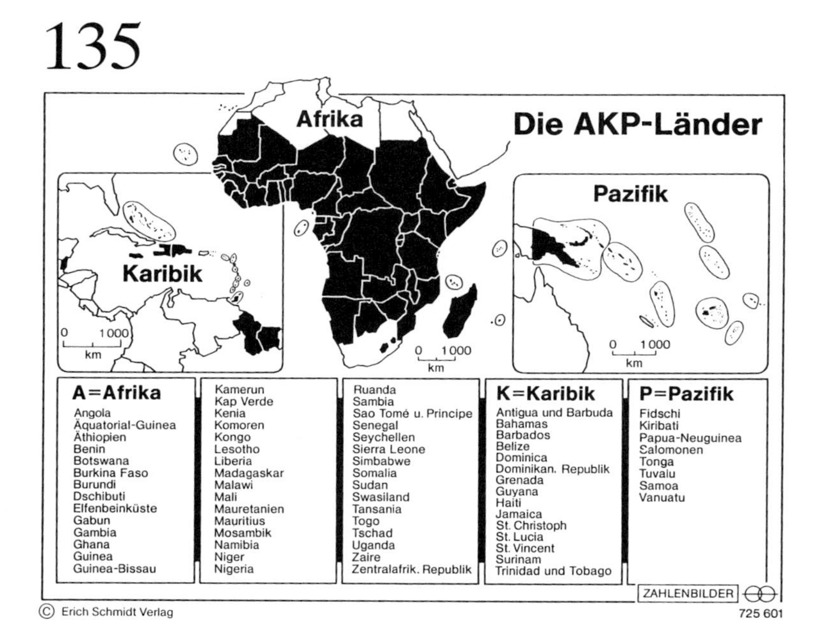

Die Abkommen von Lomé – ein Modell für ein partnerschaftliches Nord-Süd-Verhältnis?

136 Die wichtigsten Regelungen des Lomé-Abkommens betreffen die Handelspolitik [und] den Rohstoffsektor.

Handelspolitik
Auf Fertigwarenimporte aus den AKP-Staaten werden in der EG keine Zölle erhoben. Agrarprodukte können zu rund 95 Prozent ohne Einfuhrbeschränkungen in die EG geliefert werden. Beschränkungen bestehen bei sogenannten sensiblen Produkten; das sind solche Produkte, die auch im EG-Raum produziert werden und für deren Produzenten bei ungehindertem Import Nachteile befürchtet werden. Für die AKP-Staaten bestehen bei diesen Produkten (z. B. Zitrusfrüchte, Fleisch, Getreide) jedoch Präferenzregelungen, die ihnen Handelsvorteile gegenüber dritten Anbietern einräumen. Die handelspolitischen Erleichterungen der EG zugunsten der AKP-Staaten sind nicht reziprok, d. h. die AKP-Staaten müssen der EG keine vergleichbaren Vergünstigungen einräumen. Diese Regelung soll die Entwicklung der Industrie und der Landwirtschaft in den AKP-Staaten fördern. Die AKP-Staaten können aber diese günstigen handelspolitischen Bedingungen vor allem bei Industriewaren noch kaum nutzen. Der größte Teil ihrer Exporte besteht aus Rohstoffen. Die Produktion der verarbeitenden Industrie ist noch gering, der Anteil verarbeiteter Produkte an den Ausfuhren unbedeutend. So ist die zollfreie Einfuhr von Industriewaren in die EG eher eine Chance für die Zukunft als ein Vorteil, den die AKP-Staaten gegenwärtig nutzen können.

Rohstoffpolitik
Das wichtigste Element der Lomé-Abkommen ist das System zur Stabilisierung der Exporterlöse (STABEX). Das STABEX-System dient zum Ausgleich von Exporterlösschwankungen der AKP-Staaten bei 44 landwirtschaftlichen Rohstoffen. Zwei Voraussetzungen müssen erfüllt sein, damit ein Land Ausgleichszahlungen erhalten kann. Das Land muß „abhängig“ sein vom Export des Rohstoffs, dessen Erlöse stabilisiert werden sollen, d. h. der Export dieses Rohstoffs muß einen bestimmten Anteil am Gesamtexport betragen. Zudem muß die Erlösschwankung einen bestimmten Schwellenwert überschreiten. Abhängigkeits- und Auslöseschwelle wurden im Lomé III-Abkom-

men [1985-1990] auf 6 Prozent festgelegt, für die am wenigsten entwickelten Länder, für Binnen- und für Inselländer gelten 1,5 Prozent (bei Lomé I betrugen die Werte noch 7,5 Prozent und 2,5 Prozent). Bezugsniveau zur Berechnung der Erlösschwankungen ist der Durchschnittserlös der vorangegangenen vier Jahre.

Zur Verdeutlichung ein Beispiel: Die Elfenbeinküste führte im Jahre 1981 Waren im Wert von rund 2535 Millionen US-$ aus, davon für rund 858 Millionen US-$ Kakao. Der Anteil der Kakaoexporte an den Gesamtexporten lag bei 34 Prozent und damit weit über der Abhängigkeitsschwelle von 6 Prozent. Es sei nun angenommen, von den gesamten Kakaoexporten würde Kakao im Wert von 500 Millionen US-$ in die EG exportiert. Auch in den Jahren 1982 bis 1984 liege der Kakaoexport in die EG bei 500 Millionen US-$. Der Durchschnittserlös dieser vier Jahre (Bezugsniveau) beträgt demnach 500 Millionen US-$. Im Jahr 1985 gehe nun infolge von Ernteausfällen oder Preiseinbrüchen auf dem Weltmarkt der Erlös auf 450 Millionen US-$ zurück. Der Erlösrückgang ist größer als 6 Prozent. Die Elfenbeinküste kann demnach eine Stabilisierungszahlung von 50 Millionen US-$ von der EG (auf Antrag) erhalten.

In dem Lomé III-Abkommen sind insgesamt 925 Millionen ECU für solche Ausgleichszahlungen während der Laufzeit der Konvention von fünf Jahren vorgesehen. Für die Stabilisierungszahlungen werden keine Zinsen erhoben. Zwar müssen diese Transfers zurückgezahlt werden, ihre Rückzahlung ist aber an verschiedene Voraussetzungen gebunden, so daß nur selten Rückzahlungen geleistet werden. Die am wenigsten entwickelten AKP-Staaten sind sogar ganz von der Rückzahlung befreit.

Martin Kaiser/Norbert Wagner: Entwicklungspolitik, a. a. O., S. 379 ff.

Schwierige Verhandlungen um Lomé IV

137 Für den Fonds zur Stabilisierung der Rohstofferlöse (STABEX) fordern die AKP-Staaten erhebliche Verbesserungen. Bisher werden aus dem Fonds nur solche Einnahmeausfälle der AKP-Staaten erstattet, die durch eine von ihnen unverschuldete Verminderung ihrer Rohstoffexporte in die EG verursacht sind. Da die Rohstoffpreise auf dem Weltmarkt durchschnittlich um fast 65 Prozent unter dem Niveau von 1980 liegen, wollen die AKP-Staaten

einen erheblich höheren Einnahmen-Ersatz. Die EG ist bereit, auf die ohnehin nur theoretisch bestehende „Rückzahlungspflicht“ von STABEX-Geldern zu verzichten. Andererseits fordert sie aber ein Kontrollrecht, weil die STABEX-Gelder in den AKP-Staaten bisher nicht immer dem vorgesehenen Zweck einer wirtschaftlichen Diversifizierung (Abkehr von Monokulturen) zugeführt wurden. Eine Aufstockung des STABEX müßte in direktem Zusammenhang mit einer Aufstockung des EG-Entwicklungsfonds stehen, in dem er eine Unterabteilung von etwas über zwei Milliarden Mark darstellt. [...]

Weitere [...] Forderungen der AKP-Staaten:

– Zollfreier Zugang zur EG auch für Agrargüter, die mit Produkten der Gemeinschaft konkurrieren. Dazu gehören unter anderem Rindfleisch, Reis (Italien als Produzent ist dagegen) und Rum.

– Die Ursprungsregel, wonach verarbeitete Produkte aus AKP-Staaten nur dann zollfrei eingeführt werden dürfen, wenn mindestens 50 Prozent des Wertes dort hergestellt wurde, soll gelockert werden.

Frankfurter Rundschau vom 13. 10. 1988 und 21. 2. 1989

138

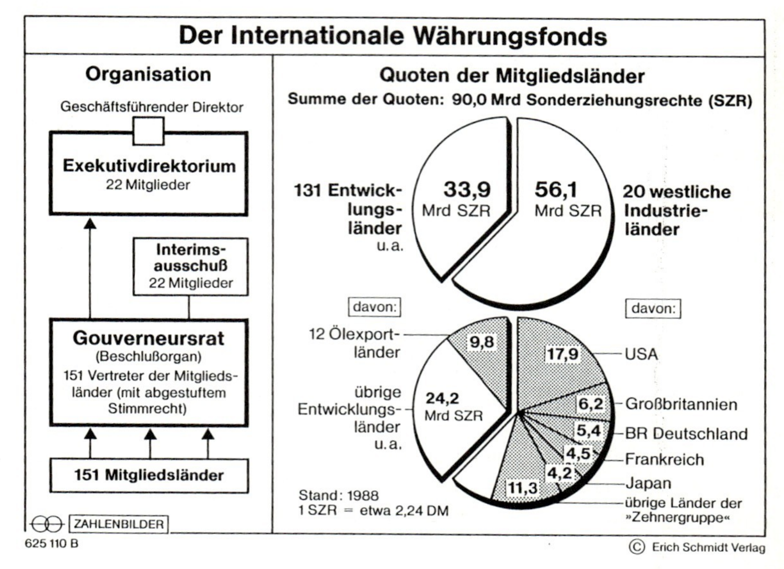

Der Internationale Währungsfonds – Helfer oder Peiniger der Dritten Welt?

139 Kaum eine internationale Organisation fürchten Politiker der Dritten Welt so wie den Internationalen Währungsfonds (IWF). Im Jahr 1944 geschaffen, um stabile Währungen und feste Wechselkurse zu überwachen und bei Zahlungsbilanzdefiziten kurzfristig rückzahlbare Kredite auszuleihen, ist der Währungsfonds inzwischen zu einem mächtigen Instrument der wirtschaftspolitischen Disziplinierung von verschuldeten Staaten geworden. Seine Politik harter politischer Auflagen bei der Kreditvergabe hat ihn ins Kreuzfeuer der Kritik geführt. Ist aus dem Helfer in der Not ein Peiniger der Dritten Welt geworden?

Die Empfehlungen des IWF an ein Schuldnerland – formell festgehalten in „Bereitschaftskreditabkommen" – sind in Wirklichkeit Handlungsanweisungen ohne echte Alternative. Denn ohne Einigung mit dem IWF über den Abbau von Handels-, Zahlungsbilanz- und Haushaltsdefiziten bleiben auch die Kreditfenster der ausländischen Privatbanken und der bilateralen staatlichen Geberorganisationen geschlossen. Diese warten auf das „Gütesiegel" eines IWF-Abkommens, das ihnen signalisiert: Ein in finanzielle Not geratenes Land ist wieder auf dem Weg der marktwirtschaftlichen Genesung und daher in der Lage, wieder neue Schulden im Ausland aufzunehmen.

Zu den typischen Forderungen des IWF an verschuldete Länder gehören:

- Drastische Abwertungen (um häufig 60 Prozent) der nationalen Währung, um so die Exportchancen zu verbessern und die Importe zu drosseln.
- Einsparungen im Staatshaushalt, vor allem im sozialen Bereich: Streichung von Subventionen für Grundnahrungsmittel, Arzneimittel und öffentliche Dienstleistungen.
- Begrenzung der Kreditaufnahme von Staatsunternehmen oder deren Privatisierung.
- Lohnstopps im öffentlichen Sektor.
- Schaffung eines attraktiven Investitionsklimas für ausländische Anleger und inländische Sparer.

Wenn Regierungen zu diesen wirtschaftspolitischen Roßkuren bereit sind, winken ihnen diverse Kredithilfen, im Fachjargon „Fazilitäten" genannt. Wirtschaftlich betrachtet, handelt es sich dabei um

Kredite, rechtlich-technisch dagegen um „Ziehungen", das heißt den Kauf von Devisen gegen die eigene Währung. Jedes Land hat eine „Quote" (Geld, das es in eigener Währung beim Fonds eingezahlt hat), nach der die maximale Höhe der Kredite in Fremdwährung beim Fonds berechnet wird. Wirtschaftlich schwache Länder dürfen demnach weniger Devisen „ziehen" als starke. Doch keine Hilfe ohne Anpassung.

Anpassung ist zum Reizwort Nummer eins im Nord-Süd-Dialog geworden: Was die einen als zwingendes Gebot der Vernunft ansehen, nach dem Motto „wer über seine Verhältnisse gelebt hat, der muß den Gürtel enger schnallen", empfinden die anderen als eine moralische Zumutung: Woran sollen sich verschuldete Staaten „anpassen", wenn große Teile der eigenen Bevölkerung ohnehin am Existenzminimum leben und wenn die internationalen Rahmenbedingungen für Wachstum, Export und Handel ausgesprochen schlecht sind? Vor allem die „Brotaufstände" in Afrika und Lateinamerika – ausgelöst durch drastische Streichungen bei Subventionen von Grundnahrungsmitteln – haben die IWF-Politik ins Gerede gebracht, und das nicht zu Unrecht: Strukturkrisen der Weltwirtschaft und verfehlte Entwicklungsstrategien lassen sich nicht durch kurzatmiges Krisenmanagement auf Kosten der Armen und Ärmsten kurieren. Dennoch: Vernünftige Anpassungsmaßnahmen (zum Beispiel die Erhöhung der Preise für landwirtschaftliche Erzeugnisse, um die Produktion anzukurbeln) sind notwendig, sie können auch die Fähigkeit einer Gesellschaft zur Selbstbestimmung langfristig erhöhen. Das ist ja schließlich das letzte Ziel aller Entwicklungshilfeanstrengungen. Doch es gehört zu den bittersten Erfahrungen von Menschen in Entwicklungsländern, miterleben zu müssen, daß selbst härteste Anpassungsopfer keinen Ausweg aus der Verschuldung eröffneten. Der Fall Sambia – größter Kupferexporteur im südlichen Afrika – verdeutlicht diese Zusammenhänge in tragischer Weise. [...]

Sechs Jahre lang hatte die sambische Regierung sich als ein folgsamer Jünger von IWF und Weltbank erwiesen: der Kwacha (die nationale Währung) war mehrmals drastisch abgewertet worden, die Löhne der Minenarbeiter sind seit Jahren eingefroren (und sanken zwischen 1980 und 1988 real um etwa 80 Prozent), marode Staatsbetriebe wurden aufgelöst oder privatisiert. Schließlich rang sich die Regierung 1986 auch noch zur Aufhebung von Subventionen für Maismehl und Zucker durch. Im Dezember 1986 kam es zu den ersten

„Brotaufständen" im sambischen Kupfergürtel, dem „Ruhrgebiet" des Landes: Erstmalig erschoß die Polizei Demonstranten. Die Preiserhöhungen für Grundnahrungsmittel wurden zwar daraufhin zurückgenommen, aber die Regierung verhandelte weiter mit dem IWF, denn die Zahlungsrückstände waren auf über eine Milliarde US-Dollar gestiegen. Im Mai 1987 war dann die Grenze des politisch Zumutbaren erreicht: Vor die Frage gestellt, entweder den letzten Rückhalt in der Bevölkerung zu verlieren (und so den eigenen Sturz zu provozieren, wie es Sudans Staatspräsident Numeiri 1985 erleben mußte) oder mit dem IWF zu brechen, wählte Präsident Kaunda letztere Option.

Der Währungsfonds hatte nämlich verlangt, innerhalb von nur zwei Jahren die Subventionierung von Grundbedarfsgütern von 350 Millionen Kwacha auf Null zu reduzieren. Kaunda lehnte die IWF-Politik daraufhin als unmenschlich und politisch unannehmbar ab, Rückzahlungen an den Fonds wurden ausgesetzt. Der IWF revanchierte sich – statutengemäß – und erklärte Sambia für „kreditunwürdig". Da es den Sambianern ohne Anpassungspolitik aber keineswegs bessergeht als vorher – in Stadt und Land wird gehungert –, ist die erneute Unterwerfung unter das Regime des IWF nur eine Frage der Zeit und der Umstände (nach einem Militärputsch?).

Sambia ist kein Einzelfall mehr – weitere Staaten haben die Verhandlungen mit dem IWF abgebrochen. Doch es wäre falsch, den IWF wegen seiner starren Auflagen zum alleinigen Sündenbock zu stempeln. Der IWF ist nur so mächtig oder ohnmächtig, wie es seine fünf einflußreichsten Mitgliedsstaaten – darunter die Bundesrepublik Deutschland – zulassen. Nicht die Finanzexperten, sondern die Politiker in den reichen Industriestaaten sind nun gefordert: Erlaß von Schulden, langfristige Moratorien, großzügige Umschuldungen heißt das Gebot der Stunde. Vor allem muß über eine sozial zumutbare Höchstgrenze für den Schuldendienst verhandelt werden, der einen bestimmten Prozentsatz der Exporteinnahmen (10 bis 30 Prozent) nicht übersteigen dürfte. Denn jeder Dollar, der für den Schuldendienst verwendet wird, fehlt bei der Bekämpfung von Armut.

Rainer Tetzlaff: Keine Hilfe ohne Anpassung, in: Deutsches Allgemeines Sonntagsblatt vom 28. 8. 1988

Politik mit dem Einkaufskorb

140 Die ungerechten Verhältnisse zu ändern, ist eine der großen entwicklungspolitischen Aufgaben, die gelöst werden müssen, wenn es eine Zukunft für alle Menschen auf der einen Erde geben soll. Entscheidend ist zunächst, daß wir den Zustand der Ungerechtigkeit ändern wollen, daß wir nicht länger mit Gleichgültigkeit darüber hinweggehen. Wie die notwendigen Veränderungen konkret aussehen, muß erst noch herausgefunden werden, denn die bisherigen Ansätze einer Rohstoffpreisstabilisierung waren nicht sonderlich erfolgreich [→102]. Entscheidend wird die Frage sein, wie die Erlöse der Entwicklungsländer aus der Rohstoffausfuhr dauerhaft erhöht werden können, ohne daß es zu einer völlig marktfremden Überproduktion kommt; ebenso wichtig aber wird es sein, dafür zu sorgen, daß höhere Erlöse tatsächlich auch denen zugute kommen, die als Kleinbauern und Plantagenarbeiter die Arbeit verrichten.

Doch wir müssen und dürfen nicht warten, bis Politiker/innen, Experten/innen und Handelsfirmen von sich aus den Handlungsbedarf einsehen. Wir können schon heute:

- öffentlich Politiker/innen und politische Parteien auffordern, Perspektiven für eine gerechtere Neugestaltung der Weltwirtschaft zu entwickeln;
- in Familie, Bekannten- und Kollegenkreis über derartige Probleme sprechen;
- bei Wahlen unsere Entscheidung von dem entwicklungspolitischen Engagement der Parteien abhängig machen;
- beim täglichen Einkauf darauf achten, aus welchen Ländern die Produkte kommen;
- nach Möglichkeit Kaffee, Tee, Honig, Bananen u. a. m. in Dritte-Welt-Läden einkaufen. Dort sind die Waren zwar etwas teurer als in normalen Geschäften, dafür erhalten die Kleinbauern und Genossenschaften aber auch garantiert höhere Preise für ihre Produkte.

Gerade durch bewußtes Einkaufen können wir als Verbraucher/innen ein kleines Zeichen setzen. Dies mag angesichts der großen weltwirtschaftlichen Probleme nur wenig sein, doch es war schon immer ein verhängnisvoller Fehler, nichts zu tun, weil man nur wenig tun kann.

Georg Krämer, in: „Eine Welt für alle". Zeitung zum Projekt 4.-27. Mai 1990, hg. vom Projekt „Eine Welt für alle", Köln 1990, S. 2

Arbeitsvorschläge (111-140):

1. Untersuchen Sie, wie sich Motive und Konzepte der deutschen Entwicklungspolitik gewandelt haben (111-114).
   Versuchen Sie, historisch-politische Erklärungen für die jeweiligen Neuorientierungen anzuführen.
2. Diskutieren Sie, ob sich Entwicklungshilfe allein an den Bedürfnissen der Empfängerländer bzw. ihrer Menschen orientieren soll oder auch Interessen der Geberländer berücksichtigen soll.
3. Beschreiben Sie die Formen, den finanziellen Umfang und die regionalen Schwerpunkte der von der Bundesrepublik geleisteten öffentlichen Entwicklungshilfe (115-120).
4. Arbeiten Sie aus dem Text von Gerhardt die Kritik an der gegenwärtig praktizierten Entwicklungshilfe heraus (121).
   Der Autor faßt seine Erfahrungen in der Grunderkenntnis zusammen: „Die Entwicklung des Landes liegt in den Händen des Volkes." Wie ist dieser Satz zu verstehen? Welche Schlußfolgerungen ergeben sich daraus für die Entwicklungshilfe?
5. Untersuchen Sie den durch das Buch „Tödliche Hilfe" von Brigitte Erler ausgelösten Streit um die Entwicklungshilfe (122-124).
   Beziehen Sie Position: Muß Entwicklungshilfe „sofort beendet werden" (Brigitte Erler), oder bedarf es eines „entwicklungspolitischen Durchbruchs zu neuen Ufern" (Uwe Holtz)?
6. Untersuchen Sie die Meinung der Bevölkerung zur Entwicklungshilfe (125).
   Wie bewerten Sie die von den Befragten geäußerten Zielvorstellungen? (126)
7. Werten Sie die Berichte über Entwicklungsprojekte in Ecuador und Mali aus (127, 128, →19).
   Von welchen strategischen Zielvorstellungen ist die Projektarbeit hier geleitet? (→Kapitel 4)
8. Nahrungsmittelhilfe – ja oder nein?
   - Stellen Sie die im Text von Köhler (130) genannten positiven und negativen Gesichtspunkte gegenüber,
   - fügen Sie evtl. weitere Argumente hinzu,
   - und versuchen Sie eine Entscheidung zu treffen.

9. Untersuchen Sie die Auswirkungen, die Futtermittelimporte auf die Landwirtschaft in der EG und in der Dritten Welt haben (131, 132, →14, 88-90).
10. Der ehemalige EG-Agrarkommissar Sicco Mansholt erklärte in einem Interview: „Das Hungerproblem in der Dritten Welt ist eine direkte Folge davon, daß die Weltmarktpreise verdorben sind . . . Wir müssen diese wahnsinnige Politik der Exportsubventionierung beenden und unsere Produktion drosseln." (Die Zeit Nr. 41 vom 7. 10. 1988)
    - Prüfen Sie die Berechtigung dieser Aussage (133 a + b, 134).
    - Wie würden sich die von Mansholt geforderten Konsequenzen für die Landwirte und Verbraucher in der EG auswirken?
11. Zeigen Sie die Erfolge und die Mängel in der entwicklungspolitischen Zusammenarbeit der EG mit den AKP-Staaten auf (135-137).
    Untersuchen Sie, welche der von den Entwicklungsländern im Rahmen der UNCTAD erhobenen Forderungen (→96 a + b, 97) im Lomé-Abkommen berücksichtigt werden (136).
    Worin liegen die Vorteile des STABEX-Systems (136) gegenüber dem Integrierten Rohstoffprogramm? (→ 99-101, 103)
12. Untersuchen Sie den Aufbau des Internationalen Währungsfonds (138).
    Arbeiten Sie aus dem Text von Tetzlaff die Problematik der vom IWF geforderten wirtschaftlichen Anpassungsmaßnahmen der Entwicklungsländer heraus (139).
13. Diskutieren Sie die Vorschläge für ein aktives und verantwortliches Handeln des einzelnen (140).
    Welche weiteren Aktivitäten erscheinen Ihnen geeignet, um das Bewußtsein für die Nord-Süd-Probleme zu fördern und politische Veränderungen zu erreichen?

987 654 321